经济科学译库

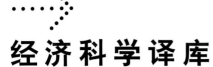

国际贸易理论：
对偶和一般均衡方法

阿维纳什·迪克西特
Avinash Dixit

维克多·诺曼　　　　/著
Victor Norman

李辉文　韩　燕　/译

李辉文　/校

Theory of
International Trade:
A Dual, General Equilibrium
Approach

中国人民大学出版社
·北京·

序　言

要在众多贸易理论著作中再加一本，得有充足的理由。我们相信我们有一个这样的理由，虽然我们没有在基本目标上创新。和普通的看法相反，我们坚持认为以前的处理方法之所以失败，通常都是因为它们对自己公开宣称的那些目标没有进行充分的探索，而且方法也常常不是最有效的。

人们总说贸易理论是一般均衡理论的窗口，但其实太多的时候贸易理论都只考察了整个均衡中的一个局部，即研究一国生产方面的比较静态问题。这出现在对要素禀赋、技术以及关税变动效应的一些讨论中，但最重要的是，在处理要素价格均等化的时候也有这个问题。通常提出这一问题的方法是，要么给定产出价格来确定要素价格，要么假定生产是多样化的。但实际上，这两个假定都应当成为所研究的整个均衡的一部分。事实证明，一旦涉及各贸易参与国的整体均衡，这种常见的片面理解会引起严重的误导。

其次，在推广简单的 2×2 模型的时候，贸易理论家常常忘记了那个应当从微观经济学一般理论中吸取的教训——问题要问对。对错误的问题进行旷日持久的探索却徒劳无功，已经让人们对基本的比较优势模型的作用大失所望。一般均衡理论早就告诉我们，指望得到关于单个价格和数量变动的一般性结论是毫无意义的，但我们能够从对显示偏好的讨论中把价格和数量之间具有指导意义的简单关系推导出来。

最后是一个技术性的问题。事实证明，在一般均衡理论和它的应用中，"对偶"和"间接"函数是非常有用的，在公共财政和增长理论里尤其如此。

贸易理论在研究产出价格是否决定要素价格的问题时，长期使用单位成本函数，但人们未曾意识到首尾一贯地采用对偶方法的好处。而收益函数，毋庸置疑天然就是能将每个国家的生产模型化的工具，也用得极少。

在上述几个方面我们的确都取得了进步，但我们并不想自诩开辟了全新的领域。特别地，我们要对萨缪尔森（Samuelson）在上述三个方面的创新表示由衷的感谢。他早已在比较静态分析中开创性地运用显示偏好方法。他也运用了成本和收益函数，并着重强调在真正的一般均衡背景下处理要素价格均等化问题的重要意义。他研究这一主题的重要文献已经发表了将近 25周年，值此纪念日即将到来之际，但愿我们对这些思想的贯彻和应用，可以聊充献礼。

有一点怎么强调都不过分：我们的目标，绝不是对贸易理论进行无所不包的论述，而让"其他人都保持沉默"。恰恰相反，我们唯一的目标是向读者展示分析方法的用途，并为他们使用这些技巧提供一些便利，这样，他们就能够充分发挥想象力，更进一步做出大量的拓展和推广。进一步拓展的方法，在各章末尾的注释里都有相应的说明。我们相信，坚持采用尽可能简单的分析技术，并且把一切可能对所涉要点产生误导的笼统概述都去掉，会保证我们最好地实现这一目标。福利问题内在地要求对多个消费者以及那些有效的保护主义者——企业——进行分析。但除此之外，我们通常都只使用单个代表性企业和单个代表性消费者的模型，简单的扩展则留给读者处理。

掌握一定的初级贸易理论，自然会有助于读者理解相关问题的背景，但其实阅读本书所需的前期准备主要不过是一些现代微观经济学的应用知识。对数理知识的要求不高——多元微分学，基本的向量和矩阵代数，凸性，齐次性以及约束最大化——附录对这些知识进行了概述。即使熟悉这些知识的读者，也不妨快速翻阅一遍附录以习惯这些符号，这将有助于读者阅读本书的正文。

本书计划如下。第 1 章对入门性质的国际贸易理论进行简要的概述，重点是主题和方法论。第 2 章明确收益函数和成本函数的基本性质——本书通篇都将用到这些函数。在第 3 章到第 5 章，我们对瓦尔拉斯均衡中的贸易进行分析，确定其性质，并导出比较静态结论。第 6 章研究税收和贸易政策问题。在第 7 章和第 8 章，我们运用价格具备灵活性和不具备灵活性的瞬时均衡模型，来讨论汇率和国际收支平衡的相关问题。最后，第 9 章考察不完全竞争条件下的贸易。各章之间关系如下：

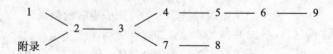

在本书形成阶段，Vidar Christiansen 和我们一起讨论了书中的大部分问题。Richard Cornes 针对本书早期草稿提出了详细的评论，并提醒我们注意已有的大量成果。本系列丛书主编 Frank Hahn 也提出了详细意见，并且证明了他是一位极有价值的监工——他努力敦促我们改善表达的方式。我们诚挚地向他们三位表示感谢，同时也感谢 Peter Neary，Geoff Renshaw，Agnar Sandmo，Alasdair Smith 和 Knut Sydsæter 对我们的早期草稿提出意见。我们还要感谢 Jan Haaland 帮助整理参考书目和索引。Victor Norman 访问 Warwick 大学时着手写作本书，他要感谢该系的盛情好客。最后，我们要感谢 Grethe Didrichsen，Kirsten Herstad，Ann Sampson 和 Liz Thompson 快速高效的录入工作。

A. D.
V. N.
1979 年 7 月

目 录

第1章 国际贸易理论

国际贸易理论有两大主题。其中一个主题是定性的，关注的是贸易模式，也就是哪个国家出口哪种商品的问题。标准贸易理论把这个问题和比较优势——也就是国家之间在相对机会成本上的差异——联系起来，并试图从科技①、要素禀赋等方面对比较优势进行解释。这个主题也关注贸易反过来如何影响比较优势的决定因素。另一个主题则更倾向于定量分析，它寻求对贸易条件——即在贸易的世界中出口和进口的相对价格——的解释，并考察它们如何受到要素供给、科技或政府政策（如关税）等因素变化的影响。虽然我们对这两大主题的陈述是描述性的，但是显然规范分析肯定要以准确的理解为基础，并从中获益。而国际收支平衡状况和汇率决定问题，则可以视做对基础理论的拓展和延伸。

要发展这两大主题，有两点必须牢记。第一，贸易理论中两个非常重要的概念——相对成本和相对价格——要求一贯地采用一般均衡分析。这并不意味着总要采用瓦尔拉斯式（Walrasian）的竞争性分析，但是当处理的问题涉及多种产品和多种要素、并且有多个生产个体和消费个体的时候，一个能不断提醒我们意

---

① 英语中的两个词"technology"和"technique"通常都被译做"技术"。但是在经济学中，尤其在国际贸易理论中，二者的差别是很明显的："technology"这一"技术"与生产函数相对应，而"technique"则通常指既定的"technology"（或者说既定生产函数）条件下可以变动的要素组合。为了避免类似的尴尬："在技术（technology）不变的条件下，技术（technique）随要素相对价格的变化而变化"，本书将"technology"译做"科技"，而将"technique"译做"技术"。——译者注

识到它们之间存在相互联系的方法就不可或缺了——当然，前提是我们要能够避免出现疏忽的错误。然而，显然这一点有时候是被忽视了。我们可以看到，贸易理论中的两个重要争论——一是关税对国内收入分配的影响，二是在产品种类超过要素种类时贸易如何影响国内要素价格——之所以产生，就是因为一些讨论者忘记了贸易均衡是一般均衡而非局部均衡。第二，微观经济理论告诉了我们大量关于一般均衡的知识，我们可以充分利用这些知识来简化我们的任务。比如，考虑瓦尔拉斯竞争性市场的情形——这是本书前五章的中心，我们可以通过将其贸易模式处理成要素禀赋和负债（liability）的固定向量，把每个国家都看成是处于一般均衡状态。这样的均衡具有人们所熟知的帕累托效率。需要特别指出的是，将市场价格当做外生参数，则 1）生产向量会最大化净产出的价值；2）消费的价值等于净产出的价值；3）在这样的预算约束下，消费者特定的递增效用函数得到最大化。在阐述这两大主题的时候，我们能够而且也应该利用这一信息。它让我们从一般微观经济理论的其他应用的类似情形中获得启示，从而给我们指出前进的道路，并使我们避免舍本逐末。这就使我们可以对一些更进一步的特定（ad hoc）假设进行简化，比如两种要素和两种商品的假设，在大多数情形下就不再必要，这样也就简化了贸易均衡分析。它同时也可以提示我们，什么样的技术最符合于研究的目的，不过这已是后面几章的工作了。

本章从微观经济学的视角出发，对贸易理论的主题进行简要的概述。实际上我们只会用到最基本的概念和工具——预算线、显示偏好、投入系数和价格—成本关系。至于在阅读本章之前所掌握的贸易理论知识，我们甚至假定读者知道得更少——在任何一本优秀的初级经济学教科书中找到有关比较优势和关税效应的那一两章阅读一下就足够了。如果只拥有这些最小限度知识的读者有时候还会对为何会产生我们所谈的那些争论而感到纳闷，那当然就更好了。

在随后各章里，我们会提出更为复杂的分析工具，并且运用它们更加深入地处理这些问题以及其他问题。我们会体会到，从导论中获得的基本的洞察力，有助于更加轻松地理解那些材料。

1.1　比较优势

或许经济学这一领域不太为门外汉（等一等，天啊，还有好多大学生）所理解，但从根本上说，比较优势理论其实很简单：如果两个国家进行贸易，那么每个国家都有动力增加生产并且减少消费这样的商品：同其他商品比较，它们在贸易之前的相对边际成本较低；因此我们可以推测，在自由贸易均衡中，各国都会出口这样的商品。这是国际贸易理论中最重要、最古老、也最基本的命题。

以简明扼要的方式开始，大家或许会感觉更亲切。假定英国在自给自足时，电视机的竞争均衡价格是每台 300 英镑，威士忌的竞争均衡价格是每瓶 4 英镑；而在日本，同样的商品相应的价格分别是 100 000 日元和 2 000 日元。为了说明的方便，我们忽略掉商品税等使问题复杂化的因素。这样，价格就会等于边际成本。如果英国少生产一台电视机，就会释放出一定量的资源，将其重新配置可以多生产出 300/4＝75 瓶威士忌。同样，日本可以把本来用于生产 50 瓶威士忌的资源，腾出来生产 1 台电视机。它们这样做，发挥了双方的优势，并且多生产出了 25 瓶威士忌。用术语表达，就是贸易之前电视机的相对价格，在日本是 50 瓶威士忌，而在英国则是 75 瓶威士忌。这样，日本就有动力来扩大电视机的生产并且向英国出口，同时从英国进口威士忌。可以推断，贸易开始之后，共同的相对价格将位于 50 和 75 之间的某个点上；贸易的规模则取决于其他一些因素，比如需求条件和两国的规模等。

请注意，上面的论证和绝对生产率水平毫无关系：可能日本生产这两种商品都比英国更擅长，但是它仍然会从贸易中获益，而它的总体优势只是表现为它拥有更高的生活水平。同样，汇率，即以日元表示的英镑的价格，对于贸易所得的有效性也是无关紧要的。汇率的唯一意义，就是把一国的比较优势转换成对另一国消费者而言实际上更低廉的成本。比如，在 500 日元兑换 1 英镑（£1＝500yen）的汇率水平上，日本能以低于英国的价格出售电视机，威士忌的售价则和英国相当；而在 $333\frac{1}{3}$ 日元兑换 1 英镑（£1＝$333\frac{1}{3}$yen）的汇率水平上，英国能够以低于日本的价格出售威士忌，电视机的售价和日本相当。在贸易均衡中，汇率必然在这两个极端值之间确定。

接下来我们肯定要问，为什么在自给自足条件下，国家之间的相对边际成本会存在差别呢？从理论上说，这种差别可能源于均衡中任何一个潜在的外生因素的差异：消费者偏好、生产技术或者是要素供给。第一个因素在竞争性均衡模型中不会带来什么特别有意思的分析；在其他条件不变的情形下，观察到一国将进口本国消费者偏好更强烈的商品，并没有什么价值。但在不完全竞争和产品多样化的条件下，消费者的偏好就会对贸易产生更加重要的影响。我们会在第 9 章考虑这种情况。第二个因素——生产技术的差异——是只有单一产品的李嘉图模型的核心，该模型在基础性的教科书中有充分详细的说明。这一模型以简单的方式说明比较优势而非绝对优势在贸易中的重要性；除此之外，简单的李嘉图模型（Ricardo's Model）的启发意义不大。不过对该模型的修正——李嘉图-维纳模型（Ricardo - Viner Model）——就很有意义了，因为该模型把差异和要素禀赋差异都作为贸易的决定因素。

这就把我们带到了最后一个因素，即要素禀赋的差异。这一差异的确是对比较优势最富有启发意义的解释，因为它得出了可检验命题的最卓越的形式。它的思想是，每个国家的相对丰裕的要素都会相对便宜一些，从而密集使用该要素所生产的商品也会相对便宜。因此我们可以预期，一国在相对密集地使用其供给相对丰裕的要素所生产的商品上，具有比较优势。这一命题与伊利亚·赫克歇尔（Eli Heckscher）和伯蒂尔·俄林（Bertil Ohlin）的名字联系在一起。我们把"赫克歇尔-俄林模型"（the Heckscher - Ohlin model）这一术语留下来表示两种商品和两种要素的特殊情形，而将其一般性的命题简单地称为要素丰裕度假说（the Factor Abundance Hypothesis）。这是关于比较优势理论的第二个重要假说。

在我们所举的例子中，我们说，相对于电视机而言，威士忌的资本密集程度更高（想想酿造威士忌花去的所有时间，再想想将接线连接在硅片上花掉的所有劳动）。因此，制造威士忌的比较优势存在于资本和劳动相比相对丰裕、因而也相对便宜的国家。这就是我们的例子中英国的情况。

第三个命题在一定意义上是前两个命题的必然结果。如果贸易的原因是自给自足条件下国家之间存在着相对成本的差异，那么贸易会消除这种差异，所以，在极端情况下，任何一国都不再拥有任何比较优势。因此，在比较优势产生于要素禀赋差异的情形中，我们应该预计到，这种差异的表现形式，即国内要素价格的差异，会通过贸易而消除。这一推论就是要素价格均等化假说。

让我们继续用上述的简单例子加以说明。如果英国以减少电视机产量为代价来扩大威士忌的产量，则要素的相对价格就会发生有利于资本而不利于劳动的变化。这是因为，在扩张的产业中，相对来说更加密集地使用的是资本。其结果是，英国的劳动稀缺程度下降——根据初始假定，本来英国的劳动要稀缺一些——因而工资率相对于利率下降，因此英国生产威士忌的比较优势削弱了。而在日本则发生与此相反的变化，生产电视机的比较优势得到削弱。在最终的贸易均衡处，不能再通过生产的进一步转变来获得利益，即在这一极端情况下不再存在发挥比较优势的余地。请注意，英国出口资本密集型产品，或者从日本进口劳动密集型产品，能够直接降低相对要素稀缺程度，而现在我们看到，商品贸易也能间接地促进这一目标的实现。

即使基本的经济学直觉告诉我们，这三条假说并不复杂，而且看起来挺有道理，对这些假说加以严格地构建也绝非无足轻重的事情。这部分地是因为，其中涉及的概念的含义不太清晰，只有第一条假说的意义是明确的，而其余两条假说所涉及的要素密集度和要素丰裕度的概念，则还需要确切地定义。此外，更大的困难还在于，这些假设没有一条是无条件成立的。即使在经过合理简化的模型中，这些假说也仅当其参数值处于有限的值域内时才是有效的，或者说，它们只在大而化之的意义上成立。

为了看清相关问题的性质，我们回过头来再看看这三条假说，并且对它们的基本内容进行总结。第一条假说说明的是贸易之前的产品价格和贸易模式之间的关系。第二条假说更进一步，把贸易之前产品价格的差异与要素价格或要素供给的差异联系起来。第三条假说则推导出不同国家在进行商品贸易时要素价格的一条独特属性。一般意义上的微观经济理论告诉我们，要获得这种详尽的描述，或者要进行一般经济均衡的比较静态分析，殊非易事。有些结论要求对需求和供给进行严格的假定，比如要求需求具有位似性（homotheticity），或者要求供给方面具有报酬[①]不变并且不存在联合生产的性质；其余的结论也仅仅在两到三个商品的简单模型中才有效。在存在贸易的模型中也是如此。如果要对可能的结果有基本的理解，那么看一看传统的两种商品或两种要素或两种商品两种要素的情

---

① 经济学译做中的"收益"，有时候对应的是英文中的"return"，有时候对应的是"revenue"。但"return"和"revenue"存在着本质的差别："return"通常是对投入和产出之间纯技术关系的描述，不涉及经济关系，如"return to scale"、"marginal return"等；而"revenue"则因为和价格密切相关而成为一个经济概念，比如"total revenue"、"marginal revenue"等。为了表示这种区别，本书统一将"return"译做"报酬"，将"revenue"译做"收益"。——译者注

形，突出其中的问题而不是答案，并且努力弄清楚其结论不能推广的原因，会让我们从中得到启发。此外，还有一个好处是有可能最少地利用数学知识来理解这些知识。因此，我们本章余下的大部分内容都是在做这个工作。

1.2 贸易模式

上述假说中的第一个，说的是贸易模式（trade pattern）取决于贸易之前瓦尔拉斯均衡中产品的相对价格差异。这在两种商品的情形中总是正确的。为了说明这一点，考虑一个单一消费者的经济，该经济生产两种产品，并且以（p_1/p_2）的价格比率进行贸易。如果这是一个竞争性的经济，则我们知道，在给定生产约束和没有贸易赤字的条件下，它的资源配置状况会最大化消费者的效用。（这里我们允许存在免费处置（Free-Disposal）物品的情形，因此也就允许存在贸易盈余；但是非餍足的消费者会充分利用其消费可能性。）由于无贸易条件下的资源配置满足这一条件，所以自给自足总是可行的选择；因此任何相对价格，如果能引起对外贸易，则它所对应的资源配置状态，对消费者而言，至少也要和自给自足的情况一样有吸引力。同样的道理，无贸易的均衡，当然也肯定要优于自给自足条件下的相对价格所给出的其他可行的资源配置状态。我们用图 1.1 中直线 $b^a b^a$ 的斜率表示自给自足条件下的相对价格，这样集合 S^a 就是在给定自给自足条件下的价格时各种可行的贸易。而原点所对应的资源配置必定要优于集合 S^a 中其余各点所对应的状态，而且（在不存在餍足的条件下）原点肯定严格地优于不位于 S^a 的边界上的各种配置状态。这意味着，对于任何高于（p_1/p_2）^{a} 的相对价格，比如（p_1/p_2）^{1} 以及相应的贸易平衡线 $b^1 b^1$ 而言，第 4 象限的贸易都排除在外，因为其中的各种贸易都不如没有贸易的情形。由此可知，如果价格（p_1/p_2）$>$（p_1/p_2）^{a}，则该国将出口商品 1 而进口商品 2，若（p_1/p_2）$<$（p_1/p_2）^{a}，则情况正好相反。

现在比较优势和贸易格局之间的关系已经清楚了。让我们考虑自给自足条件下价格比率不同的两个国家。任何相对价格，如果低于两国自给自足价格比率中较低的那一个，或者高于二者中较高的那一个，都必定是不会成为均衡价格的，因为这种价格比率会导致两国出口相同的产品。因此均衡的价格比率只可能位于两个自给自足的价格比率之间；此时显然自给自足条件下商品 1 的相对价格较低的一国会出口商品 1，反之亦然。

这里推理的思路，明显不依赖于只有两种商品的假定，因此有可能对一般的情形确定一个类似的结论。但是，这时的一般性结论必定要比两商品情形中的说明力更弱。下面这个例子说明了原因。假定有三种商品，价格分别为 p_1，p_2 和 p_3；进口量分别为 m_1，m_2 和 m_3。令商品 3 为计价物，即令所有的价格都用商品 3 的单位来计量，上标 a 表示自给自足情况下的价格，则根据上面两种商品的情形中的推导思路，可以得出这样的结论：符合如下条件的贸易

$$p_1{}^a m_1 + p_2{}^a m_2 + m_3 \leqslant 0 \tag{1}$$

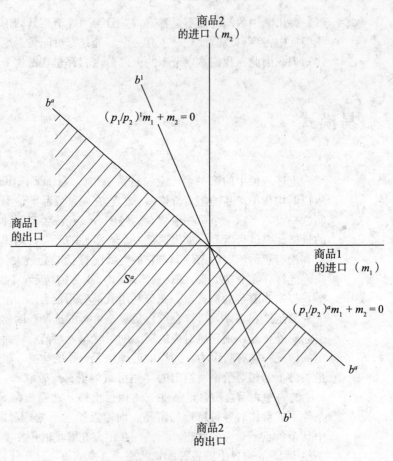

图 1.1

会被排除在外——也就是说，自给自足价格下可行的贸易会被排除掉；同时我们知道用实际价格计量的实际贸易会是平衡的——即

$$p_1 m_1 + p_2 \dot{m}_2 + m_3 = 0 \tag{2}$$

然后，让（1）减去（2），我们就排除了具有以下属性的贸易

$$(p_1{}^a - p_1)m_1 + (p_2{}^a - p_2)m_2 \leqslant 0 \tag{3}$$

因此，如果两个相对价格都低于自给自足时的相对价格，我们就可以排除同时进口商品 1 和商品 2 的可能——但不能排除只进口其中之一的可能。换句话说，一旦离开两种商品的情形，我们就不再能确定这种详细的预测性关系，即如果一种商品进行贸易时的相对价格高于自给自足时的相对价格，该国就一定出口该种商品。由此可知，任何研究，如果希望沿着我们前面第一个假说的思路而得到一个强的定理，都注定不会成功。我们可以得到的，至多是贸易模式和自给自足价格之间的相关关系。

要素丰裕度

要素丰裕度假说是一个限制更加严格的命题。它的纯粹形式把要素禀赋差异作为解释比较优势的唯一原因，因而必须首先排除其他的可能。必须假定各国只能获得相同的科技，并且偏好形式的差异也要排除在外，即假定各国具有相同的位似偏好。为了本节余下部分的讨论，现在我们即做出这两个假定。粗浅地说，显然一国出口的商品肯定要比其进口的商品更多地使用该国的丰裕要素。如果一个国家具有统一的位似偏好，那它的消费就会等于全世界的消费乘以该国的收入在全世界收入中的份额。由于全世界的消费等于全世界的生产，这就意味着，一国的消费中所含要素禀赋的份额等于该国在全世界收入中的份额。同时，其生产显然会体现其自身的要素禀赋。由于它的净出口等于生产减去消费，这就意味着其净出口体现了减去其收入份额与全世界的要素禀赋的乘积之后的国内要素禀赋。因此，如果该国某一特定要素禀赋较为丰裕——就该要素的份额高于其在全世界收入的份额而言——则它的出口商品必定比进口商品包含更多的这一要素。

如果说这已经洞悉了贸易均衡的特性，那要素丰裕度假说就必定比琐碎的计算更为重要。特别要指出的是，如果它还具有什么可以用于推测的内容的话，那么它就一定要能够确定要素的相对价格和贸易前产品的相对价格之间的关系。前面的内容提示我们：相对要素密集度的概念已经为二者提供了关联。实际上接下来有两种途径：相对要素丰裕度的概念，可以从实物意义上即通过数量来说明，也可以从其经济意义上即通过稀缺价值——价格——来说明。上一小节采用了笼统直观的处理，将这二者当成一回事而未加区别，但我们刚才已经看到，把产品的相对价格和数量联系起来会出现问题，而且把要素的相对价格和数量联系起来的时候也是如此。在一些很重要的情形中，要素供给的差异和要素价格的差异可能是负相关，但是除了两种要素的情形之外，这种负相关不太强烈。因此我们将对这两种不同的概念单独进行考察。从经验的角度而言，要素的数量要比自给自足条件下的要素价格更加容易观察到；而且从概念的角度而言，要素数量还可以看做是初始的数据，而不像要素价格那样仅仅是充分就业均衡系统中的内生变量。但是，产品价格和要素价格之间的关系容易确定，而且这一关系还能为下文提供有用的技巧。

产品价格和要素价格

我们对二者关系的探讨，从用两种要素生产两种产品的情形开始。我们假定规模报酬不变，并且没有联合生产。一开始，我们还假定科技水平决定了固定的投入系数。令（p_1，p_2）为产出价格，（w_1，w_2）为要素价格，b_{ij} 为投入系数，表示生产每一单位产品 i 所需投入的要素 j 的数量，其中 i 和 j 的取值范围为（1，2）。在竞争均衡中，每种产出的价格都等于其边际成本——在规模报酬不变的条件下，产出的边际成本又等于其平均成本。这样我们有以下关于生产均衡的方程

$$p_1 = b_{11}w_1 + b_{12}w_2$$
$$p_2 = b_{21}w_1 + b_{22}w_2 \tag{4}$$

现在定义相对价格 $\pi = p_1/p_2$，和 $\omega = w_1/w_2$。用上面的第一个方程除以第二个方程，我们就得到相对产出价格和相对要素价格之间的函数关系

$$\pi = (b_{11}\omega + b_{12})/(b_{21}\omega + b_{22}) \tag{5}$$

为了弄清楚这一函数是递增还是递减，对上式两边取对数，然后求导，得到

$$\frac{1}{\pi}\frac{d\pi}{d\omega} = \frac{b_{11}}{b_{11}\omega + b_{12}} - \frac{b_{21}}{b_{21}\omega + b_{22}}$$

$$= \frac{1}{\omega + b_{12}/b_{11}} - \frac{1}{\omega + b_{22}/b_{21}}$$

$$= \frac{b_{22}/b_{21} - b_{12}/b_{11}}{(\omega + b_{12}/b_{11})(\omega + b_{22}b_{21})} \tag{6}$$

因此，更高的 ω 对应着更高的 π，当且仅当 $b_{22}/b_{21} > b_{12}/b_{11}$，即生产产品 2 需要相对更多的要素 2 的投入时，或者说当且仅当 $b_{11}/b_{12} > b_{21}/b_{22}$，即生产产品 1 需要相对更多的要素 1 时。这样我们就顺理成章地把要素投入之间的关系作为相对要素密集度的定义：在上面的情形中，我们说，产品 2 是要素 2 相对密集的，而产品 1 是要素 1 相对密集的。

借助图形对它们进行考察，是很有启发性的。在图 1.2 中，直线 B_1B_1 是满足产品 1 的单位成本＝价格的要素价格集，即在该直线上，w_1 和 w_2 的组合都满足 $b_{11}w_1 + b_{12}w_2 = p_1$。其斜率等于生产产品 1 的要素投入比率，即 (b_{11}/b_{12})。同样，直线 B_2B_2 给出了使得产品 2 的单位成本＝价格的要素价格组合，其斜率为 (b_{21}/b_{22})。如果两种产品同时生产，则必定两种产品都有单位成本＝价格，因此要素价格必定确定在交点 A 处。

运用图 1.2，我们轻易即可找到要素价格和产出价格之间的关系。设 $p_1 = 1$，这样所有可能的要素价格组合就都由 B_1B_1 给出。若 B_1B_1 上任意一点成为均衡，从而在该点处同时生产两种产品，则必有一直线如 B_2B_2 经过该点。例如，若 A' 成为均衡，则 p_2 的取值必定要满足曲线 $b_{21}w_1 + b_{22}w_2 = p_2$ 通过 A'，因此 p_2 必然等于 p_2'。既如此，显然更高的 (w_2/w_1) 对应着更高的 (p_2/p_1)。

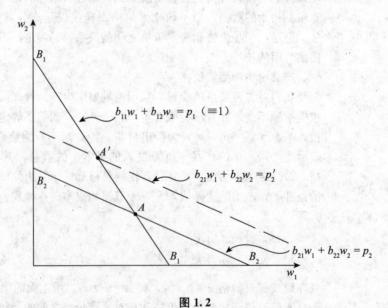

图 1.2

现在考察两个科技水平相同，也就是投入系数 b_{ij} 相同的国家。在两国的自给自足均衡中，方程（4）都成立，但是价格高低不同。我们将产品 1 记为要素 1

密集型的，则要素1的相对价格更高的国家，其商品1的价格也更高。这种形式的要素丰裕度假说在这一模型中得到验证。

读者会深切地认识到，这种单调关系反过来也成立：产出价格影响要素价格，而这与我们的第三个命题，即要素价格均等化假说，有着明显的联系。我们将在下一节再回到这一点来；这里我们继续讨论要素丰裕度假说的另一个与要素数量相关的方面。

生产和要素供应

我们继续假定规模报酬不变，不存在联合生产，并且投入系数固定。此外，我们还假定两种要素都充分就业。这样，以（v_1，v_2）表示要素供给，（x_1，x_2）表示产出量，我们就得到

$$v_1 = x_1 b_{11} + x_2 b_{21}$$
$$v_2 = x_1 b_{12} + x_2 b_{22} \tag{7}$$

这些比率之间的关系很容易确定。我们有

$$v_1/v_2 = (b_{11}(x_1/x_2) + b_{21})/(b_{12}(x_1/x_2) + b_{22}) \tag{8}$$

该式在形式上类似于（4）式，只是下标的次序有些变动。我们很容易证实，如果 $b_{22}/b_{12} > b_{21}/b_{11}$，$b_{22}/b_{21} > b_{12}/b_{11}$，即我们前面定义的产品2中要素2相对更为密集，则 v_1/v_2 对 x_1/x_2 的导数为正。当然我们真正需要的是 x_1/x_2 对 v_1/v_2 的导数，但这就是前一导数的倒数，因此符号是相同的。

为完成这一论证过程，我们必须把要素的数量和价格联系起来。这需要知道需求方面的一些信息。正如一般微观经济理论告诉我们的那样，这样可能会把问题复杂化。因此，在解释那些明显属于生产面的现象时，回避这些因素是值得的。通常的简单假定是，总需求可以由位似偏好推导出来，也就是说，需求比率 c_1/c_2 仅仅是价格比率 p_1/p_2 的函数。假定选定下标使得商品1是要素1相对更加密集的。令经济从一个自给自足的均衡开始，然后提高 v_1/v_2 来扰动它。如果相对价格不变，则这一扰动的唯一效应，就是提高供给比率 x_1/x_2。因此，在各既定的相对价格上，（c_1/c_2）保持不变而（x_1/x_2）上升。结果是在商品1市场上出现超额供给，或在商品2市场上出现超额需求，或者二者同时出现。这样我们就可以预期价格比率会下降，即 p_1/p_2 变小。这一结论意味着该均衡在以下意义上是稳定的（stable）：在均衡的领域里，超额需求是相对价格的减函数，从而如果初始均衡受到干扰，则拍卖过程（a tâtonnement process）会使初始均衡得以恢复。在这里的两商品情形中，这一意义上的稳定性并不复杂。在后面的章节里，我们会遇到稳定性非常重要的情形。

由此可见，提高相对要素供给比例 v_1/v_2，会导致 p_1/p_2 下降。我们可以把这一比较静态分析的结果解释为与这里所假定的具有完全相同的科技和偏好的两个封闭经济的对比：要素1的相对数量更多的经济中，商品1的贸易前价格会更低，从而这一形式的要素丰裕度假说得到证实。

附带说明一点，我们有时会对数量的绝对变化而不仅仅是相对变化感兴趣。通过对（7）取全微分，就可以很容易地对这一情形进行考查

$$dv_1 = dx_1 b_{11} + dx_2 b_{21}$$
$$dv_2 = dx_1 b_{12} + dx_2 b_{22}$$

这很容易求解，得到

$$dx_1 = (b_{22} dv_1 - b_{21} dv_2)/(b_{11} b_{22} - b_{12} b_{21})$$
$$dx_2 = (-b_{12} dv_1 + b_{11} dv_2)/(b_{11} b_{22} - b_{12} b_{21}) \tag{9}$$

偏微分 $\partial x_i/\partial v_j$ 可以从等式右边的系数读出。注意，（9）式中的分母可化成 $b_{12} b_{22} \left(\dfrac{b_{11}}{b_{12}} - \dfrac{b_{21}}{b_{22}} \right)$，从而偏微分的符号和我们的要素密集度就直接联系起来了。特别地，如果商品 1 是要素 1 密集型的，则要素 1 的供给的增加会提高商品 1 的生产，同时减少商品 2 的生产。这一结论称为雷布津斯基（Rybczynski）定理，在很多时候都是很有用的。它可以用和图 1.2 一模一样的办法用图形加以说明。我们把它留给读者自己处理。而反过来，一旦选定了计价物，我们就能够得出要素和商品的绝对价格之间的代数关系。读者可以轻松地证明，p_2 不变而 p_1 上升，会提高 w_1 而降低 w_2。这称为斯托尔珀-萨缪尔森（Stolper - Samuelson）定理。

投入替代

接下来我们肯定要问，上述简单情形能够推广到什么程度。我们先允许对投入组合进行选择。现在 b_{ij} 不再固定，而是可以在一系列科技可能性中选择，以最小化生产成本。这一选择取决于要素价格比率 ω。这一函数相关（functional dependence）的性质将在第 2 章详细讨论，现在我们只是陈述这一性质：方程（6）在系数取局部值时仍然是有效的。换言之，相对要素价格的微小变动对相对产出价格的影响，取决于在初始点上不同产品的相对要素密集程度的比较。因此，当各国的贸易前要素价格仅存在微小差异的时候，这种形式的要素丰裕度假说是成立的。当国家之间的要素数量存在微小差异的时候，这一假说同样成立。考虑 v_1/v_2 发生一个微小变化，然后考察 p_1/p_2 在初始均衡水平上会出现什么变化。因为需求比率 c_1/c_2——它只是价格比率的函数——保持不变，从（5）式我们看到，只要这两种商品在初始点的要素密集度没有碰巧相等，要素价格比率 w_1/w_2 也不可能改变。于是 b_{ij} 保持不变，因而（8）式后面的论点成立。因此唯一的效应就是 x_1/x_2 上升。只要该均衡是稳定的，结果就必然是 p_1/p_2 下降。

但是对于大幅度的变动，情形就不同了。如果 b_{ij} 是 $\omega = w_1/w_2$ 的函数，那就没有理由认为相对要素价格的对比会保持不变。我们可能会看到要素密集度逆转（Factor Intensity Reversals），即在 ω 的一个区间里，商品 2 是要素 1 密集的，而接下来在 ω 的另一个区间里又变成要素 2 密集的，或者反过来变化，或者实际上两种情况并存。这就使得找到相对要素价格和相对产品价格之间的全局单调关系没有可能。因此，假定商品 1 在 $\omega < \omega^*$ 时是要素 1 密集的，而 $\omega > \omega^*$ 时是要素 2 密集的，于是当 $\omega < \omega^*$ 的时候，在 ω 和 π 之间就存在一个正向关系，而在超过 ω^* 时则存在一个负向关系。如果我们比较两个国家，一个 $\omega < \omega^*$，另一个 $\omega > \omega^*$，这样我们就不能先验地判断究竟哪个国家商品 1 的相对价格会更低。其结果是，我们不能判定哪个国家在商品 1 上具有比较优势。

作为例证，考虑我们前面提出的在英国和日本之间进行威士忌和电视机贸易的例子。假定生产威士忌的方法只有一种，而生产电视机则有数种可以相互替代的模式（从手工装配到全自动生产流水作业）。于是就很有可能出现这种情况：在英国的要素价格条件下，电视机生产的资本密集度要高于威士忌，而在日本则相反。知道英国在资本密集型产品（电视机）上拥有比较优势，而日本在劳动密集型产品（电视机）上拥有比较优势，显然并不足以让我们知道，在贸易均衡中哪个国家会出口电视机。因而，这里要素丰裕度的差异仍然是贸易的原因，但是它们不是先验地确定贸易格局的充分条件。

多种产品和要素

要素密集度逆转的问题，引起了很多注意——有人会说引起了太多的注意。而实际上另一个问题可能更为严重。这个问题就是把要素丰裕度假说推广到多种产品和多种要素的世界。对于多种产品和要素的情形，只要其中产品和要素的种类相同，倒也不太困难。如果产品和要素的数目都是 n，我们就有 n 个（4）那样的方程，于是也就会有（$n-1$）个把产品价格差异和要素价格差异联系起来的方程。类似地，我们就有 n 个（7）那样的方程，于是也就会有（$n-1$）个把产品供给差异和要素供给差异联系起来的方程。同样地，我们也可以把（9）式加以推广，以考察绝对量的变动。这样一来，对相对要素密集度的解释和表述就显然要更加复杂，但是单独用技术投入系数（Technological Factor Input Coefficients）来定义要素密集度的属性还是保留下来了。

更严重的问题，出在商品数目 n 和要素数目 m 不相等的时候。首先，假设 $n<m$。现在（7）式为我们给出了包含 n 个未知数的 m 个方程，这一般而言是个超定的系统（an overdetermined system）。这里的关键是，产业间的替代，即产出组合的变化，自身不足以确保所有要素充分就业，或者说，在面临要素供给变化的条件下，不足以维持充分就业状态。如果科技具有固定系数，那没什么可多说；一些要素会仍然失业，只要我们不能对存在失业要素的情形和要素充分就业的情形进行比较，就可以忽略这类情形。如果产业内的替代可以通过改变要素组合来实现，则充分就业可能实现。然而，要素供给的变化现在就会要求投入系数发生改变以维持这种状态。于是，求导 $\partial x_j/\partial x_i$ 就必须要考虑由此而引起的 b_{ij} 的变化，而（8）式也就不能像（6）式那样求微分。我们可以简单地定义经过正确计算得出的 $\partial x_j/\partial x_i$，来作为我们的要素密集度的概念：如果这一导数为正，则物品 j 是要素 i 密集的。但这种意义上的要素密集度不再是科技的固有属性，而成了包括要素供给在内的整个均衡的特性。这就使得这一定义成为同义反复，并且没有可操作性。

当 $n>m$ 时，情况更为糟糕。现在对应于（7）式的，是一个不定的系统（an underdetermined system）。换句话说，该经济的供给面不足以决定产出量。用一个带有两种商品和一种要素、并且报酬不变的经济的简单例子，就能说明会出现什么样的问题。在这一经济中，生产可能性边界是一条直线，并且由于相对价格等于转换率，因此供给不能确定。当 x_i 不是 v_i 的单值函数的时候，是不可能求它们的微分的。

因此，即使在相同科技水平和位似偏好的限制性假定下，要素丰裕度假说也不见得非常适用。如果要在一般的情形下成立，所引入的要素密集度的定义，就必须以一般均衡导数为基础，而不是以容易观察到的要素投入系数为基础；而且即使这样，如果商品种类多于要素种类，这一假说还是不能成立。当然，这并不是说研究这个假说没意思——在很多方面，一个有效性受到限制的假说，要比一个无所不包的定理更有启发。但是，这的确意味着，去寻找关于要素禀赋和贸易格局之间关系的一般性定理，没有太大的意义。

1.3 要素价格均等化

我们的第三个命题——要素价格均等化假说，完美地展示了对一个顶多也只对有限的参数值集合才成立的假说进行研究会有什么样的启发。这个假说背后的基本假定实际上很强：所有国家都能获得相同的线性齐次科技，并且自由贸易一定会使得产出价格均等。特别是后一个假设，使得这个假说从经验的角度来看，实际上并不符合现实，这一点其实是路人皆知的。但这一假说仍然值得我们研究，原因不仅在于它指出了贸易品和非贸易品市场之间的关系，而且还在于它有助于澄清一些与自由贸易均衡中的专业化模式相关联的重要问题。

这一假说的本质是，如果有两个国家参与贸易，那么每个国家各自的资源都会有从该国相对成本高的部门转向相对成本较低的部门的趋势。因为相对成本反映着相对要素价格，因此，这也意味着资源从密集地使用昂贵要素的部门，转向密集使用廉价要素的部门。结果，相对稀缺的要素，它的实际稀缺程度将下降，而相对丰裕的要素实际上也不会那么丰裕了。更进一步说，这一过程会一直持续到要么两国的相对成本相等，要么每个国家都停止生产它具有比较劣势的产品。换句话说，我们看到的，要么是某种程度的生产专业化①，要么是国际要素价格差异一直削减到两国的相对成本相等的程度。

2×2 模型

在 2 商品 2 要素模型中，我们容易发现有多种可能的产出。在这一背景下，相对要素价格和相对成本之间的实际关系（由科技所决定）就非常重要了。我们对（5）式的右端加以考察，就明白会出现什么情况。一种可能（如图 1.3a 所示）是，相对要素价格 w_1/w_2 与相对产品价格 p_1/p_2 一一对应。无论要素价格如何，商品 1 都是要素 1 密集型的——即不存在要素密集度逆转。另一种可能，如图 1.3b 所示，则是符合某一特定的要素成本的要素价格比率不止一个。这对应着要素密集度逆转的情形——即商品 1 在相对要素价格的某些取值范围内（当相对要素价格高于 $(w_1/w_2)^*$ 时），是要素 1 密集的，而在另一些要素价格的取值范围内（当相对要素价格低于 $(w_1/w_2)^*$时），则是要素 2 密集的。

---

① 这里的专业化（specification）指的是"完全的"专业化，即一个国家至少有一种产品不在本国生产。下同。——译者注

在没有要素密集度逆转的时候，唯一的可能是，要么专业化，要么要素价格均等化。因此，假定均衡的产出价格比率是 $(p_1/p_2)^0$。如果两国都生产两种产品，则两国的相对要素价格一定都是 $(w_1/w_2)^0$，因为其他任何要素价格比率都会使相对成本不等于相对价格。因此，我们能否看到专业化的情形，取决于要素价格的比率 $(w_1/w_2)^0$ 能否与两国国内要素市场均衡相一致。而要相一致，则两国的要素供给比率都必须位于要素价格为 $(w_1/w_2)^0$ 时两种商品的要素投入比率之间——否则，生产要素在两种商品之间的配置，就不能导致充分就业。如果这个一致性条件得到满足，我们就会有完全的要素价格均等化，而如果这一条件得不到满足，则至少有一个国家会出现专业化。

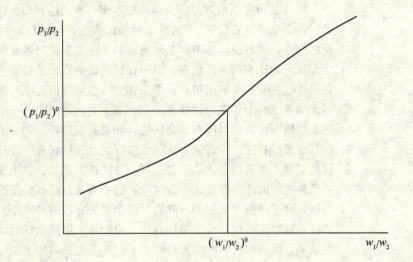

图 1. 3a

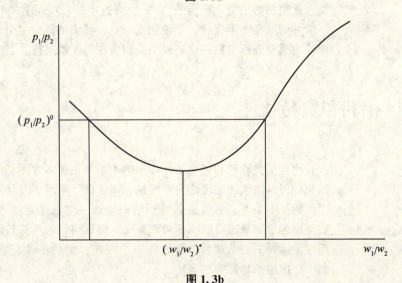

图 1. 3b

要素密集度逆转不过使情况在边际上变得复杂些。于是在图 1.3b 中就有两个要素价格比率和等于 $(p_1/p_2)^0$ 的相对成本相一致。这就当然存在没有要素价格均等化却出现专业化的可能。要决定我们看到的究竟是伴随着要素价格均等的多样化均衡[①]，还是要素价格差异持续存在的多样化均衡，抑或是专业化均衡，需要对与多样化相一致的两个要素价格比率都进行检查，以判断其是否同时也与国内要素市场的出清相一致。然而，这并不难做到。

关于一般化

不幸的是，在分析任意数目的商品和要素的一般情形时，这个简单的 2×2 的方法就派不上大用场了。如果商品数目少于要素数目，那就没有理由指望产出价格的均等会引起完全的要素价格均等。因此，如果有 2 种商品和 3 种要素，那相对要素成本就会取决于 2 个要素价格比率。显然，这时任何数目的要素价格组合，都可以和等于相对价格的相对成本相一致。这种局面在商品数目多于要素数目时，会变得更加复杂。用 2×2 情形的方法，很轻松就可以得到必然出现专业化的结论：比方说，如果有 3 种商品和 2 种要素，则会有两个成本比率取决于一个要素价格比率的情况出现。对于任意给定的产出价格比率，这时要素价格均等化只有在我们能够解出带有 1 个未知数（要素价格比率）的 2 个方程（即两个成本比率等于两个要素价格比率）的时候，才可能出现——而作为一般性的命题，这又恰恰不可能。可能有人会认为，如果我们碰巧找到一个这样的均衡，其中两国都生产所有这 3 种商品，这两个方程就会正好相容，并且我们也可以和前面一样期望要素价格均等化。但是这样一种均衡究竟是否会出现，本身就是内生于贸易理论的。因此，即使往最好处说，这一论证也是不完整的。反过来也可能有人会说，对于一般意义上的不能满足两个相关方程的特定产出价格，没有专业化的均衡和随之而来的要素价格均等化，也都是不可能出现的。这一论证也有着同样的缺陷，因为均衡的产出价格的高低，本身也是内生于贸易理论的。对于一个要素价格比率同时满足两个成本—价格方程的这种均衡的可能性，我们必须进行考察。这里总的结论，应当是 2×2 模型过于简单，而不是要素价格均等化假说在一般性的意义上不成立。要说明这一点，我们就得对一个完全特殊的贸易世界一般均衡模型进行考察。这一说明我们将在第 4 章进行。

1.4　福利和贸易条件

比较优势理论和贸易条件理论的关系，在很多方面都与物理学和工程学的关系相类似。比较优势理论关心贸易的"终极"原因，以及贸易品与非贸易品市场之间的基本关系；而贸易条件理论则把这一切视做当然，而仅仅关心特定的参数——包括贸易国可能执行的政策——会如何影响贸易条件这样一个实用主义的问题。这种关心的背后，是这样一个假定：贸易条件有效地度量了贸易国的福利——但这通常都是想当然。

---

① 多样化（diversification）指的是一个国家在国际分工中生产所有的产品，即不出现专业化（specification）。——译者注

福利含义

事实上，相对价格和国家福利之间的关系是很容易确立的。问题的本质如图 1.4 所示。假定一国在相对价格 $(p_1/p_2)^0$ 的水平上开展贸易，出口商品 1 的数量为 OA，进口商品 2 的数量为 OB，考虑一次贸易条件的改善，即出口商品的相对价格上升到 $(p_1/p_2)^1$。于是我们看到，给定新的贸易条件，初始的贸易向量 $(OA，OB)$ 仍然是可行的。因为国内均衡是帕累托最优，这就意味着 1) 在一个消费者的情形下，从该消费者的观点来看，新的贸易条件必定要给出一个至少和原来的贸易条件一样诱人的资源配置，并且 2) 在多个消费者的情形中，国内必然存在一个一次性总付的转移支付的集合，从而对于原来的配置而言，新的配置是帕累托更优的。因此，在这个意义上，在贸易条件和国家福利之间，存在着经过适当定义的一一对应关系。即使不可能存在一次性总付的转移支付，如果政府通过一个完全的间接税集合来实施一种最优再分配政策，那么对于一个多个消费者的经济，也可以导出类似的结论。贸易条件和福利之间的这种先验假定的关系，似乎是普适的。

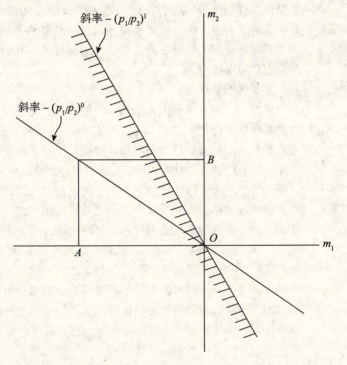

图 1.4

一般均衡中的相对价格取决于供给与需求的所有基本参数，因而贸易世界中的相对价格取决于要素禀赋、技术、偏好、产权以及任何扭曲的税收和补贴（包括贸易税）。以下四个决定因素特别有意思。第一个涉及的是国际收入分配与贸易条件的关系——国际收入转移如何影响相对价格。第二个涉及的是经济增长与相对价格的关系——国内要素供给的增加对贸易条件的影响。第三个与第二个密切相关，是国际要素流动对相对价格的影响。第四个是贸易政策与贸易条件的关系。只有通过明晰地建立一般均衡模型并且运用比较静态分析，才能确定以上四种关系。因此，我们所能做的就是提出有关问题，并指出与上述关系有关的一些初步假设。为此，考虑两种商品和两种要素（有必要的话）的情形是有帮助的。

国际转移支付

如果收入从一个国家向另一个国家转移，则两国的需求都会发生改变。于是，它对国际价格的影响，就取决于全世界对不同商品的总需求的变化情况，而这又取决于两国的需求函数对收入的导数，即取决于接受国和捐赠国对各种不同商品的边际需求倾向的差异。所有可能的情形都因此而生。特别要指出的一种可能是，对接受国的出口品的世界需求下降。如果接受国对接受国的出口产品的边际需求倾向比捐赠国低，就会出现这种情况。这种可能出现的情形很有趣，因为这说明，接受国的出口产品的价格，会由于转移支付而相对于其进口产品的价格下降，即捐赠国会发现它的贸易条件因为馈赠而改善。

于是就提出了这样一个问题：一个国家有没有可能通过向其他国家馈赠而使贸易条件得到足够大的改善，从而提高自身的福利水平，换言之，即由此而带来的贸易条件的改善，能否补偿捐赠者的全部馈赠成本。这种情况，如果可能的话，看起来有点奇怪。但贸易均衡的稳定性条件能够排除这种可能。从馈赠中，捐赠者可能会因为贸易条件的改善而得到好处，但是这好处不会大到让施惠成为一个有利可图的行为。

要素供给变化

即使一个国家总会因为得到馈赠的购买力而受益，也不见得就一定会因为生产要素禀赋变得更加丰裕而获益。这样一种可能，就是所谓的"贫困化增长"。它为参数的变化会如何影响贸易条件提供了一个绝好的例证。让我们用一个简单的 2×2 模型为例来说明。在这一模型中，要素禀赋比较优势理论成立。假定在这样一个模型所给出的环境下，一个国家相对丰裕的要素禀赋增加了。如果给定产出价格，这就会有两个效果。一个效果是国民收入上升。如果两种商品都是正常品，这会使两种商品的国内需求同时上升。另一个效果（由上文讨论过的一般均衡导数 $(\partial x_i / \partial v_i)$ 所给出），则是密集地使用丰裕要素的商品的国内生产增加，而同时另一产品的国内生产下降。换言之，出口品的生产将增加，进口品的生产将减少。因此，该国对进口品的超额需求会增加。由贸易平衡条件可知，这时该国对出口产品的超额供给必然也会增加。但是增加的出口供给和进口需求，在正常条件下，会导致贸易条件的恶化。而且，在这种情形下，这种贸易条件的引致性变化没有明显的界限；因此我们也就不能指望贸易条件恶化的效用损失一定会小于从更加丰裕的要素禀赋那里所获得的直接效用。因此，贫困化增长是确有可能的。

有了上面的分析，处理国际要素流动的效应就容易了，至少在要素收入的流动和花费与目标国的需求格局相一致的情况下是这样。这一效应不过是一种要素在某一国增加而同时在世界的其余部分相应减少的效应的加总。这两种效应会趋于相互抵消。如果我们把上一段提到的要素禀赋的增加看做是要素从世界的其余部分转移而来的话，这一点就显而易见了。而对于世界的其余部分，这时我们则可以预期，对于供给和需求会有相反的效应，即这时世界的其余部分会生产更多

国际贸易理论：对偶和一般均衡方法

的本国进口品，同时对它们的需求会减少。因此，本国国内对进口品的超额需求的增加，会由来自世界其余部分的对该商品的超额供给所抵消。因而要素流动的任何贸易条件效应，都要么产生于国家之间在边际需求倾向上的差异，要么产生于要素禀赋变化对产出的影响（即国家之间在要素密集度上的差异）。因此，我们能够期望从要素流动效应分析中所得到的全部，不过是适用于特定的实证应用分析的套话。

关税和贸易条件

最后一个关于贸易条件的决定因素的问题所涉及的是在贸易均衡中贸易政策与相对价格之间的关系。在瓦尔拉斯均衡中，我们总能找到与配额或其他任何贸易限制具有相同效果的关税水平。贸易政策的效果也因而仅仅通过研究关税对贸易条件的影响就能确定。一般来说，关税水平的改变会同时涉及收入效应和替代效应——相对价格的改变产生替代效应，而扭曲性关税带来的生产和消费的无效率则产生收入效应。因此，一般来说，如果没有关于常态的其他假设，就似乎不可能就关税对超额需求的影响进行推测。

但令人惊讶的是，事实并非如此。一个简单的论证（如图 1.5 所示）说明了原因所在。考虑一个单一消费者的经济。假定这里所考虑的这个国家，在自由贸易时会出口商品 1，并且进口商品 2，贸易在相对价格 $(p_1/p_2)^0$ 的水平上进行。所对应的贸易在 A 点。让我们考虑因引入税率为 t 的进口关税而引起的超额需求的变化——即在固定的世界价格下，出口供给和进口需求的变化。新的贸易向量仍然必须满足贸易平衡条件，因此它肯定会在 $b^0 b^0$ 线上的某处。假设它位于 A 的西北，比如在 B 点，但国内消费者所认为的预算线似乎是会允许 $b^1 b^1$ 线上的所有贸易的——$b^1 b^1$ 是一条斜率为 $(p_1^0/(p_1^0+t))$ 且截距等于贸易向量 B 所带来的关税收益的"预算线"。因为国内均衡是帕累托最优的，所以这就意味着 B 所对应的配置，要显示偏好于 $b^1 b^1$ 线上的任何其他点所对应的配置。特别地，这时它会显示偏好于点 C 所对应的配置。但因为 C 所允许的两种商品的国内消费都高于 A，所以 C 应当会给出一个严格显示偏好于 A 的配置。因此，我们一定会有 B 严格偏好于 A 的结论。可是这就有了矛盾，因为 B 在无关税时是可行的贸易，而 A 则显示偏好于任何其他可行的自由贸易。结果是，引入关税一定会把超额需求移动到 $b^0 b^0$ 线上位于 A 的东南方向的某点上。换言之，关税会使进口需求和出口供给低于相同的世界价格时自由贸易条件下的水平。如果该国是世界市场上的大买主，并且市场是稳定的，那么显而易见，关税会立即改善该国的贸易条件。

一个直接的推论是，一个国家征收关税，总是会降低世界其余部分的福利。但另一方面，又绝不能说征收关税的国家一定就会从中得益，原因是贸易条件的改善所带来的效用，会被因关税扭曲了资源配置而引起的净损失所抵消。对于一个"小额"关税而言，这一净损失的值不会太大，因此"小额"关税不会对本国造成损失；但如果征收高额关税，则两种效应都会很明显，因此保护是否有吸引力的问题，就涉及对贸易条件的改善所带来的边际所得与消费和生产的无效率所带来的边际损失之间的权衡。这就是最优关税问题。

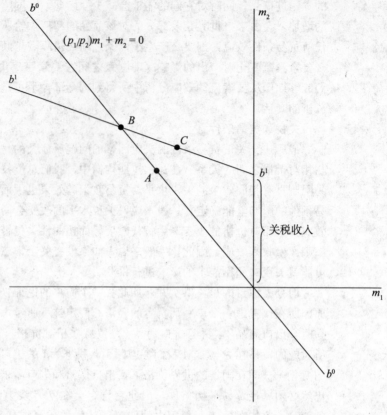

图 1.5

关税和收入分配

关税如何影响国内福利的问题，涉及它们会如何对国内收入分配产生影响。如果将其作为一个规范性问题，则可能有人会认为这根本不是一个问题，其理由是，要实现国内分配目标，贸易限制既不是最优的，也不是次优的。但是作为纯粹的实证性的议题，它能够对有趣的一般均衡效应加以说明。这个问题本质上反映了两个相当不同的效应。其中一个效应是关税对国内价格的影响，另一个则是国内价格变化如何影响收入分配。第二个效应包括了确定商品价格变化对要素报酬的效应——直观地看，一种商品价格的上升，会提高该商品的生产过程中密集地使用的生产要素的价格。这个猜想是对的，其结果就是斯托尔珀-萨缪尔森定理，虽然在任意数目的商品和要素条件下所定义的要素密集度，使得它在一般的情形中成了一个更弱的命题。

在谈到关税对国内价格的影响时，这一直观的结论——即关税会提高被保护商品相对于未保护商品的国内价格——并非在普遍意义上成立。正如我们所见，关税会改善贸易条件，被保护商品相对于其他商品的国际价格有下降的趋势，因此进口品的国内价格能否上升也要取决于贸易条件的改善能否完全弥补关税所带来的价格上升的效应。可以证明，这是有可能的——即使所有商品都是正常品。这意味着关税对国内价格的效应，以及由此而来的关税对国内收入分配的效应，都不能先验地予以推断。

1.5 对这一基本模型的评论

前面的讨论在没有对完整的国际贸易一般均衡模型进行详细说明的条件下，已经达到极限了。我们希望那些例子已经说明，有些可从不完整的模型（比如给定产出价格条件下的国内要素市场均衡模型，或者是研究关税的分配效应却忽略了保护的贸易条件效应的模型）中得到的结论，可能会带来严重的误导。只有不厌其烦地描绘出一般均衡效应的全集，才有望得到稳健的结论。而如果这样处理引出的结论不能加以推广，那就确实是不能推广。至少我们会知道如何在特殊的情况下得出特定的结论。

我们也希望上述讨论已经说明，在贸易理论中，显示偏好的讨论大有用处。这也就是已经"嵌入"了显示偏好理论的对偶方法，作为研究贸易问题的方法之一，看起来很有前途的原因。下一章会给出对偶概念的入门知识，并且说明如何用这些概念来对国际贸易的一般均衡模型进行系统而简洁的陈述。这一模型面临着一个方法论上的问题，现在可以简要说明一下，那就是什么才是贸易模型的适当形式。显然，任何一个贸易模型都必须抓住国际市场上价格的决定问题。但同时，运输成本、制度约束和信息壁垒的存在，又减少了现实中国际市场的数目——大部分商品和服务是在国内市场、地区市场或者本地市场上出售的——而我们也希望这一模型能够对由此导致的国际和国内交易之间的相互作用进行研究。我们已经看到，这种相互作用是贸易理论的一个本质特征（有人可能会说，是唯一的本质特征）。事实上，有人会认为，正是通过对这种具有层级性市场结构的多市场均衡的条分缕析，才把贸易理论和抽象的一般均衡分析区别开了。换句话说，贸易理论可以称做一般均衡理论在这样一种背景下的应用：其中一些商品的出售发生在国际市场，一些发生在国内市场，一些发生在地区性市场，等等。

这种在贸易理论中常常用到的特定的层级性并不难理解。产生这种层级性的原因在于，在商品和要素之间有一个根本的不对称性的假定：商品直接进入消费者的效用函数，其供给和需求都具有弹性，并且可以在国家间以零运输成本进行贸易；而生产要素则只能通过它们带来的收入来影响效用，它们的国内供给是固定的，并且根本不能贸易。这就导致了国内要素市场和国际产品市场之间的层级性，其中要素市场均衡作为国际生产价格和国内要素供给的函数，可以用来确定各个国家的商品供给，并且其中各国对商品的需求会由生产价格和对应于特定生产价格与要素禀赋的收入水平所决定。

有人可能会对这一特定的描述在经验上的正确性表示反对——毕竟，在现实中，运输成本对商品和要素来说都是很重要的，要素的国际流动的确存在，劳动和投入的供给也会依赖于价格，如此等等。这些反对意见，大部分可以通过对模型进行巧妙的解释来应对。运输成本可以这样处理：将其中一种商品解释为运输服务，并且让所有其他产品的价格中都包含到某一国际市场"地点"的运费。要素流动性问题，可以通过将要素定义为某种可贸易的商品来解决。弹性的要素供给和非贸易品，可以通过用国内市场出清条件来排除掉。这样一来，这个简单的贸易模型就可以作为一个更加完整、更符合经验事实的模型的抽象的简化形式。然而，有人会为这种虚假的"真实性"付出高昂的代价，因为简化形式的方程和参数并不是对行为的直接反映。因此要对运用这一简单模型得出的结果进行解释，实际上我们需要该完整的模型的完全而系统的形式。

我们更倾向于认真对待这个简单的模型——将其视为对一个一般均衡体系进行了能让人接受的最简单的描述，该一般均衡体系同时包含着国际化市场和国内市场。一些经过明确陈述的假设缺乏现实性，这显然要求通过随后的更复杂的模型来进行分析和改进。但这个模型作为一个对带有层级市场结构的一般均衡模型的逼近，已经够用了。实际上，在用来展示国内市场和国际市场的相互作用的时候，这个简单模型显示了惊人的丰富性。此外，在讨论国际生产价格和贸易格局的决定、贸易对非贸易品和要素的影响、贸易和贸易政策的福利经济学含义以及与汇率和国际收支相联系的各种问题的时候，可能会遇到很多问题，而我们可以用这个简单的模型对其中的大部分问题进行分析。在随后各章，我们要展示的，正是这一丰富的特征。

注　释

要把这一主题的历史一直追溯到李嘉图（Ricardo）和李嘉图以前是有些迂腐了。对贸易的决定因素的基本概念及其对于要素价格的含义的入门性讨论，可参见 Samuelson（1976，ch. 34）。在中级水平上，Caves 和 Jones（1977，chs. 2，3，5—7）和 Södersten（1971，chs. 1—7）对比较优势理论的传统方法作了很好的、完整的说明。其次序和重点常与本书有所出入；特别地，我们推迟了对福利方面的完全讨论。在更高级的水平上，Takayama（1972）运用传统的生产函数方法讨论了这一主题，并在一定程度上触及了对偶成本函数。

这一主题的一些重要论文收集于 Caves 和 Johnson（eds.）（1968）。对本章的材料而言，Robinson（1956），Samuelson（1949），Johnson（1957）尤其重要。

对这一问题还有一些综述。Bhagwati（1964，sections，Ⅰ，Ⅱ）论及了本章提出的那些议题。Chipman（1965a，b，1966）的目标更高，详细地考察了角点解、多重均衡等问题。

第 2 章　供给和需求的对偶分析

　　本章和贸易理论之间的关系，正与通常微观经济学中论述消费者和生产者行为的章节和整体一般均衡理论之间的关系类似。换言之，现在我们要做的是对一国的供给和需求模型进行详细阐述，而在随后的章节中我们将把这些内容整合到贸易均衡模型中，并且考察它的性质。

　　这种相似性体现在这些方面。其一，体现为在技术层面上如何选择最合适的模型。因为均衡理论的最终目标，是要考察作为价格接受者的各当事人的行为如何相互影响和整合，所以分析的各个组成部分自然会把价格当做自变量。这样，运用对偶性——运用支出函数或者间接效用函数来为消费者行为构建模型，同时运用成本函数、收入函数或者利润函数来为生产者行为构建模型——就是最为合适的。事实证明，在构造模型来描述国际贸易中的各个国家的时候，这种办法也是很合适的。

　　第二个类似之处，则体现为选择有助于简化的假定来帮助我们对关键问题进行简明扼要的说明。在一般均衡理论中，这通常涉及运用"代表性"企业和消费者进行分析。我们有时会用到这样的理论架构，当然在运用之前我们首先会对它们进行评价。

　　在存在多个作为价格接受者的企业的经济中，如果生产部门不存在扭曲，那么我们就可以非常合理地把供给看成是由一个被动接受价格的垂直—体化企业提供的。这很简单，因为利润是产出和投入数量的线性表达式，而单个企业的最大化利润之和等于各个企业利润之和的最大化。请注意，我们并没有赋予这个单一厂商任何垄断力量，因为它实际上代表的是多个小企业的集合。国家作为一个整体，可能在贸易中会拥有垄断力量，但那只表明，政府可以通过适当的关税手段来对此加以利用。

如果要分析生产扭曲，我们就不能采用这一理论架构；而且，研究有效保护也要求我们进一步探究其内部脉络，并且对各生产单位进行详细考察。

而对于研究消费者行为而言，扭曲就不如收入和偏好差异那么重要。福利分析显然需要涉及对异质消费者的深入研究；这一点我们会在第 3 章和第 6 章着重说明。特别地，我们将证明，对再分配目标而言，关税是劣于国内一次性转移支付和国内商品税的第三优政策。关税的再分配效应也因此仅在上述两种更优的政策失效时才有意义。我们在第 5 章给出了一个例子，来说明我们的方法如何用于处理这种情形。

在考虑诸如贸易均衡的性质和比较静态等实证性问题的时候，异质性消费者常常只在代数学上有意义。比如说，这时对单个消费者的分析涉及了边际消费倾向，那么更加一般化的表达就会有不同消费者的边际消费倾向的加权总和，其中的权重为边际收入份额。我们通常不会做这样的拓展，原因是这对我们加深理解帮助不大。当然，注意到国家之间的偏好差异通常是很重要的；第 5 章和第 9 章特别提出了这样的例子。

我们会做出所有标准的假设，尤其是科技和偏好的凸性假设，这些假设可以确保均衡的存在。有些时候，特别是涉及诸如要素价格均等化之类的问题时，为了方便，我们还会假定规模报酬不变，而且没有联合生产。尽管我们的确要考虑多种特殊的情形，但在产品和要素的数目上，并没有施加一般性的限制。除了在考虑诸如关税之类的问题的时候，我们只就两国模型进行讨论，因为在这里做一般性的推广并没有什么帮助。在我们的讨论中，国家分别记做"本国"和"外国"，这样做纯粹是为了方便。所有与本国相关的变量和函数都用小写符号表示，而与外国相关的则表示为相应的大写符号。这些就是构成贸易均衡模型的主要组成部分；贸易均衡模型是下一章的主题。

2.1 生产：收益函数分析

我们像第一章那样，先验地把商品分为产品和要素。令 $v=(v_1, v_2, \cdots, v_m)$ 为初始要素净投入的总合向量，并令 $x=(x_1, x_2, \cdots, x_n)$ 为产品净产出的总合向量。考虑科技因素，我们就知道哪些组合 (x, v) 是可行的。我们把规模报酬递增以及所有的边际替代率和边际转化率递增的情形都排除在外。换言之，我们假设了凸性技术，即可行的 (x, v) 的集合是凸的。因为没有国内生产的扭曲，因此这样处理具有很强的普遍性。比如说，它允许存在中间产品，并通过垂直一体化将其影响滤掉。一般性的假设是产品可贸易，而要素不能贸易，但是我们会在下文说明一些简单的推广。

生产决策会最大化总利润。特别地，在给定可贸易品价格 p 和非贸易品的数

量 v 的条件下，生产决策就是选择科技上可行的 x 来最大化产出的价值。这就是内积 $p \cdot x$，或者说 $p^T x$。

最优的 x 显然取决于特定的 p 和 v；我们将其写做函数 $x = x(p, v)$。相应的产出的最大价值也就成了 p 和 v 的函数，这被称做收益函数（revenue function），写做

$$
\begin{aligned}
r(p, v) &= \max_x \{ p \cdot x \mid (x, v) \text{ 可行} \} \\
&= p \cdot x(p, v)
\end{aligned}
\tag{1}
$$

该函数包含了技术的所有相关属性，而且在构造一些我们所需要的产出供给和要素价格的函数时特别方便。我们在这里对各属性进行概述，每种情形我们都只给出一些简单的辅助性说明。正式的证明可以在本章末的注释中所引用的参考文献里找到。

产出供给

现在我们先让 v 保持不变，从而把收益仅仅作为 p 的函数。最重要的是，这是一个凸函数。其经济学含义简单地说就是：在投入向量给定的条件下，产出向量的技术可能性不受价格变化的影响。因此，就总有可能维持一个固定的产出向量，并把收益作为价格的线性函数。如果存在任何沿转换边界改变产出构成的可能，那肯定是出于最大化收益的目的，并且收益要比其仅仅作为价格变化的线性函数时增加得更快。为了更清楚地说明这一点，令 p' 为任意价格向量，并假定相应的最大化收益是通过选择产出向量 x' 而得到的。对于任何其他的价格向量 p'，因为 x' 仍然是可行的，所以这时选择最大化收益不可能小于 $p \cdot x'$。因此，我们有

$$
r(p', v) = (p' \cdot x') \text{ 和 } r(p, v) \geqslant p \cdot x'
$$

这可以变换为

$$
r(p, v) - r(p', v) \geqslant (p - p') x'
\tag{2}
$$

图 2.1 说明的是收益取决于任一价格（比如说第 j 个价格）的情形。在被比较的 $p \cdot x'$ 中，与 p_j 相关的只有 $p_j x_j'$，所以这一表达式的图像就是一条斜率为 x_j' 的直线。收益函数在每一处都要高于这条直线，并且二者在 p_j' 处相等。如果 r 在这一点对第 j 种商品的价格的偏导数存在，则它一定会等于 x_j'。如果 r 在这一点有一个拐折（kink），则其在 p_j' 左边的斜率一定会小于 x_j'，而在 p_j' 右边的斜率则要大于 x_j'。因此，在一般意义上，这一线性函数是一条切线；我们称之为支撑线（supporting line）；在多维的时候中，则称为支撑超平面（supporting hyperplane）。本书的附录对这一概念有更详细的说明。

总结起来，我们得到这样的结论：若 r 在 p' 处求导，则 $r_p(p', v) = x'$。因为 p' 可以是任意点，所以我们可以忽略最初的含义，而直接说最优的商品供给选择可以通过收益函数对商品价格求导得到，即

$$
x(p, v) = r_p(p, v)
\tag{3}
$$

我们通常假定 r 对 p 可微，即假定供给函数是单值的。然而，对于一些很重要的情况，这一假定并不成立。这就是 r 有拐折，因此支撑超平面不唯一，从而生产选

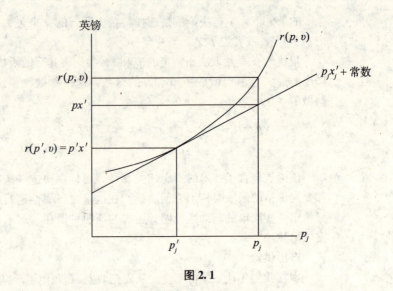

图 2.1

择也就不唯一的情形。我们将在有必要的时候回头再来对这一问题加以考虑。

现在令 p' 和 p'' 为任意两个价格向量，x' 和 x'' 为相应的最大化收益的选择。若 $p=p''$，则由 (1) 我们得到

$$r(p',v)=p' \cdot x' \text{ 和 } r(p'',v) \geqslant p'' \cdot x'$$

互换 p' 和 p'' 的角色，有

$$r(p'',v)=p'' \cdot x'' \text{ 和 } r(p',v) \geqslant p' \cdot x''$$

由此我们马上看到

$$(p''-p')(x''-x') \geqslant 0 \tag{4}$$

换言之，价格变动与它所引起的产出供给的变化之间，是非负相关的。这正是我们所熟悉的供给曲线不会向下倾斜的性质在多维情形下的自然推广。

为了对将 r 作为 p 的函数的研究进行总结，我们注意到，在 r 固定的条件下，r 是 p 的一次齐次函数；由 r 的定义可以直接得到这一结论，因为所有价格的同比例变化不会改变最优的数量选择。现在欧拉定理给出 $\sum_j p_j \partial r / \partial p_j = r$，或

$$p \cdot r_p(p,v)=r(p,v) \tag{5}$$

接下来，假设 r 二次可微。因为 r 是凸函数，因此其二阶偏导数 $\partial^2 r / \partial p_j \partial p_k$ 的矩阵 r_{pp} 一定是半负定的。此外，因为每一个 $\partial r / \partial p_j$ 对 p 都是零次齐次的，所以应用欧拉定理，我们就得到 $\sum_k (\partial^2 r / \partial p_j \partial p_k) p_k = 0$，或者用矩阵符号表示，即

$$r_{pp}(p,v)p=0 \tag{6}$$

要素价格

现在固定 p，而把 r 仅作为 v 的函数来研究。我们首先说明，r 是 v 的凹函数：这是产出为标量的条件下，生产函数的凹性的自然拓展，而且这可以直接从我们关于技术的凸性假定得出。考虑任意两个向量 v' 和 v''，并令 x'，x'' 为对应于

v' 和 v'' 的最优产出选择。因为可行的 (x, v) 的集合被假定为凸的，所以在给定平均收入 $(v' + v'') / 2$ 的条件下，平均产出 $(x' + x'') / 2$ 是可行的，于是，收益 $(r(p, v') + r(p, v'')) / 2$ 显然也是可行的。因此对应于 $(v' + v'') / 2$ 的最优选择，无论如何都不会比这更少。所以在类似于我们前面的图示中，这一函数的图像一定是图 2.2 所示的那样。其斜率表示的是，增加一单位额外的 v_i 并做出相应的最优产出安排对收益的影响。因为初始的 v' 本身就是最优的雇佣量，所以它在所有用途上的边际产出价值也应当是相等的，而且其额外收益也就只是这一共同的边际产品价值（the value marginal product），这也正是该投入的影子价格，或者说需求价格。把这一论证应用到每一个分量，并用 w 表示各要素的影子价格向量，我们就有

$$w(p, v) = r_v(p, v) \tag{7}$$

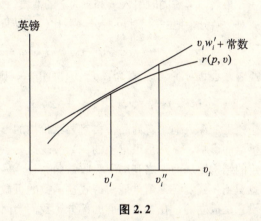

图 2.2

由 (7) 式可知，如果所使用的要素投入向量为 v，则最大化利润的使用者会愿意继续为这些要素的边际数量支付 w。换言之，(7) 式为我们给出了反要素需求函数。要决定它们的均衡价格，我们必须引入供给因素。一种特别简单的情形是要素供给完全无弹性。在均衡时，这一固定的要素供给量 v 一定会等于雇佣量，或者说投入量，因而将这一 v 代入 (7) 式中就可得到均衡的要素价格向量 w。

若 r 对 v 不可微，则其左导数和右导数会给出 w 位于其中的边界，这时的 w 不唯一。更为重要的是，在 r 作为 v 的函数的图像中，可能会至少在某些区段出现平直的部分。在这种情况下，在这些部分，w 独立于 v。这就是广受关注的要素价格均等化问题的一个方面。我们这里做一个简短而详细的考查。

因为凹函数 r 的图像不会位于在 v' 的其切线的上方，所以运用 (7) 式就有

$$r(p, v'') \leqslant r(p, v') + (v'' - v') \cdot w'$$

类似地，画出在 v' 点的切线，并将其斜率解释为在该点的影子价格 w''，我们有

$$r(p, v') \leqslant r(p, v'') + (v' - v'') \cdot w''$$

把这两个不等式相加并且化简，我们就发现

$$(w'' - w') \cdot (v'' - v') \leqslant 0 \tag{8}$$

即要素的需求价格和它们的需求量之间是非正相关的，这是派生的要素需求曲线不可能向上倾斜的标准观念的推广。

如果规模报酬不变，我们就还可以得到更进一步的结论。首先，对于每一个固定的 p，r 对 v 是一次齐次的，并且由欧拉定理可得到我们所熟悉的把产出归结为要素收入的结论

$$v \cdot r_v(p,v) = r(p,v) \tag{9}$$

其次，每一个 $\partial r / \partial v_i$ 对 v 都是零次齐次的，并且若定义一个二阶偏导数矩阵，则我们可将其写做

$$r_{vv}(p,v)v = 0 \tag{10}$$

交叉效应

最后，考虑同时引入 p 和 v 时 r 的性质。如果 r 二次可微，则我们可以把（3）式对 v 微分，把（7）对 p 微分，并比较其结果。我们可得到，对于任意的 i 和 j，

$$\partial w_i / \partial p_j = \partial^2 r / \partial v_i \partial p_j = \partial^2 r / \partial p_j \partial v_i = \partial x_j / \partial v_i$$

或者，令 $\partial w / \partial p$ 为元素为 $\partial w_i / \partial p_j$ 的矩阵，则有

$$(\partial w / \partial p)^T = (r_{vp})^T = r_{pv} = \partial x / \partial v \tag{11}$$

更加深入地了解商品价格对要素价格的影响，以及相关的要素供给对于商品供给的影响，显然是很重要的。为实现这一点，我们必须赋予生产技术以某种特定的结构，从而使之有助于为收益函数补充另外的数学工具。这一分析也让我们意识到，我们必须慎重地对待收益函数的可微性，迄今我们一直是很不严谨地假设它是成立的。在本章后面的部分，我们会回到这个问题上来。我们现在指出欧拉定理的另外两个结果来结束这一小节：w 对 p 是一次齐次的因此

$$w = (\partial w / \partial p)p = r_{vp} \cdot p \tag{12}$$

并且，如果规模报酬不变，则 x 对 v 是一次齐次的，由此可得

$$x = (\partial x / \partial v)v = r_{pv} \cdot v \tag{13}$$

单一要素的情形：李嘉图模型

我们用一些例子来结束这里对收益函数的一般性讨论；在这些例子中，仅使用一种要素来生产多种产品。这样会为上文做出的一些一般性论点提供图解说明，并为下文在贸易模型中使用这些函数提供背景知识。

首先考虑该要素在每种产品的生产中报酬不变的情形。换言之，产品 j 的单位产出的投入要求为常数，比方说等于 a_j。这样，一个包含数量 x_j 的生产计划所需要的要素总投入就是 $\sum a_j x_j$。这一收益最大化问题于是可以写做

$$r(p,v) = \max_x \{ p_j x_j \mid \sum a_j x_j \leqslant v \} \tag{14}$$

要说明问题，两种商品的情形就够了。假定要素数量的一定比例 λ 配置于商品 1，而（$1-\lambda$）的比例则配置于商品 2。产出为 $x_1 = \lambda (v/a_1)$ 和 $x_2 = (1-\lambda)(v/a_2)$，由此可得

$$p_1 x_1 + p_2 x_2 = \lambda (p_1/a_1 - p_2/a_2)v + (p_2/a_2)v$$

首先考虑 $p_1/a_1 > p_2/a_2$ 的情况。显然这时 λ 会等于 1，产出为 $x_1 = v/a_1$ 和 $x_2 = 0$，收益则为 $v(p_1/a_1)$。因为 p_j/a_j 就是用于生产产品 j 的每单位要素的收益，所以其经济学含义甚为明显。在这一情况下，要素的边际产出为 p_1/a_1；这一定是它的影子价格 w。同理，若 $p_1/a_1 < p_2/a_2$，我们会有 $\lambda = 0$，$x_1 = 0$，$x_2 = v/a_2$，收益为 $v(p_2/a_2)$，而 $w = p_2/a_2$。

如果 $p_1/a_1 = p_2/a_2$，令 w 表示此时这一比例的公值。于是在 $0 \leqslant \lambda \leqslant 1$ 的范围内，λ 的所有选择都会产生同样的收益，等于 wv。相应地，产出的选择也不唯一：x_1 可位于 $0 \leqslant x_1 \leqslant v/a_1$ 的范围内，而 x_2 则位于 $0 \leqslant x_2 \leqslant v/a_2$ 的范围内。由于我们必须保持 $a_1 x_1 + a_2 x_2 = v$，所以这就只包含一个自由度（degree of freedom）边际产出为 $w = \omega$。

图 2.3 分别表示的是收益函数和产品 1 的产出表示为 p_1 的函数。我们看到，收益函数在 $p_1 = p_2 a_1/a_2$ 时有一个拐折。收益函数在这一点的左边和右边的不同斜率规定了 x_1 的选择所处的范围。而在 r 可微的范围内，其斜率就等于所选择的唯一的 x_1。

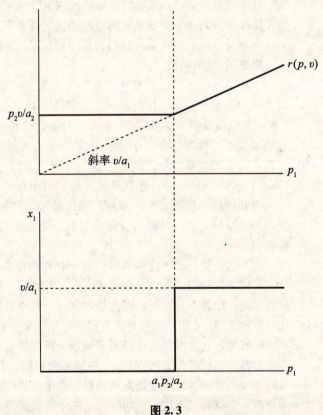

图 2.3

在多产品条件下，道理也一样。我们寻找的是比率（p_j/a_j）最高的 j，并把生产集中于这一产品上，即使得 $x_j = v/a_j$，而所有其他产品的产出都为零。于是有

$$r(p,v)=\max(v(p_j/a_j)) \tag{15}$$

和

$$w(p,v)=\max(p_j/a_j) \tag{16}$$

如果有两种或两种以上产品同时满足这一最高比率，则能保证充分就业的这些产品的任何非负产量都是可能的选择，且（15）和（16）式仍然有效。如果能得到的符合条件的最高比率的价格中，有一个上升了，则无论上升的幅度多么小，平衡状态都会打破而变得有利于这一产品；而如果这一个价格是下降了，则该产品的产出就会立刻下降到零。这里的左导数和右导数所界定的范围准确地涵盖了初始点的产出不确定的变化范围。

或许看起来我们对与上述平衡状态相应的价格结构给予的关注太多了，因为那毕竟只是例外的情况。但是，这一小小的子集可能是极重要的。比方说，考虑一个拥有这种科技的封闭经济，其中所有的产品在消费者的需求里都是必需的。在均衡状态下，所有的产出一定都为正。而这只有在各种商品的价格都准确地取值以使得所有（p_j/a_j）比率都相等时才有可能，因为否则生产者就不会去生产这一比率偏低的商品。因此，均衡的要求就选出了一个起初看来是例外的价格向量。同样的问题在下文要谈到的贸易经济的背景下，当产品数目超过要素数目的时候会再次出现，因此值得我们密切注意和深入理解。

李嘉图-维纳模型

上面描述的生产技术是李嘉图的古典贸易模型的核心，它把贸易归因于国家之间的技术的差异。把贸易模式和投入系数 a_j 联系起来——就像我们会在第3章中看到的那样，是非常简单的。但是，这种模型不适合做比较静态分析。收益函数不可微时的多产出选择现象，使得大部分标准的分析技巧难于应用。因此，为了那些要求单值供给选择的分析，人们的注意力转向了后李嘉图模型（Post-Ricardian Model），也就是通常所说的李嘉图-维纳模型。这样，我们就又一次遇到仅用一种要素生产多种产品的情形，但是这一要素在各种用途上的报酬都是递减的。因此价格的变化会引起该要素平滑地从一种用途向另一种用途转移。

和平常一样，报酬递减可以归因于存在固定要素。因此李嘉图-维纳模型的科技可以看做是用（$n+1$）种要素生产 n 种产品，其中1种要素可以在各种用途之间流动，而其余 n 种要素则都是固定的，每种要素只对应一种用途。如果我们用马歇尔（Marshall）的视角来看待其中一些要素在各种用途间的流动性比另一些大的现象，这个模型也可以用来描述短期的情形，比如说劳动是流动的，而资本则对各个部门都是专用性[①]的。在大多数时候，我们都不会仔细地注意固定要素的数量；考虑各专用性要素从各自用途中得到的总租金就足够了。但是，我们的分析马上就会得出进一步的结论，其中就明确考虑了这类要素的数量，我们会在这一讨论结束时附上这些结论。

---

① 国内有一些译者把"Specific Factor"译做"特定要素"，而实际上在企业理论中有一个常用的"专用性资产"的概念。由于"专用性"在字面上更能体现其本来的含义，因此本书把"Specific Factor"都译做"专用性要素"。——译者注

假定该流动要素的总量 v 是可获得的，且其配置于产品 j 的数量用 v^j 表示，这里用上标是为了避免同向量的分量的符号相混淆。令产品 j 的产出由下式给出

$$x_j = f_j(v^j) \tag{17}$$

其中每个生产函数 f_j 都是递增的和严格凹的。这后一个要求反映着我们的报酬递减的假定。我们也假定，对每个 j 都有 $f_j'(0) = \infty$。于是，对任何正的价格，在每种用途上——也就是每种产品上——都配置至少是一点点流动性要素，是划算的。于是这一收益最大化问题

$$r(p,v) = \max_{v^j}\left\{\sum p_j f_j(v^j) \mid \sum v^j = v\right\}$$

可以用拉格朗日法求解。拉格朗日函数为

$$L = \sum p_j f_j(v^j) - w(\sum v^j - v)$$

这里我们把乘子写成 w 是因为它就是流动要素的影子价格。其一阶条件是

$$p_j f_j'(v^j) = w \quad (\text{对所有 } j) \tag{18}$$

用文字表达就是，该流动要素在其所有用途上的边际产品价值都相等，而这一共同的价值当然也就是它的影子价格。这通常也就等于其在竞争市场上的价格。如果有 n 种产品，且 p 和 v 给定，则（18）式的 n 个方程和充分就业约束一起，决定着要素的配置和价格。于是产出水平也能够由（17）式算出。最后 π_j，纯利润，或者说专用性要素在各部门的回报，可以作为剩余计算出来。

$$\pi_j = p_j x_j - w v^j = p_j\{f_j(v^j) - v^j f_j'(v^j)\} \tag{19}$$

我们的目标，是确定内生变量——流动要素的配置、产出水平、流动要素的价格和特定要素的利润或者说价格——如何依赖于外生变量——产出价格、流动要素的数量，以及特定要素的数量。

我们这里用最少的代数学概括地给出 2 种产品的情形。实际上其结论可以很容易地推广。（见 Jones（1975），Mussa（1974），Jones 和 Scheinkman（1977），Dixit 和 Norman（1979））。

图 2.4 同时给出了两个边际产品价值函数。其水平间距 $O_1 O_2$ 是流动要素的总量，其中 v^1 从原点 O_1 开始往右衡量，而 v^2 从原点 O_2 开始往左衡量。曲线 M_1 和 M_2 表示作为代表性要素配置函数的边际产品价值 $p_1 f_1'(v^1)$ 和 $p_2 f_2'(v^2)$。这两条线交于 A，因此最优配置是 $v^1 = O_1 B$ 和 $v^2 = O_2 B$，并且要素价格 w 由垂直距离 BA 给出。

现在假定 p_1 上升。这使得 M_1 和 P_1 同比例上升到比如说 M^* 的位置。这时新的交点在 A^*，表明 v^1 增加而 v^2 减少。于是 x_1 增加，同时 x_2 减少。这时 w 也会上升，但因为 A^* 的纵坐标比 C 的小，所以 w 增加的比例要比 p_1 增加的比例小。

为了看清楚两个部门的利润发生了什么变化，请注意，由（19）式，每一个 π_j / p_j 都可以单独用 v^j 表示，且

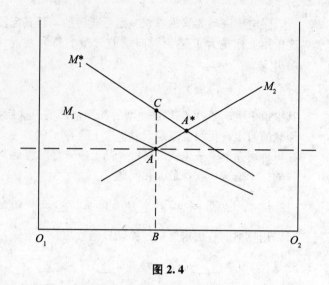

图 2.4

$$\partial(\pi_j / p_j) / \partial v^j = -v_j \text{①} f''_j(v^j) > 0 \tag{20}$$

因此，对应于 p_1 的上升，我们可以说，作为随之而来的 v^1 的上升的结果，π_1 / p_1 也会上升，即 π_1 会以比 p_1 更大的比例上升。同理，随着 p_2 的上升，v^2 会下降，并且 π_2 / p_2 以及因此 π_2 也会下降。

让我们回头分析 v 增加的效应。这在图 2.5 中通过把 O_2 右移到 O_2^* 和 M_2 相应地移动到 M_2^* 给出。我们看到，A^* 在 A 的右边，因此 v^1 是增加了，但是因为 A^* 在 C 的左边，所以说 v^1 增加的量比 v 增加的量要小。因此，v^2 肯定也增加了。两种产出的数量也就会相应上升。而流动要素的价格 w 则会下降。最后，（20）式说明两个部门的利润都会增加。

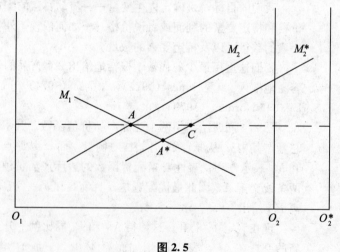

图 2.5

我们可以用收益函数的一般性质把这些效应联系起来。我们有

---

① v_j 疑为 v^j。——译者注

$$\partial w/\partial p_1 = \partial^2 r/\partial p_1 \partial v = \partial^2 r/\partial v \partial p_1 = \partial x_1/\partial v$$

但

$$\partial x_1/\partial v = f_1'(v^1)\partial v^1/\partial v = (w/p_1)\partial v^1/\partial v$$

因此

$$\frac{p_1}{w}\frac{\partial w}{\partial p_1} = \frac{\partial v^1}{\partial v} \tag{21}$$

我们已经看到，随着 p_1 上升，w 会上升，但上升的比例比 p_1 小，即左端的弹性在 0 到 1 之间。我们也看到，随着 v 的增加，v^1 会增加，但是增加的量比 v 小，即右端的导数在 0 到 1 之间。现在我们看到二者在量上是相等的。

最后，我们来明确地引入固定要素的数量。现在每个产业都使用两种要素：它的专用性要素和配置给它的流动性要素，同时假定规模报酬固定。如果生产产品 j 雇佣了数量为 k_j 的某种专用性要素——它们在部门之间可能存在也可能不存在物质形态上的差异——并且该要素有权获得该部门的现在还被称为纯利润的总额，所以该要素的价格是 $\pi_j/k_j = \rho_j$。如果 k_j 固定，则 π_j 和 ρ_j 会一同变化，并且我们先前关于产出价格和流动要素数量变化对于 π_j 的效应的结论同样可以很好地适用于 ρ_j。但是如果我们考虑 k_j 自身的参数变化，则会产生重要的区别。

现在生产函数应该写成

$$x_j = f_j(v^j, k_j)$$

且边际产品价值是 $p_j \partial f_j/\partial v^j$。因为规模报酬不变，所以每个 f_j 对 (v^j, k_j) 都是一次齐次的。于是其边际产品，即生产函数的偏导数，对这些变量都是零次齐次的，而且因此可以表示成这一比例 v^j/k_j 的函数。换言之，如果 v^j 和 k_j 同比例增加，则其边际产品的价值不会改变。

图 2.6 利用这一事实分析了 k_1 增加的效应。表示 v^1 的边际产出的曲线 M_1 等比例地向右移动。运用和前述情形类似地推理，我们看到 v^1 的最优配置上升，但是上升的比例比 k_1 的要小。于是产出 x_1 也肯定会上升，但是上升的比例也比 k_1 的小。另一方面，v^2 会下降，而且 x_2 也会下降。流动要素的价格 w 会上升。因为两种产出的价格都固定，所以特定要素的价格 ρ_j 肯定在两个部门都会下降。但是，$\pi_1 = \rho_1 k_1$ 可能上升也可能下降。

这样所有 p_1、p_2、v、k_1、k_2 的变化对 v^1、v^2、x_1、x_2、w、ρ_1 和 ρ_2 的效应我们就谈完了。同样在多种商品的情况下也可以讨论这些问题：自效应比如说 $\partial x_1/\partial p_1$，和这里一样，而我们表示交叉效应的符号比如说 $\partial x_2/\partial p_1$，则应用于所有商品配对。回忆一下如何用收益函数来表示各种不同的性质，我们就可以概括这些结论。令 $r(p, v, k)$ 为收益函数，其中 p 是产品价格向量，v 是表示流动要素数量的标量，而 k 是专用性要素向量。于是我们有

$$
\begin{aligned}
& x_j = \partial r/\partial p_j \qquad w = \partial r/\partial v \qquad \rho_j = \partial r/\partial k_j \\
& \partial^2 r/\partial p_j^2 > 0 \qquad\quad \partial^2 r/\partial p_i \partial p_j < 0 \quad (\text{对所有 } i \neq j) \\
& w/p_j > \partial^2 r/\partial p_j \partial v > 0 \\
& \partial^2 r/\partial k_j \partial p_j > \rho_j/p_j > 0
\end{aligned} \tag{22}
$$

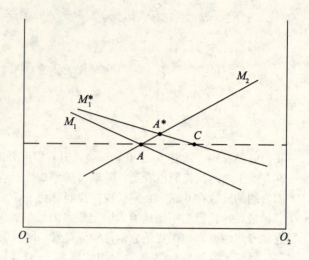

图 2.6

$$\partial^2 r/\partial k_i \partial p_j < 0 \quad \text{（对所有 } i \neq j\text{）}$$
$$\partial^2 r/\partial v^2 < 0 \qquad \partial^2 r/\partial k_i \partial v > 0$$
$$x_j/k_j > \partial^2 r/\partial k_i \partial p_j > 0$$
$$\partial^2 r/\partial k_i \partial k_j < 0 \quad \text{（对所有 } i,j\text{）}$$

记号（22）表示的是所有这些关系式的集合。

这些丰富而明确的比较静态分析结论正是生产的李嘉图-维纳模型的吸引人之处。我们将有机会在后面关于贸易的内容中用到这其中的一些结论。

上面的分析之所以相对简单，结论之所以明确，是因为它们涉及的可以配置于不同用途的要素只有一种。如果有更多的要素是可以流动的，那我们就不得不采用其他的、而且有时候是更加麻烦的分析技术，而且也不得不满足于不那么明确的结论。这就是接下来的两节的计划。

2.2 生产：成本函数

贯穿本节并在接下来我们运用它的相关内容时，我们都假定规模报酬不变，而且没有联合生产。于是对于每种产品 j，我们都有一个把其产出 x_j 和投入向量 $v^j = (v_1^j, \cdots, v_m^j)$ 联系在一起的生产函数，即 $x_j = f^j(v^j)$，每个 f^j 都是凹的和一次齐次的。定义单位产出的投入向量为 $a^j = v^j/x_j$，所以 $f^j(a^j) = 1$。

如果生产是有效率的，则我们会看到所有部门的投入的边际替代率相等，即所有部门的要素价格相等。因而把这些要素价格作为自变量构建公式是有益的。通过观察在经济学意义上投入系数的最优选择会最小化生产的单位成本，就可以实现这一点。因此，我们就利用每种产品的单位成本函数，定义为

$$b^j(w) = \min_{a^j}\{w \cdot a^j \mid f^j(a^j) = 1\} \tag{23}$$

这一函数有几个有用的性质。它显然对 w 是一次齐次的，而且还是 w 的凹函数。现在读者应该很熟悉这一点了：在 w 变化的时候，总是可能让 a^j 固定在某个特定的可行值上，然后找到一个单位成本对要素价格的线性函数。如果投入不能替代，那么这一点就总能做到。而如果存在这样的可能，那么投入系数就会变化以最小化单位成本，这就得到函数 $b^j(w)$，它要比线性函数增加得更慢，即它是凹的。最后，投入要素的最优选择由相应的单位成本函数的偏导数给出。这可以通过运用前面在导出（3）的时候用过的同样的论证方法来证明，并且用在那里引入的向量符号来表示

$$a^j(w) = b^j_w(w) \tag{24}$$

因为规模报酬不变，所以在要素价格为 w 时，生产产出 x_j 的 v^j 的最优选择就是 $x_j a^j(w)$。

另一种形式的收益函数

现在我们构建收益函数与单位成本函数的关系。特别地，我们指出

$$\mathrm{r}(p,v) = \min_w\{w \cdot v \mid b^j(w) \geqslant p_j, \text{对于所有的 } j\} \tag{25}$$

即在单位成本不低于任意一种产品的价格时，通过找出最小化要素禀赋价值的要素价格向量可得到生产收入。

为证明这一点，我们运用一种间接的方法，并使用竞争性均衡的最优化性质。设竞争要素价格向量为 $\hat{w}$，竞争产出向量为 $\hat{x}$。（若竞争均衡并非唯一，我们可以将 $(\hat{w}, \hat{x})$ 视做任意一对均衡要素价格和产出。）企业选择的投入系数则为 $b^j_w(\hat{w})$，因而要素 i 的总使用量为

$$\sum_j x_j b^j_i(\hat{w})$$

如果它与要素供给 v_i 相等，我们就在等式两边同时乘以 $\hat{w}_i$。如果它比要素 i 的供给小，则该要素为免费品，即 $\hat{w} = 0$。因此，对于所有的 i，

$$\hat{w}_i v_i = \sum_i \hat{x}_j b^j_i(\hat{w}) \hat{w}_i$$

因此，对所有的 i 求和，并记为

$$\sum_j b^j_i(\hat{w}) \hat{w}_i = b^j(\hat{w})$$

定义一个分函数为 b^j 的向量函数 b，则有

$$\hat{w} \cdot v = b(\hat{w}) \cdot \hat{x}$$

但我们也知道，竞争均衡中生产的任何产品都有单位成本（＝边际成本）＝价格，未生产的产品单位成本一定高于价格，即 $(b^j \geqslant p_j)$。因而竞争要素价格将满足（25）式的约束，并且具有如下性质

$$\hat{w} \cdot v = p \cdot \hat{x}$$

由于竞争均衡下的生产者会使利润最大化，而且 $p.\hat{x}$ 必须等于 $r(p,v)$，因此有

$$\hat{w} \cdot v = r(p,v)$$

接下来，考虑对于所有的 j，任何其他的要素价格向量 w' 满足 $b^j(w') \geqslant p_j$。我们回忆一下，由于竞争均衡是可行的，有

$$v \geqslant \sum_j \hat{x}_j b_w^j(\hat{w})$$

因而有

$$\hat{w} \cdot v \geqslant \sum_i \sum_j \hat{x}_j b_i^j(\hat{w}) w'_i = \sum_j \hat{x}_j \sum_i b_i^j(\hat{w}) w'_i$$

但是 $b_w^j(\hat{w})$ 是投入系数的可行性选择，$b^j(w')$ 是当要素价格为 w' 时，可行性投入系数集合的最小单位成本。因此，一定有

$$b^j(w') \leqslant \sum_i b_i^j(\hat{w}) w'_i$$

所以

$$w' \cdot v \geqslant b(w') \cdot \hat{x} \geqslant p \cdot \hat{x} = \hat{w} \cdot v$$

因而，在给定所有产品的单位成本大于等于价格时，所有要素价格向量中的竞争向量具有最低的要素禀赋价值。此式与上述事实 $\hat{w} \cdot v = r(p,v)$ 一起论证了 (25) 式。熟悉数学规划 (mathematical programming) 的读者会看出来 (25) 与 (1) 是对称的。

通过对附录部分充分性 (Sufficiency) 理论的简单应用，可证明对于 (25) 式的最小化问题，库恩-塔克 (Kuhn‐Tucker) 条件是充要条件。将这些条件表述清楚，并将其作为竞争均衡的条件来理解是有启发意义的。首先我们需引进乘数，这样有助于我们牢记对这些条件的理解。给定约束 $b^j(w) \geqslant p_j$ 的乘数表明放松一单位约束对该产品造成的边际效应，即 $\partial r/\partial p_j$。但这只是最优产出选择 x_j，要素数量约束下的乘数自然是要素价格。这时，库恩-塔克条件可写为

$$\sum_j b_i^j(w) x_j \leqslant v_i \quad (w_i > 0 \text{ 时取等号}) \tag{26}$$

和

$$b^j(w) \geqslant p_j \quad (x_j > 0 \text{ 时取等号}) \tag{27}$$

这些是互补松弛的标准的性质：有着正影子价格的要素得到充分利用（即未充分利用的要素影子价格为 0），并且投入使用的活动会收支平衡（即不生产造成亏损的产品）。通常假设所有的要素得到充分利用，而当生产的替代可能性足够大，并且不考虑产品和要素的相对数目时，这种情形确实会存在。我们通常以这种假设分析问题，并且会明确说明一些例外情况。然而，关于 (27) 式，不可能对生产哪种商品做出任何假定。甚至当要素数量大于产品数量时，在重要的情形中，不去生产任何产品是最优的。因而，此问题悬而未决，将在各个实例中予以考究。

几何说明

通过对（25）式成本最小化问题的几何说明——这对理解生产的几个重要性质以及比较静态分析非常有用，我们对本节做个总结。下一节我们将继续讨论。

在 w 空间，有约束 $b^i(w) \geqslant p_i$。由于每一个 b^i 是一个递增的凹函数，每一个约束都定义了一个边界朝西南方向的凸集，形式上很像一个普通的效用函数或生产函数的等高线的上半部分的集合。可行集就是这些集合的交点，每一种产品都有一个。此最小化的函数是线性的，它的等高线是一组平行面，方向垂直于给定的向量 v。

图 2.7 表示两种要素和三种产品的情形。满足每个约束 $b^i(w) \geqslant p_i$ 的点 w 一定在相应的等高线上或它的上方。因此可行域由等高线的上包络线以及所有东北方向的点组成，其边界由阴影部分表示。等要素成本曲线形成了一束平行的直线，v 一般为垂直方向。图中只表示了达到最优的那条线。从一般意义来讲，这是可行集边界上的一条切线，即它在 A 点处支撑着可行集。

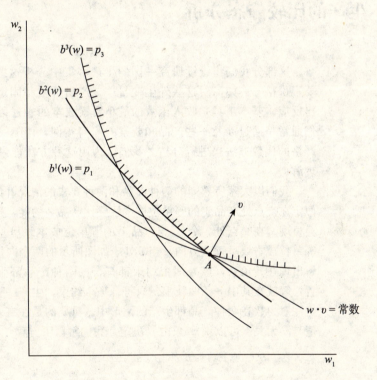

图 2.7

前两个约束必须符合，因此我们要解关于 w_1 和 w_2 的两个方程。第三个约束较为松弛，因此 $x_3 = 0$，即第三种产品未生产。充分利用的条件就变为

$$x_1 b_w^1(w) + x_2 b_w^2(w) = v \tag{28}$$

由于 w 是已知的，我们有两个方程来决定产出水平 x_1 和 x_2。这表明了（25）式的求解原理。

从此图中可得到三个有用的结论。第一个涉及的是 w 的唯一性。如果一组

等成本线与约束边界重合，会产生多个解。这需要相关区域的一个线性成本函数 b^j，正如我们所见，与不存在替代可能性相一致。但是即使所有的成本函数 b^j 都是线性的，w 的唯一性也是常见的，因为现在线性规划理论告诉我们最小值典型地会在转角处出现。因此，我们会忽略 w 不唯一带来的问题，并且假定收入函数对 v 可微。

第二点就是在最小替代可能性的情况下，例如任何非零的不变替代弹性，如图 2.7 所示等高线 $b^j(w) = p_j$ 不能与两条轴相交成正角。这个解将使得 w 严格为正，即要素得到充分利用。因此，我们完全有理由把这当成一般情形。

最后，除了线性组合的情况，我们不能确定有多少约束是符合的。在如图 2.7 所示的非线性组合的情形中，对于 v 的取值范围，解都是出现在边界而非转角处的曲线上。此时，即使有两种要素，三种产品中也只有一种产品会生产。

2.3 生产的比较静态分析

这部分我们将继续研究一国的生产，集中分析这些内生变量——产出量和要素价格——如何对这些外生变量——产出价格和固定要素禀赋——的变化作出反应。基本工具是收入函数的最小要素成本的表述以及它的描绘性图表。我们通常是通过涉及一些产品和要素的几何实例，伴随一些适当的但却不是十分严格的代数方法来进行分析。我们认为用这种方法能最好地阐释对问题的基本理解。

我们以大家所熟知的两种商品和两种要素的情况开始，如图 2.8 所示。我们假定在交点处产品 1 的等单位成本线要比产品 2 的陡，这个假定的重要性很快就会显现。在交点处，令 v^1 与产品 1 的等单位成本线呈垂直方向，v^2 与产品 2 的等单位成本线呈垂直方向。当 v 处于如图所示的两个向量 v^1 和 v^2 的中间方向时，解出现在转角处，该处两个约束都符合，两种产品都生产。如果 v 不处于该位置，解就在其中一条曲线上，只符合一个约束，生产一种产品。此时，我们主要把注意力放在两种产品都生产的情形中。重要的是在有效范围内，w 出现相同的值与 v 无关。可以说 w 只由 p 决定。我们解以下方程

$$b^1(w_1, w_2) = p_1 \text{ 和 } b^2(w_1, w_2) = p_2 \tag{29}$$

写成

$$w_1 = w^1(p_1, p_2) \text{ 和 } w_2 = w^2(p_1, p_2)$$

收入函数相应采取以下形式

$$r(p, v) = v_1 w^1(p_1, p_2) + v_2 w^2(p_1, p_2)$$

产品价格和要素价格
关于可逆性的问题，即要素价格是否仅由产品价格决定，是要素价格均等化的由来已久的讨论的核心。正如名字所暗含的，这个问题曾经更宽泛：两个拥有

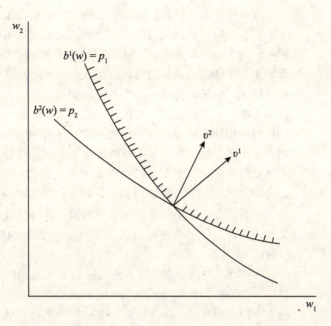

图 2.8

相同技术并只与对方进行商品贸易的国家，最后如何实现要素价格均等化？这个问题之所以有趣，是因为如果这样的要素价格均等化发生，那么在国家间要素得到最优配置的完全一体化世界经济中，产品贸易就足以确保获得可想象到的经济效率带来的所有好处。如果产品贸易恰好使仅限于两国的要素的边际产品相等，那么要素移动也无法获得更多。

然而，这个问题从较狭义的角度重新审视过。由于产品贸易使价格均等化，有人认为，我们所需知道的是要素价格是否仅由产品价格决定。这引起了对（27）式给定的两个价格集的关系的探究。第一个是关于 w 的可解方程是否足够。每一种生产数量为正的产品都有一个关于价格和单位成本的方程，重点是这个国家的要素禀赋是否能保证足够多的产品的生产。即使有足够多的方程，这些方程是否会产生唯一解仍有待观察，因为几个点数[1]一般对唯一解来说既非充分也非必要。第一个问题，关于在给定产出价格下充分多样化生产的可能性，在 McKenzie（1955）的一篇重要论文中有所研究。第二个关于一价性或可逆性的问题，已经引发了大量数学研究，巅峰之作可参见 Gale 和 Nikaido（1965），同时也引发了不少争论，引人注目的是 1966 年萨缪尔森（Samuelson）和皮尔斯（Pearce）在《国际经济评论》中的对峙。

我们对这种推理思路，即一开始就接受给定的产品价格，表示强烈的反对。确实，贸易理论应该将贸易品的价格视为内生变量。不这样做的话，通常的处理使得要素价格均等化研究的是一国的生产均衡，而不是两国（或更多国家）的贸易均衡。

---

① 几处点数，指几个方程对应几组未知数。——译者注

现在也许有人认为，给定任意的生产价格向量，总能找到一些国家，这些国家的要素禀赋和偏好使得该生产价格向量成为均衡价格向量。这是事实，但是这样一种构建方法丝毫无益于我们了解这是特别的情况还是可能的情况。特别地，看起来似乎特别的价格向量，即形成产品价格空间中一个子集的向量，结果一点都不特别，这是因为从更基本的可能的要素禀赋和偏好（即可能的要素禀赋和偏好组合的一个大的子集）的角度来看，贸易均衡产生了这些均衡价格。采用李嘉图模型中用到的相似的方法，选择看起来特别的价格向量，使得至少有一个国家的产量为正。我们将在第 4 章中考查要素价格均等化的一般问题，并且指出传统的狭义的研究如何引发了对其发生的可能性的一些误导。这些分析会参考 Samuelson（1953）和 Uzawa（1959），后来由于集中对一价性的研究而对这些有所忽略。同时，我们使用等单位成本线图来描述多样性和可逆性。鉴于一般的批评主义的观点，我们不会构建有关细节和一般情形的精美模型。这些可参见 Pearce（1970，ch. 12），Kuhn（1968）或 Takayama（1972，ch. 18）。

在两商品和两要素情形下表明这两个问题如何产生是可能的。首先看图 2.8。给定 p，取值范围是 (v^1, v^2)，因此如果一国的要素禀赋比例在该范围内取值，则会生产两种商品，并且要素价格 w 仅由可行集的角点决定。在该范围以外，成本最小化将会出现在两个边界曲面中的一个，只生产一种商品，并且 w 随 v 的变动而变动。而且，如果 p 变化，两个约束就会变化，改变范围 (v^1, v^2)。

这样的要素禀赋的范围被称做多样化锥。这个概念源自 Lerner（1952）和 Mckenzie（1955）；更多详情和不同的处理方法可参见 Chipman（1966）和 Woodland（1977a）。如图 2.8 所示，我们可以看出多样化假设何时是有效的：每国的要素禀赋必须在多样化锥上。一旦这个确定，要素价格均等化也会确定。

然而，在其他情况下，对一个给定产品价格向量，可能存在几个这样的锥。这发生在两商品两要素情形中时，条件就是约束曲线不止一次相交，即两个或两个以上的要素价格向量的所有单位成本等于价格，即一价性不存在。为了理解这一点，我们先看图 2.8 曲线的阴影部分隐含的重要假设。使用隐函数定理，可以将曲线 $b^1(w) = p_1$ 上某一点的斜率表示为偏导数的比率

$$-\mathrm{d}w_1/\mathrm{d}w_2 = b_1^1(w)/b_1^2(w)$$

这只是商品 1 生产中的成本最小化单位投入系数的比率，或第 1 章中的 b_{11}/b_{12}。另外一条曲线上也有类似的表示方法。我们假定第一条曲线更陡峭，因而满足了第 1 种商品相对更加密集使用要素 1 这一条件。然而，为什么对于所有的 w 值都会如此无从说明。如果相对要素密集度会随着 w 的变化而逆转，约束曲线的多次相交就有可能发生。图 2.9 显示了两个交点的情形。现在存在两国生产两种产品的贸易均衡，但是一国停在 A 点，另一国停在 B 点，因此要素价格不相等。换言之，当一价性不存在时，多样化并不能保证要素价格均等化。在 McKenzie 的术语中，对一个产品价格向量有两个不同的多样化锥，一个在点 A，另一个在点 B，如图所示。对于要素价格相等的情况，两国的要素禀赋向量一定在同一个锥上。对于多样化情况，其在不同的锥上是可接受的。

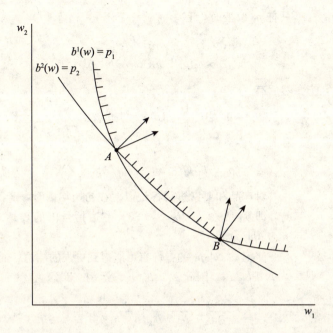

图 2.9

所有这些都以生产价格外生为条件。然而，除非两国合起来在整个贸易世界中占有很小的份额，否则生产价格就是内生给定的。让我们回到图 2.8 的简单情形，使得两国的要素禀赋向量处于多样化锥上。那么它们的共同要素价格就确定了。我们可以在两国的要素市场出清条件（28）式中运用到这些，解出出产出数量，最后加总得到暗含的世界产品供给。一般说来，没有理由说明为什么在初始特定产品价格下产品供给等于需求。当我们考查第 4 章中完全一般均衡的问题时，我们发现要求均衡产品价格内生决定，会对与要素价格均等化一致的要素禀赋向量集施加更进一步的限制。

关于这个更重要的难题，我们无须分析多样化锥以及在多商品和多要素的一般情况下的一价性。我们只要关注与一价性问题的相对要素密集度有关的条件的重要性。这在以前的文献中详细讨论过，对此我们也没有新的陈述。最新研究详见 Takayama（1972，ch. 18）。

价格和数量导数

我们继续分析两种要素生产两种商品的情形，并且考查 p 的微小变动对 w 的影响。为此，可对定义式（29）取全微分。如果有多个解，我们选择一个解并且给它一个微小变动；这时只有局部的相对要素密集度是相关的。在像两条约束曲线相切这种少有的情形中，这些都毫无问题；对这些特殊情况我们不予考虑。

全微分是

$$b_1^1(w)\mathrm{d}w_1 + b_2^1(w)\mathrm{d}w_2 = \mathrm{d}p_1$$

$$b_1^2(w)\mathrm{d}w_1 + b_2^2(w)\mathrm{d}w_2 = \mathrm{d}p_2$$

$b_i^j(w)$ 是初始均衡时的单位投入系数，为简单起见，将其写为 b_{ji}，特别地，当

只有 p_1 改变时，有

$$b_{11}\partial w_1/\partial p_1 + b_{12}\partial w_2/\partial p_1 = 1$$
$$b_{21}\partial w_1/\partial p_1 + b_{22}\partial w_2/\partial p_1 = 0$$

然后有

$$\partial w_2/\partial p_1 = -(b_{21}/b_{22})\partial w_1/\partial p_1$$

和

$$(b_{11} - b_{12}(b_{21}/b_{22}))\partial w_1/\partial p_1 = 1 \qquad (30)$$

对产品和要素进行标记以便在初始均衡时，产品 1 是相对更加要素 1 密集型的，即 $b_{11}/b_{12} > b_{12}/b_{22}$。（30）左边括号内的表达式为正，使得 $\partial w_1/\partial p_1$ 为正，$\partial w_2/\partial p_1$ 为负。

使用 w_1 对 p_1 的弹性有可能得到更强的结论。通过欧拉定理，有 $p_1 = b^1(w) = b_{11}w_1 + b_{12}w_2$。因此 $p_1 > b_{11}w_1$，运用（30），有

$$\frac{p_1}{w_1}\frac{\partial w_1}{\partial w_2} > \frac{b_{11}}{b_{11} - b_{12}(b_{21}/b_{22})} > 1 \qquad (31)$$

结论是 p_1 的增加使得要素 1（商品 1 相对密集使用要素 1）的价格上升，要素 2 的价格下降，要素 1 价格上升的比例大于 p_1 增加的比例。

关于产品价格对要素价格影响的考查可参见 Stolper and Samuelson（1941），我们把这种偏导数 $\partial w_i/\partial p_j$ 称为斯托尔珀-萨缪尔森偏导数。他们的分析是关于产品价格对要素价格影响的整个研究的一部分。为了完成全部，我们需研究关税对均衡产品价格的影响。这将在第 5 章中完成。

注意如下差异，（31）式中，要素价格的改变大于相对密集使用该要素的商品价格的变化，而在（21）式的李嘉图-维纳情形中，流动要素价格的改变小于任何商品价格的变化。这是因为在现有情形中，p_1 的增加引起要素 2 向产品 1 的重新分配，因而更进一步地增加了要素 1 用于产品 2 的边际产品。在李嘉图-维纳情形中，由于其他要素都不流动，所以排除了这种情况。

与（31）式对称，我们得到要素数量对产出数量的影响。自 Rybczynski（1955）以来，对应的导数称为 Rybczynski 导数。运用充分使用条件，$v_1 = x_1b_{11} + x_2b_{21} > x_1b_{11}$，然后有

$$\frac{v_1}{x_1}\frac{\partial x_1}{\partial v_1} > \frac{b_{11}}{b_{11} - b_{12}(b_{21}/b_{22})} > 1 \qquad (32)$$

此时 $\partial x_1/\partial v_1 < 0$。

（30）式提供了有用的解释。考虑要素 1 价格提高 1 单位，要素 2 价格上升 1 单位，以保持生产产品 2 的单位成本不变。因此 $dw_1 = 1$，$b_{21}dw_1 + b_{12}dw_2 = 0$，即 $dw_2 = -b_{21}/b_{22}$。产品 1 的单位成本改变 $b_{11}dw_1 + b_{12}dw_2 = b_{11} - b_{12}(b_{21}/b_{22})$ 这是（30）式左边括号内的准确表达式。如果这种效应为正，很显然可以说，在产品 1 的生产中要素 1 更重要，或者说产品 1 是相对更加密集使用要素 1 的。这与我们之前的定义一致，并且具有推广的优势。考虑 n 种要素生产 n 种产品的情

形，并且对所有价格和相应的单位成本相等的条件式取全微分。使用常见的符号，有

$$\sum_{k=1}^{n} b_{jk} \mathrm{d}w_k = \mathrm{d}p_j , j=1,2,\cdots,n$$

特别地看待 $\partial w_1/\partial p_1$，将 S 定义为指标 2，3，$\cdots$，n 的集合，可写出

$$b_{11}\partial w_1/\partial p_1 + b_{1S}\partial w_S/\partial p_1 = 1$$
$$b_{S1}\partial w_1/\partial p_1 + b_{SS}\partial w_S/\partial p_1 = 0 \tag{33}$$

b_{1S} 是当 $k=2$，3，$\cdots$，n 时的分量 b_{1k} 的行向量，b_{S1} 是列向量，b_{SS} 是定义的相似矩阵，$\partial w_S/\partial p_1$ 是 S 中 k 的偏导数 $\partial w_k/\partial p_1$ 的列向量。假定 b_{SS} 是非奇异矩阵，

$$(b_{11} - b_{1S}b_{SS}^{-1}b_{S1})\partial w_1/\partial p_1 = 1 \tag{34}$$

左边括号中的表达式表示，当所有其他要素的价格适当改变以保持所有其他产品的单位成本不变时，要素 1 价格增加 1 单位给产品 1 单位成本带来的效应。如果该效应为正，那么产品 1 比整体经济对要素 1 的使用相对更加密集。在这种情况下，$\partial w_1/\partial p_1$ 为正，相应的弹性是

$$\frac{p_1}{w_1}\frac{\partial w_1}{\partial p_1} > \frac{b_{11}}{b_{11} - b_{1S}b_{SS}^{-1}b_{S1}}$$

否则，$\partial w_1/\partial p_1$ 为负。能如此轻易地拓展两要素两产品模型很有用，但是我们即刻可得知当要素与产品数量不等时就会出现问题。

推广的问题

我们接下来看这种情况，充分使用的要素数目 m 大于生产的产品数目 n。图 2.10 展示了最简单的两要素一产品的情形。毫无疑问存在唯一性，解和相应的

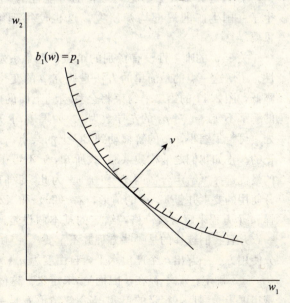

图 2.10

值随着p和v的变化而逐步变化，因而也可微。然而，w随着v的小幅变动也会相应变动。因此，r_w也取决于v，并且不可能仅通过单位成本函数的性质确立决定$\partial w_i/\partial p_j$的符号的条件。$2\times2$模型或上述$n\times n$一般化模型的吸引人之处就是要素密集度的定义只涉及技术并不涉及要素禀赋。让我们重复以前的分析来看看进展如何。为了研究要素1的价格对产品1的价格的影响，我们需要调整其他的要素价格以保持其余产品的单位成本不变。由于有$m-1$种要素价格需要调整，$n-1$种产品的单位成本需保持不变，因此自由度减小。与（33）式类似的方程可得出$\partial w_s/\partial p_1$的多个解。我们可通过考虑要素市场来处理这种状况。因此可以将产品1使用要素1的密集度定义为要素1价格增加一单位所带来的单位成本的增加，调整其他要素的价格和产出量以保持其他产品的单位成本不变并保持所有要素市场均衡。该变量由F_{11}表示，显然有

$$F_{11}\partial w_1/\partial p_1=1$$

斯托尔珀-萨缪尔森导数仍与要素密集度这一固有（natural）变量有关，但是该变量已经成为了整个生产的一般均衡的属性。因此，我们不妨把包含在矩阵中的斯托尔珀-萨缪尔森导数直接作为要素密集度：如果$\partial^2 r/\partial p_j\partial v_i$为正，产品$j$比一般产品相对更加密集使用要素$i$。就单位成本而言，这种特别的理解适用于$n\times n$情形，与一般定义一致。

最后，考虑生产的产品多于充分使用的要素的情形。图2.11显示了两要素三商品的情形。在A点处有三条约束曲线经过似乎是鲜有的巧合，确实当p_1、p_2、p_3任意指定的时候，这不可能发生。但是当我们考虑贸易均衡时，我们回顾初始数据如两国的要素禀赋，思考该问题并提问：对产出价格的这种安排本身不可能吗？我们将在第4章中予以考查，答案也是一个彻底的"否"。这是关于要素价格均等化的可能性的一个容易引起误解的观念，它产生于一国生产的局部均衡研究。这也使得理解这一情形下的这些问题变得重要。

关于w的唯一性没有特别的难点，但是引发了关于产出量的重要的不确定性。了解这一点的最简单的方法是研究p的变化对收入的影响。例如，如果p_2降低，图2.11的第二个约束将会移动到下面的虚线处。约束变得过多，w和r的解都不变。w对p_2的左导数为0。如果p_2上升，约束将会移动到上面的虚线处，可行集缩小，w的解移动到BC上的某点。这会影响r，r对p_2的右导数是正的。正如我们之前构建（3）式所知，r不可微，两个导数间的任何值都是x_2的最优选择（给定合适的x_1和x_3）。为此，我们考虑n种生产的产品和m种充分使用的要素并且$n>m$的情形，看（26）和（27）式。从（27）式中，我们选择m个方程来解要素价格，给定的基本假设是产出价格值恰好合适，方程相互一致并且我们选择的是哪些方程并不重要。一旦w已知，（26）式提供了m个充分使用方程来解出n个产出水平，自由度为$n-m$。

x不确定，r_p不存在，因而r_{pv}未定义。这简明地反映了在这种情形下要素密集度未受到良好定义的事实。2×3情形就是一个很好的例子。单位投入系数的符号之前用过，如图2.11初始均衡处，我们设定

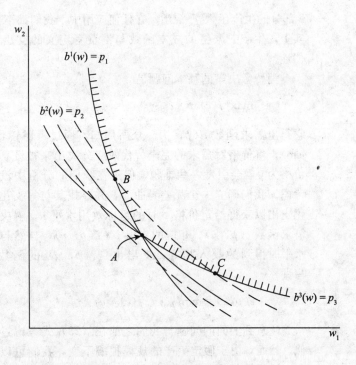

图 2.11

$$b_{11}/b_{12} > b_{21}/b_{22} > b_{31}/b_{32}$$

很明显，产品 1 是要素 1 相对密集的，产品 3 是要素 2 相对密集的。产品 2 是要素 1 还是要素 2 相对密集的，取决于产品 1 和产品 3 采取什么线性组合进行比较。然而，由于生产向量不确定，大范围的线性组合是可能的。因此，没有唯一的要素密集度指派给产品 2：甚至它的符号都是不明确的。至于其他产品，即使它们的符号明确，它们的数量也不明确。

2.4 消费

我们对需求的分析也依赖于对偶性，消费者选择问题的结果表示为重要参数的函数。这一节的模型首先应用于消费个体，典型地应用于一个家庭。然而，当我们假定在一些特殊情况下一国所有消费者的需求可视为只有一个消费者的需求时，相同的模型也适用于整个国家。

支出函数

为简化说明，我们以一种特殊的情形开始：效用不取决于要素供给的数量，即要素的供给完全无弹性。我们在消费者决策的明确讨论中对要素可不予考虑，尽管在以后消费者收入与要素产权有关。令 c 为产品的消费向量，p 为产品的价格向量，y 为货币收入。令 f 为效用函数，假定是严格拟凸的。该符号不要与第

2部分的生产函数 f^2 混淆；在任何应用中，我们都不会同时使用这两个概念。事实上，生产中派生的成本函数与消费者定义的支出函数之间有明确的数学相似性。

消费者决策的基本问题是

$$\max_c \{f(c) | p \cdot c \leqslant y\}$$

它得出需求函数 $d(p, y)$。众所周知，通过考虑镜像问题（mirror image problem），将价格对需求的完全替代效应分离出来被证明是有用的。如果一些产品价格为 0，会引发一些难题，但这在我们的分析中没太多意思，因此我们不予考虑。我们确立一个无差异曲面，并寻找其与等支出平面的切线，即寻找最小化支出以获得给定价格 p 时的目标效用水平 u。解决问题的方案是希克斯补偿需求函数 $c(p, u)$。相应的支出 $p \cdot c(p, u)$，自然与在价格 p 处获得 u 的效用水平时得到的收入相等，支出也是 (p, u) 的函数。这被定义为支出函数，写做

$$e(p, u) = \min_c \{p \cdot c | f(c) \geqslant u\} \tag{35}$$

注意到上面的问题与我们之前在（23）式考虑过的成本最小化问题极其相似。然而，由于假定生产的规模报酬不变，我们可以考虑生产一单位产出的成本，然后将其乘以产出水平。在偏好同质的情形中现有问题使得相似的分解存在，但一般说来我们采用的是一般形式。

如果我们使用支出函数来为消费者建模，然而这个决策问题的真实数据是货币收入，那么我们必须说明支出函数的效用水平是如何得到的。这仅是一致性条件——货币收入 y 恰好足以达到效用水平，即

$$y = e(p, u) \tag{36}$$

现在我们来考虑支出函数的性质。首先给定 p，令 e 仅为 u 的函数，很明显是增函数。这建立了由（36）式定义的 u 与 y 之间的一一对应关系。u 可以转换成 p 和 y 的函数，这是收入为 y，价格为 p 时可达到的最大效用。被称做间接效用函数。

p 固定不变，（36）式取 y 的微分，有

$$1 = e_u(p, u) \partial u / \partial y$$

即 $1/e_u(p, u)$ 给出了货币收入的边际效用。由于消费者决策问题只取决于效用函数的序数方面，在这种情况下，对 u 的函数 e 予以凹性或凸性，或者说货币收入的边际效用是递增还是递减，都毫无意义。当考虑福利方面时，有时我们不得不进行特定的基数化处理（cardinalizations），因此我们也将施加相关的约束条件。这通常涉及货币收入的边际效用递减，那么 e 会是 u 的凸函数。

需求函数

现在固定 u，把 e 作为 p 的函数，很明显是递增的一次齐次函数。更重要的是，它是凹函数。此时的分析会使我们感觉似曾相识。如果无差异曲线是 L 形

的，那么将只有一种达到效用 u 的最优方法，即采用特定的消费向量 c'。那么对所有的 p，我们有 $e(p,u)=p \cdot c'$，函数会是线性的。如果替代是可能的，对某个特定的 p'，c' 是最优选择，得到 $e(p',u)=p' \cdot c'$。但是对所有的 p''，有 $e(p'',u) \leqslant p'' \cdot c'$。于是有

$$e(p'',u) \leqslant e(p',u) + (p''-p') \cdot c' \tag{37}$$

正如我们在收入或成本函数中所分析的一样，这表明 e 在 p' 处为凹，如果在此处又可微，偏导数向量 e_p 就是 c'。由于 p' 可以为任意向量，我们已证明 e 是 p 的凹函数，也已获悉补偿性需求函数可表示为支出函数的价格偏导数

$$c(p,u)=e_p(p,u) \tag{38}$$

所以这里简单地得出了几个常见的性质。如果 e 是二次可微的，从第 j 个分量等式 $c_j = \partial e/\partial p_j$，可得出 $\partial c_j/\partial p_j = \partial^2 e/\partial p_j^2$。当 e 为凹函数时，$\partial c_j/\partial p_j = \partial^2 e/\partial p_j^2 \leqslant 0$。现在 $\partial c_j/\partial p_j$ 表示 p_j 对产品 j 的希克斯补偿需求函数的效应，即这种产品自身的替代效应，因而我们证明了该产品自身的替代效应是非正的。多维推广结论是 e 为凹函数，因而斯勒茨基-希克斯（Slutsky‑Hicks）替代矩阵

$$c_p(p,u)=e_{pp}(p,u) \tag{39}$$

是负半定矩阵。然而，由于 e 是 p 的一次齐次函数，每一个补偿需求是零次齐次的，因而矩阵是奇异的：

$$c_p(p,u)p=e_{pp}(p,u)p=0 \tag{40}$$

即使 e 不是二次可微的，我们也可以得到关于替代效应的结论，通过将 p' 和 p'' 互换可写出与（37）式类似的方程，并可得出 p'' 时的 c''。两者相加并化简，得出

$$(p''-p') \cdot (c''-c') \leqslant 0 \tag{41}$$

即，价格变化与相应的补偿需求的变化不成正相关关系。这在形式与内容上都与以前关于供给的结论（4）式相似，但是现在受限于补偿性变化。接下来，我们考虑补偿性需求函数 $c(p,u)$ 和一般的非补偿性需求函数 $d(p,u)$ 之间的关系。价格为正时，如果 $d(p,u)$ 恰好足以达到收入水平 $c(p,u)$ 的效用水平，即 y 和 u 呈（36）式的相关关系，那么两者会重合。换言之

$$c(p,u)=d(p,e(p,u)) \tag{42}$$

取（42）的第 j 个分量对 p_k 的微分，右边使用链式法则。得到

$$\begin{aligned}\partial c_j/\partial p_k &= \partial d_j/\partial p_k + (\partial d_j/\partial y)(\partial e/\partial p_k) \\ &= \partial d_j/\partial p_k + (\partial d_j/\partial y)d_k \end{aligned} \tag{43}$$

此时 y 和 u 呈（36）式的相关关系，并且由（42）式有 $\partial e/\partial p_k = c_k = d_k$，这就是斯勒茨基-希克斯方程，它将价格变化的收入与替代效应和总效应联系起来。用矩阵符号表示为

$$c_p(p,u)=d_p(p,y)+d_y(p,y)d(p,y)^T \tag{44}$$

我们也能够表示出支出函数的纯收入效应，可通过对（42）式取 u 的微分。当 $c=e_p$ 给出 $c_u=e_{pu}$ 时，有 $c_u=d_y e_u$。因此

$$d_y(p,y)=e_{pu}(p,u)/e_u(p,u) \tag{45}$$

一定要记住左边的 y 与右边的 u 呈（36）式的相关关系。

一个特例在第 3 章将着重说明：偏好同质。如附录所示，这与能倍增的独立的支出函数 $e(p,u)=\varphi(u)\bar{e}(p)$ 有关，该函数中，φ 是增函数，$\bar{e}$ 是递增的一次齐次凹函数。这里只考虑序数效用，并将 $\varphi(u)$ 本身作为效用指标，重新标记为 u。因此在偏好同质的情形中，支出函数的形式为

$$e(p,u)=u\bar{e}(p) \tag{46}$$

运用（45），我们可以证实偏好同质时，所有需求的收入弹性等于 1。

可变要素供给

现在考虑更一般的效用取决于要素供给的情形。若基本函数为 $f(c,v)$，可将支出函数写做

$$e(p,v,u)=\min_c\{p\cdot c|f(c,v)\geqslant u\} \tag{47}$$

上述函数对 p 和 u 具有相同的性质，但是需考虑对 v 的额外效应。最重要的是，偏导数 e_v 会使我们获悉效用不变时要素供给与必要的商品支出的替代关系。这些仅仅是边际上会引出更多的要素供给的收入的额外增量，即要素的供给价格。为了得到要素市场的均衡，只需要使得要素的供给价格与需求价格相等，需求价格是边际产品价值，即收入函数的相应的偏导数。

因而，若选择最优的要素供给，有

$$e_v(p,v,u)=w \tag{48}$$

得出要素供给为 $v(p,w,u)$，将其代入 $e(p,v,u)$ 得到一般的支出函数 $e^*(p,w,u)$，给出了产品价格为 p，要素价格为 w 时达到效用水平 u 所需的一次性总付收入。换言之，一般支出函数为

$$e^*(p,w,u)=\min_{c,v}\{p\cdot c-w\cdot v|f(c,v)\geqslant u\} \tag{49}$$

当我们讨论贸易的福利经济含义时，这个公式非常适用。

e^* 的性质可用之前推断对偶或包络函数的相同方法推断出来，我们只列出性质：e^* 是 p 的增函数，w 的减函数，是 (p,w) 的一次齐次凹函数，是 u 的增函数，这里无所谓凹性。产品的补偿性需求函数与要素的供给函数分别是偏导数

$$c(p,w,u)=e_p^*(p,w,u) \tag{50}$$

和

$$v(p,w,u)=-e_w^*(p,w,u) \tag{51}$$

事实上，（48）和（51）式就这两个公式化表述 e^* 和 e 而言给出了相同的信息。推出关于 e^* 的斯勒茨基-希克斯方程也是可能的，但是没有场合会使用。

注　释

对于微观经济学的相关理论，本书的读者应该熟知，至少掌握了大部分，了解更多可参见 Baumol（1977）。Varian（1978）提供了强调对偶性的更现代的方法，但是对数学要求也更加苛刻。此书对数学的要求如附录所示进行了概述，并在引用的参考文献中有详细说明。

关于对偶函数在经济意义上的一般概念，概述见 Dixit（1976，chs. 3，7），详见 Diewert（1974，1978）。

Samuelson（1953）为了对贸易国进行比较静态分析，引入收入函数，有时候被称为受限的利润函数或国民生产函数。想要更详细地了解其一般性质和其他应用，可参见 Diewert（1974）和 McFadden（1978）。Chipman（1972）对 2×2 模型中收入函数的结构进行了详细的研究。对于一种流动要素的情形，可参见 Dixit 和 Norman（1979）。

Woodland（1977a）将收入函数表示为最小要素成本，但是这种形式很大程度上局限于 2×2 的情形。

Samuelson（1947，pp. 68－69）中出现了成本函数，在理论发展和微观经济的运用方面做出了大量贡献。以前的注释参见 Diewert（1974，1978），严密的分析参见 Uzawa（1964）。贸易理论中，一篇经典论文 Jones（1965）采用形式上相似的方法讨论了 2×2 模型。在分析一价问题时，该方法得到大量使用。Pearce（1970，ch. 12），Kuhn（1968）和 Takayama（1972，ch. 18）研究了这一问题，并提供了更进一步的说明。

第 3 章　国际均衡和贸易利益

在本章，我们开始运用前面介绍的分析工具，构建一些最基本的框架，来论述贸易模式和贸易利益。首先，我们分别构建单个国家在封闭经济和贸易均衡下的模型。运用简单的"显示偏好"原理，即可以证明涉及贸易利益的结论。然后，通过考虑两个国家的贸易均衡模型，我们能更深入地了解贸易起因和贸易模式。最后，我们把各种有名的模型作为特例并比较它们的性质。我们将在后面的章节中构建一般化的模型，并在这一框架内进一步研究贸易均衡的性质，以及进行比较静态分析和政策分析。

我们的阐述将会从简单模型过渡到复杂模型：从单个消费者到多个消费者，从要素供给的无弹性到有弹性，从可贸易商品到非贸易商品。简单的模型便于我们理解概念和分析方法，而掌握了这些，能让我们更好地掌握复杂和贴近现实的例子。基于同样的原因，在随后的章节，我们也会提及一些简单的模型，原因很简单；有时复杂模型无益于达到阐述基本原理的目标，相反还会混淆我们的分析。

本章和第 4～7 章的所有模型，都以两个重要假设为前提：1）每个行为人，消费者或厂商，都是价格接受者。2）价格能够及时调整到市场出清的水平。以上被称为瓦尔拉斯（Walrasian）一般均衡或完全竞争一般均衡。这两个假设普遍存在于国际贸易理论中，有必要反复强调它们是因为在第 8 和第 9 章我们将会考虑其他的均衡。第 9 章引入产品的差异性，不同产品的销售者各自拥有一定的垄断能力。市场上有很多这样的产品，且允许厂商自由进出，这将导致张伯伦（Chamberlinian）垄断竞争均衡。第 8 章的假设有所不同，认为在短期内，所有或一部分商品价格是固定的，通过调整产量来达到均衡。凯恩斯有关失业的著名论述，是该章的重点。同时，我们还将继续探讨瓦尔拉斯均衡的一些细节问题。

为了确保竞争均衡的存在，我们需要剔除掉规模报酬递增、非凸的等产量线和转换曲线。简单说来，就是要求所有技术上可行的投入—产出集是凸的。同时，我们也要求描述每个消费者偏好的无差异曲线为凸；所做的一般假设是每个消费者的效用函数都是严格拟凹的。

3.1 自给自足

首先来讨论一个国家的均衡模型，在这里，我们忽略国内的生产扭曲。如第 2 章所述，利用既定的概念和符号，可以通过收益函数 $r(p, v)$ 构建生产决策模型。现在我们站在消费者的角度来考虑不同情况。先从最简单的着手。

单个消费者，固定要素供给

我们用支出函数 $e(p, u)$ 来构建消费者行为模型。易知均衡条件为

$$e(p,u)=r(p,v) \tag{1}$$

$$e_p(p,u)=r_p(p,v) \tag{2}$$

第一个等式表示国民收入等于产出，可以这样理解，通过生产带来的收入最终会归唯一的消费者所有，这个式子就是他的总预算约束。第二个是向量等式，表示产品市场出清的条件。我们不需要具体地构建要素市场模型。要素供给被固定在 v 水平上，由此得到的收益函数已经包括了要素市场的均衡，如有必要，我们可以求出要素价格 $w=r_v(p, v)$。

如果有 n 种商品，就有 $(n+1)$ 个未知的 u 和相应的价格 p，而（1）和（2）式给出的方程中商品种类和未知数 u、p 的数量相等。然而，在运用一般均衡理论时，我们常会发现情况略有不同。可以用相对价格变化来理解，如果向量 p 是等比例变化的，等式（1）会按照等比例改变，（2）式则保持不变。因此，只有 n 个相关未知数：u 和 $(n-1)$ 个相对价格。相应地，存在一个多余的等式：按照瓦尔拉斯法则，我们可以去掉一个市场出清等式，将它用剩下的等式来表示，或者用 p 内乘（2）式两边，即 $p \cdot e_p = p \cdot r_p$，再根据齐次性将该等式化成（1）式。总之，在任何情况下我们都只有 n 个独立的等式。当然，这只是一种非正式的处理办法。我们不必担心均衡存在的正式问题，我们所熟知的一般化的定理，对瓦尔拉斯均衡的所有模型都能适用，所以按刚才的处理方法，同样能达到均衡。我们应当保留价格等比例变动的处理方法，因为最简便的就是最适用的。

在（2）式中，暗含了 r 对价格是可微的，即供给的选择是唯一的。然而，第 2 章已经指出可能存在一些 r 不可微的特殊点，因而收入最大化的产出也许并不是唯一的。在现在的框架内，这个问题可以暂时忽略。我们简单地把 r_p 理解为产出决策的所有范围，（2）式规定需求向量在这个限定的范围里。这一点在本章所有的模型中都有应用。当然，产出决策的多样性也非常重要，我们会在下一章详细

讨论。接下来，还是照惯用的方法，假设供给决策唯一，用微积分来进行比较静态分析。

还有另一种构建均衡模型的方法，在之后的贸易模型中也很有用。假设该国家有 m 向量单位的商品（对于其他国家而言，其商品禀赋为负）。如果该国用要素禀赋 v 生产 x 商品，消费为 $c=x+m$。生产决策在可行集 x 中，最大化消费者效用为 $u=f(c)$，产出取决于给定的 m 和 v，因此可以定义一个包络函数（envelope function）。为了表达的简便，生产可行集用约束 $g(x,v) \leqslant 0$ 表示，其中 g 为凸函数，对 x 递增，对 v 递减。于是，包络函数定义为

$$\phi(m,v) = \max_{x}\{f(x+m) \mid g(x,v) \leqslant 0\} \tag{3}$$

我们把 ϕ 叫做米德（Meade）效用函数，这是为了纪念 Meade（1952，ch. Ⅱ）用净贸易来定义无差异曲线的几何处理方法。

现在我们来考察 ϕ 的性质，很明显它是个增函数。净进口量或要素禀赋的增加只会增加效用，生产计划仍可以保持不变。

更有趣的是，ϕ 在 m 中是拟凹的。为了证实这一点，设 m' 和 m'' 为净禀赋向量，而 x' 和 x'' 为相应的最优生产计划，则 $\phi(m',v)=f(x'+m')$ 和 $\phi(m'',v)=f(x''+m'')$。由于技术的凸性，产出 $\frac{1}{2}(x'+x'')$ 可行，因此

$$\phi(\frac{1}{2}(m'+m''),v) \geqslant f(\frac{1}{2}(x'+x'')+\frac{1}{2}(m'+m'')) \quad \text{（由 ϕ 的定义得到）}$$

$$= f(\frac{1}{2}(x'+m')+\frac{1}{2}(x''+m'')) \quad \text{（重新排列）}$$

$$\geqslant \min(f(x'+m'),f(x''+m'')) \quad \text{（由 f 为拟凹函数得到）}$$

$$= \min(\phi(m',v),\phi(m'',v))$$

因此 φ 拥有效用函数的基本性质。

φ 的衍生性质可以由包络定理来解释。首先，厂商拥有的技术由函数 g 定义，产品价格为 p，投入的要素价格为 w，按照 $g(x,v) \leqslant 0$，最大化 $p \cdot x - w \cdot v$。一阶条件下，有 $p=\theta g_x$ 和 $w=-\theta g_v$，其中 θ 为拉格朗日乘数。因此，可以把 g_x，$-g_v$ 理解为省略了一般规模要素的厂商价格。同样地，f_c 为消费者边际效用的向量，与消费者价格成比例变化。

在（3）式中拉格朗日方程为

$$L = f(x+m) - \mu g(x,v)$$

其中 μ 为乘数，一阶条件为

$$f_c(x+m) = \mu g_x(x,v)$$

即消费者和厂商在一般规模要素上的价格不同。这是标准最优条件，即所有商品的边际替代率等于边际转换率。根据包络定理，φ 对任意变量的微分等于拉格朗日方程对该变量的偏微分，在最优化水平时，可得：

$$\varphi_m(m,v) = f_c(x+m) \tag{4}$$

$$\varphi_m(m,v) = -\mu g_v(x,v) \tag{5}$$

第一个式子表明，净禀赋对效用的边际影响就是消费的边际效用，因此与价格同比例变动。净禀赋的变动，引致生产计划的变动，而选择生产计划使得效用最大化，生产计划的微小变动带来的效用变动为二阶导数。同理，要素禀赋对效用的边际影响与要素价格同比例变化。

前面我们提到过把 m 看做是净禀赋，通常最大化问题会带来"副产品"：对效用的边际影响 φ_m，这告诉我们当 m 不是禀赋时净进口在边际上的增加所需提供的最大支付。因此，函数 φ 在今后的讨论中被证明是非常有用的。

这样就很容易找到封闭经济条件下的价格，自给自足时，$m=0$。要得到价格，只需找到在这一点上 φ 的偏微分。商品价格与 $\varphi_m(0,v)$ 成比例，要素价格与 $\varphi_v(0,v)$ 成比例。

多个消费者，固定要素供给

令消费者 h 的支出函数为 $e^h(p,u^h)$，假设规模报酬不变，还是在先前的框架下分析。如果规模报酬递减会产生净利润，那么可以简单地把为得到这些净利润而储备的要素定义为虚拟要素（artificial factor），并且虚拟要素和真实要素（genuine factor）综合作用会使得规模报酬不变。当要素数量重要时，这种方法会使情况不一样，但是现在要素数量并不重要。令消费者 h 拥有 v^h 的要素，$v = \sum v^h$。不难写出均衡条件

$$e^h(p,u^h) = r_v(p,v) \cdot v^h \quad （对于所有的 h） \tag{6}$$

$$\sum_h e_p^h(p,u^h) = r_p(p,v) \tag{7}$$

根据瓦尔拉斯法则，一个方程是多余的，其余的方程就可以决定相对产品价格和所有消费者的效用。

与单个消费者的情况相比，这纯粹只是在代数上显得复杂一些。两种情况都符合比较静态分析的结果。（2）式的微小变化会影响消费者在各种商品上的边际支出倾向，比方说，（7）式得到的是所有消费者的平均边际支出倾向，权重是他们的边际收入份额。通过代数上的计算能够得出一般化的结论，读者可以自己尝试着做做看。

我们将在第 6 章学习到关于多个消费者的米德效用函数，同时也会引入有关贸易的国内分配政策。

单个消费者，可变要素供给

本节唯一的新特点就是，引入均衡时要素价格及数量的决定。为了构建要素供给模型，我们已经在第 2 章中使用两种支出函数：$e(p,v,u)$（当要素供给是 v 时，给定为了达到效用水平 u 而必须的总收入，可以得到要素的供给价格 e_v，和 $e^*(p,w,u)$（当要素价格是 w，支出为 $-e_w^*$ 的最优量时，为达到效用水平 u，给定转移收入大于等于要素收入）。均衡时，前者必须等于总收益，而后者等于纯利润。因此我们可以得到第一种形式的均衡条件

$$e(p,v,u) = r(p,v)$$

$$e_p(p,v,u) = r_p(p,v) \tag{8}$$

$$e_v(p,v,u) = r_v(p,v) \qquad (= w)$$

假设规模报酬不变，第二种形式的均衡条件是

$$e^*(p,w,u) = 0$$
$$e_p^*(p,w,u) = r_p(p,v) \tag{9}$$
$$-e_w^*(p,w,u) = v$$
$$w = r_v(p,v)$$

读者可以检验在每种情况下，独立方程和未知数的个数。

我们也可以定义米德效用函数

$$\phi(m) = \max_{x,v}\{f(x+m,v) \mid g(x,v) \leqslant 0\} \tag{10}$$

一阶条件同比例扩展了消费者和厂商的要素价格。

$$f_c(x+m,v) = \mu g_x(x,v)$$
$$-f_v(x+m,v) = -\mu g_v(x,v)$$

根据包络定理，在最优化时，可得 $\varphi_m(m) = f_c(x+m)$

读者可以按照以上的方法，构造多个消费者、可变要素供给模型。接下来的内容涉及模型的其他一些要素，第 6 章将会介绍相关的米德函数。

3.2 贸易收益

现在我们在开放经济条件下讨论商品贸易，同时建立瓦尔拉斯均衡。要确定在这种均衡下的价格，我们必须写出贸易条件：一国对商品的净超额需求等于世界其他各国的净超额供给。至于商品的均衡价格是如何达到的，并不是本章所要强调的重点。通过考察一国对均衡价格所做出的消费和生产决策，我们能推导出所有的结论。

我们旨在证明，自由贸易和有一定限制的贸易都比封闭经济要好，接下来要分析一些增加了技术难度的模型。

单个消费者的情况

首先考虑固定要素供给的情形。假设封闭经济条件下的消费、生产和效用分别是 c^a、x^a、u^a，均衡时 $c^a = x^a$。另 p^1 为自由贸易时的均衡价格向量，u^1 为对应的效用。总支出等于总收入，我们有 $e(p^1, u^1) = r(p^1, v)$，然后

$$
\begin{aligned}
e(p^1, u^a) &\leqslant p^1 \cdot c^a \quad \text{（由支出函数的定义得到）}\\
&= p^1 \cdot x^a \quad \text{（由封闭均衡条件得到）}\\
&\leqslant r(p^1, v) \quad \text{（由收益函数定义得到）}\\
&= e(p^1, u^1) \quad \text{（由收入支出等式得到）}
\end{aligned}
$$

由于 e 随效用水平递增，得到 $u^1 \geqslant u^a$。

以上的推导强调将贸易得益分为消费得益和生产得益。第一个不等式表示消

费者如何在贸易价格下更经济地维持封闭条件下的效用水平。第二个式子表示厂商如何更多地增加产出价值。把两个式子放到一起，意味着消费者能用更高的收入达到更高的效用水平。比起一般情形的严格公式，这些不等式都较弱。一种极端情况是贸易价格正好等于封闭条件下的价格，收益为零。即使贸易价格向量不同，如果无差异曲线或生产边界在相关点处存在拐点，那么通过改变价格来改变消费或生产模式也许不可能。这样说来，我们可能又希望不等式是严格的。在接下来的贸易得益分析中也会采用这些观点。

从消费和生产两方面来理解贸易得益似乎更让人信服，使用米德函数能简化这类问题。已知在封闭经济中，效用水平是 $\varphi(0)$。假设贸易可行集包括了净进口向量为零的情形。那么贸易均衡时的效用水平不会低于 $\varphi(0)$，从以下两点可以验证：第一是最大化的定义，第二是这样一个事实——单个消费者达到帕累托有效，在给定的技术和贸易约束下，贸易均衡一定会使其效用最大化。

直接的推理有助于我们做进一步的比较，先来讨论一般化的例子。假设是封闭经济而不是完全的自由贸易，并且有关税、补贴、甚至配额。所有这些的最终结果是，国内消费者和生产者面对的商品价格向量 p^1，不同于世界其他国家普遍接受的价格 $\hat{p}$。如果 m^1 是产生均衡的净进口向量，那么由贸易限制可以产生 $t = (p^1 - \hat{p})m^1$ 的净收入。该收入包括关税和补贴收入，以及在配额控制时给进口商增加的租金收入。可以这样理解，所有的增值最终都归于一个消费者。因此，国民收入恒等式修正为 $e(p^1, u^1) = r(p^1, v) + t$。用之前一系列的不等式来检验贸易限制带来的效应，只有当 $t \geqslant 0$ 时，作用才会增强。换言之，只有在修正的自由贸易下产生非负的净收益，所产生的均衡才会优于封闭经济。如果净收益为负，意味着资源转向其他国家，且超过了为适应新价格而修正的消费和生产计划所带来的收益，不可能得到一般性的结论。

图表 3.1 进行了说明。当相对价格是 $\dfrac{\hat{p}_1}{\hat{p}_2}$ 时，贸易受贸易平衡线 bb 限制。如果真实贸易发生在 A 点，产生用商品 2 表示的关税收益 OB，消费者的预算线为 cc，在 A 点的贸易配置显示偏好于位于这条线以下的点。显然，A 点显示偏好于原点，因此实际的贸易情形显示偏好于封闭经济的情况。读者可以通过画图来证明，当存在负的关税收入，或者说是出口补贴存在时，得不到与上述类似的说明，在这种情况下，cc 线会与纵轴相交于原点之下，那么这样的贸易就不能与封闭经济做一般的比较了。

因此，在单个消费者的情况下，只有贸易补贴可以使得无贸易比贸易更好。无论该国在国际贸易中是不是价格的接受者，这个说法都是存在的：在上述说明中所有使用的价格向量，无论何时都是以贸易的均衡价格出现的，该价格取决于国内供给和需求。

来看看扩展到要素供给可变的情况。先从最简单的例子开始，对前一部分稍作修正，我们必须使用支出函数 e^*。把 w^1 设为贸易均衡时的要素价格，而 v^a 和 v^1 分别是封闭经济和开放贸易时的要素数量。于是

$$e^*(p^1, w^1, u^a) \leqslant p^1 \cdot c^a - w^1 \cdot v^a \quad \text{（由 } e^* \text{ 的定义得到）}$$
$$= p^1 \cdot x^a - w^1 \cdot v^a \quad \text{（封闭均衡时）}$$

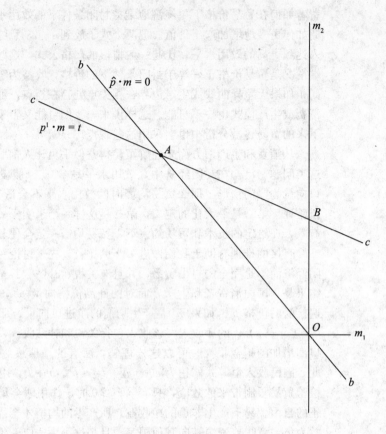

$$\hat{p} \cdot m = 0$$

$$p^1 \cdot m = t$$

图 3.1

$$\leqslant p^1 \cdot x^1 - w^1 \cdot v^1 \quad \text{（由生产利润最大化得到）}$$
$$= e^*(p^1, w^1, u^1) \quad \text{（由收入—支出等式得到）}$$

同样得到 $u^1 \geqslant u^a$。值得注意的是，当要素供给可变时，收入函数不再是最简便的工具，我们可以用利润最大化来替代它，由于 (x^1, v^1) 和 (x^a, v^a) 都是技术可行集，前者必须在它所用的价格上获得更多的利益。类似于前面，我们可用 $p^1 \cdot c^a - w^1 \cdot v^1$ 来代替 $e^*(p^1, w^1, u^1)$，并使用显示偏好进行比较。事实上，在讨论多个消费者时，我们会这样处理。

我们把讨论延伸到存在非贸易品的情况。实际上，形式并没有改变。我们必须要牢记的是，对贸易可能性的限制，即当贸易决定均衡价格时，对世界其他国家的净供给函数的限制。向量 p^1 产生的过程对论述是无足轻重的，当然，商品子集中存在非贸易商品同样如此。（当然，如果所有商品都是非贸易品，那么 p^1 必等于 p^a，不等式就变成了等式。）同样的原理可以运用到贸易框架下进行福利的讨论，当需要处理非贸易品问题时，我们无须赘述。当然，非贸易品的比较静态分析也是很重要的，随后再讨论。

多个消费者，一般化问题

在更为贴近现实的多个消费者情况下，若没有采取再分配措施，从封闭经济转向自由经济，可能会使一些消费者受益而另一些受损。最简单的例子就是第 2 章中出现的两商品、两要素生产模型。假设商品 1 是相对要素 1 密集型商品，可以得知商品 1 的相对价格上升，会提高以其他商品形式度量的要素 1 的价格，并降低要素 2 的该种价格。假设一个或一群消费者只能从要素 1 中获得收入，而其他人从要素 2 中获得收入。当贸易改变相对价格时，一种要素所有者得益，而另一种要素所有者受损。贸易使得生产如以前一样获益，但消费者的分配会变得不平等。如果我们要确保每个消费者都能从中获益，即比封闭时更具帕累托效率，就必须实行再分配政策。

在现阶段，没必要去强调贸易比封闭时帕累托更优。用柏格森-萨缪尔森 (Bergson - Samuelson) 社会福利函数进行个人间的比较，可以权衡消费者得益和受损的情况。然而，帕累托优越性仍是贸易优于封闭经济的强有力证据。我们要寻思可供选择的再分配措施。

从竞争均衡中可以得到一个非常一般化的结论。对于整个世界而言，自由贸易是竞争性均衡，是帕累托有效率的。如果一次性转移支付可以有效施行，就可以找出世界上所有消费者的帕累托边界。要特别指出的是，从任何一国的消费者角度考虑，都能找到贸易优于封闭经济的点，然而，这不太让人信服。这需要国际水平的一次性转移支付，而且不考虑其他国家的消费者。这笔一次性转移支付的数目很难达到；但就算跨国的一次性转移支付能实现，又可能损害到一些国家的消费者利益。因此，我们不能生搬硬套竞争均衡理论的一般结论，需探究用于贸易框架内的特殊理论。

现实化的第一步是允许一次性转移支付，但仅限于在提到的国家间进行。我们可以看到，这样的政策可以达到帕累托优于封闭经济的贸易均衡。接下来是限制国内针对商品和要素的税收政策，即使工具有限，也足以确保自由贸易的帕累托优于封闭经济。相反，即便是最有力的国内政策，一次性转移支付，也不能使封闭经济优于自由贸易。结论构成了支持贸易的强有力的说明，之后的部分会作进一步的说明。

一次性转移支付

先从封闭均衡开始讨论。假设消费者 h 消费 c^{ha} 向量的商品，并提供 v^{ha} 向量的要素。上标 h 表示某个消费者，a 表示封闭经济。同样，令商品产出是 x^a，所使用的要素是 v^a，均衡时我们有

$$\sum c^{ha} = x^a \qquad\qquad \sum v^{ha} = v^a \qquad\qquad (11)$$

其中的加总包括所有的消费者。封闭经济下的价格对本节的讨论并不重要。u^{ha} 表示消费者 h 在封闭均衡中的效用。

我们想要说明的是，用国内一次性转移支付，可能达到一种自由贸易均衡，其中每个消费者的效用水平至少和原来封闭条件下的一样好。这是自由贸易的弱帕累托优越性，正如之前所阐述的，可以对其加强而得到严格的帕累托优越性。

假如商品价格为 p，要素价格为 w，消费者要达到效用 u^{ha}，那他必须有如下数量的一次性总付收入

$$y^h = e^*(p, w, u^{ha}) \qquad\qquad (12)$$

该收入可能为正也可能为负。总的转移支付为 $\sum y^h$，政府施行这项计划的净收入为 $-\sum y^h$。我们将看到，自由贸易均衡中的净收入是非负的。让政府按照等量支付等规则消费商品，那么政府对商品的需求是

$$g_j(p,w) = -\sum_h e^*(p,w,u^{ha})/(np_j) \tag{13}$$

其中，n 是经济中的商品数量，每个 e^* 都是（p,w）的一次齐次函数，（13）式表示政府需求是价格的零次齐次函数。

消费者的商品需求是 $c^h = e_p^*(p,w,u^{ha})$，他们的要素供给为 $v^h = -e_w^*(p,w,u^{ha})$。厂商在价格（p,w）实现利润最大化时，产生供给 x 和要素需求 v。当规模不变时，这些通常表示为规模要素。

自由贸易下所有国家的相对价格都一样。世界其他各国的商品净需求可以表示为 p 的函数 $M(p)$，该函数为零次齐次的，并且满足 $p \cdot M(p) = 0$，这意味着国家间不存在一次性转移支付。

现在来考虑，世界市场上对商品存在超额需求，而国内对要素存在超额需求，两者都是（p,w）的连续齐次函数，并且满足瓦尔拉斯法则。Arrow 和 Hahn（1965，ch.5）中的标准保证了均衡的存在。自由贸易价格（p,w）由市场出清条件决定

$$\sum c^h + g - x + M = 0 \tag{14}$$

$$\sum v^h - v = 0 \tag{15}$$

接下来要做的是保证政府收入是非负的，也就是确保不要求政府随意地发放商品，这从简单的显示偏好原理中可得知。

消费者 h 从计划（c^h, v^h）和（c^{ha}, v^{ha}）中得到的效用相同，而前者在价格水平为（p,w）时是最优的。因此要求之后式子中的收入水平在该价格水平处不少于一次性总收入水平，即

$$y^h = p \cdot c^h - w \cdot v^h \leqslant p \cdot c^{ha} - w \cdot v^{ha} \tag{16}$$

类似地，（x,v）和（x^a, v^a）在技术上都是可行的，但前者在价格为（p,w）时是最优的选择，并在假设条件下获得零利润，规模报酬不变对框架不构成威胁。因此

$$0 = p \cdot x - w \cdot v \geqslant p \cdot x^a - w \cdot v^a \tag{17}$$

所有消费者的（16）式相加，并从结果中减去（17），得到

$$\sum y^h = p \cdot \left(\sum c^h - x\right) - w \cdot \left(\sum v^h - v\right)$$
$$\leqslant p \cdot \left(\sum c^{ha} - x^a\right) - w \cdot \left(\sum v^{ha} - v^a\right)$$
$$\leqslant p \cdot (c^a - x^a) - w \cdot (v^a - v^a)$$

所以

$$-\sum y^h \geqslant p \cdot (x^a - c^a) = 0 \qquad (18)$$

由封闭经济下国内产品市场的均衡条件得到，这是个尚佳的结果。这里顺带提一下，注意（18）式，从转移支付中得到的净收入等于国内产出的价值超过消费需求的价值，即该国的私人部门存在盈余。这是根据各种预算平衡条件或瓦尔拉斯法则自然而然导出的结论，它给出了转移支付计划下可行的公式表达。

再次强调，正式的证明也只是确立了贸易的弱帕累托优越性，但我们可以马上得知严格的帕累托优越性需要满足什么条件。如果政府在上述的计划中获得严格大于零的净收入，可以很灵活地增加所有消费者的一次性转移支付来达到新的自由贸易的均衡。在该均衡中，消费者获得的效用水平高于封闭条件下的。我们所需要的是（16）和（17）的不等式严格成立。在单个消费者情况下，如果消费或生产存在某种替代，并且自由贸易和封闭经济下的价格不相等，那么就可以得到严格的不等式。

该结论可以推广到关税和补贴存在的情况，这时仍然可得非负的净收入，留给读者自己分析。

现在我们已经确认了贸易的帕累托优于封闭经济的，反过来说就不一定正确。如果它是正确的，那么我们在开始处于封闭经济均衡，连续使用两种一次性转移支付后，可以达到比之前更具有帕累托效率的另一个封闭均衡。然而这是不可能的，因为每个封闭均衡在约束下都是帕累托有效的，两种没有贸易的均衡也一样。读者可以从自由贸易的角度运用上述的补偿程序，验证上述的不可能性，你将发现净转移支付收益为负。

商品税

现在假设一次性转移支付是不可能的，因此本国的再分配工具只有针对商品和要素的税收和补贴。在封闭经济均衡中，消费者有 (c^{ha}, v^{ha})，生产者有 (x^a, v^a)，效用水平为 u^{ha}。目的是找到一种自由贸易均衡使得每个消费者获得的效用水平与封闭经济时的一致。在处理一次性转移支付时，均衡的存在能够被检验，我们不再赘述。我们仅使用出现的均衡价格，来证明政府的净收入为非负，换句话说，私人部门存在非负的贸易盈余。这可以确立贸易均衡的实际可行性。

令 (p^a, w^a) 为封闭经济中消费者面对的商品和要素价格。我们进行一些处理（设置商品税），使得消费者面临的价格水平与自由贸易时一样。因此他们做相同的选择 (c^{ha}, v^{ha})，并获得同样的效用水平 u^{ha}。总的要素供给为 $v^a = \sum v^{ha}$。国内厂商在自由贸易下，与其他国家面临着相同的价格。设 p 为均衡时的商品价格向量，w 为厂商的要素价格向量。特定商品的税率也很明朗。商品的税收向量是 $(p^a - p)$，要素的税收向量是 $(w - w^a)$。

这里没有一次性转移支付，消费者 h 的约束条件是

$$0 = p^a \cdot c^{ha} - w^a \cdot v^{ha} \qquad (19)$$

厂商在两种均衡中都使用 v^a 要素，但生产计划可以根据价格的变化而变化。令 x 是自由贸易的产出向量。由于 x 和 x^a 在给定要素数量 v^a 时都是可行的，而自由贸易时选择 x，那么必须有

$$0 = p \cdot x - w \cdot v^a \geqslant p \cdot x^a - w \cdot v^a \qquad (20)$$

政府的净税收收入是

$$(p^a - p) \cdot \sum c^{ha} + (w - w^a) \cdot \sum v^{ha}$$

$$= -p \cdot \sum c^{ha} + w \cdot \sum v^{ha} \quad (用(19)式得出)$$

$$= -p \cdot x^a + w \cdot v^a \quad (根据封闭均衡得出)$$

$$\geqslant -p \cdot x + w \cdot v^a = 0 \quad (用(20)式得出)$$

以上证明了我们的结论。

总结一下，我们已经充分证明了自由贸易比封闭经济优越。比起以竞争均衡为来源、以一次性转移支付为前提的传统观点，本书的论证更具说服力。传统的处理仅证明封闭经济不比自由贸易帕累托优越（见 Ohyama（1972））。基于这一事实——国内再分配政策比一次性转移支付效果要差，上述观点得到进一步的证明。

还有一点需要确认。通过人为地定义要素，能达到规模报酬不变，不同的企业会因所拥有要素的不同，获得不同的纯利润。完全商品税的假设，带来了以一定税率对要素收入进行强制性征税的能力，在这个框架内，这种能力表现为可依据不同的税率对公司利润差别征税。统一的利润税一般达不到此目的。在这种意义上，通常需要更严格地对商品征税。

3.3 国际均衡

迄今为止讨论所关注的仅是单个国家，甚至当我们考虑贸易均衡时，还是侧重于分析单个国家，世界上其他国家则概述为对该国商品的净需求。现在我们开始讨论所有国家的贸易均衡。实际上，要达到多数目标，只考虑两个国家就能满足需要，一个国家标记为本国，另一个标记为外国，这样便于解决问题。本国的所有变量用小写字母标记，外国的则相应用大写字母标记。一国的生产和消费模型已经在第 2 章用本国的概念进行了扩展，外国的情况也可以用类似的模型，我们仅需要进行总结。

在这一节，只考虑最简单的模型，每个国家只有一个消费者，所有商品都是可贸易的，要素供给固定。原则上，很容易对各方面进行一般化的分析，为了在最简单的设定中表述最基本的观点，这些分析我们暂且搁置到下一节再讨论。

对每个国家，均衡的本质是国民收入相等，把两个国家的商品市场出清方程联立。因此

$$e(p,u) = r(p,v) \qquad (21)$$

$$E(P,U) = R(P,V) \qquad (22)$$

$$e_p(p,u) + E_p(P,U) = r_p(p,v) + R_p(P,V) \qquad (23)$$

两个国家的要素价格分别由 $w = r_v(p,v)$ 和 $W = R_V(P,V)$ 给定。

自由贸易时，两国商品的相对价格相同，即 p 和 P 只是在规模要素上不同。但这种成比例的要素可以任意地选择，因为一旦规模乘数改变均衡价格 p 和 P，均衡条件也会随之变化。这简单地反映了非货币贸易模型的性质，汇率在这里无足轻重。如往常一样，我们把规模化问题，即价格的标准化留在每种具体的情况中再处理。现在有 $(n+1)$ 个未知数，也就是 $(n-1)$ 个相对价格和两种效用水平，相应地，对于 $(21)\sim(23)$ 式的 $(n+2)$ 个式子，采用瓦尔拉斯法则可以任意去掉其中一个。

和之前一样，标准理论可以确保均衡的存在。通常假设自由贸易下的价格和效用水平是唯一的。然而，产出数量又可能有非唯一的固有特征。在第 2 章已经看到，收入函数在一些关键点是不可微的，那么 (23) 式中的变量必须解释为从一系列可能的收益最大化产出中所做的选择。这样让 r_p 和 R_P 有非唯一的选择，相加就会得到右边的需求数量。当商品种类多于要素种类时，在一定均衡中就会出现上述情况，在接下来的一章中，我们会重新单独分析这个特例和要素价格的问题。

构建了基本模型之后，我们对其在接下来的各章中的应用进行简单的概述。首先我们有一些特征方面（characterization）的问题：哪个国家将会出口何种商品？当贸易开放后，生产模式和要素价格会发生怎样的变化？这些是第 4 章讨论的主题。接下来是比较静态分析：如果一些潜在的参数或者政策发生变化，贸易均衡将如何改变？这是第 5 章讨论的主题。与此密切联系的是福利和政策，我们将会在第 6 章探讨这些问题。面对诸多疑惑，基本模型将会不时地根据需要进行简化，以达到研究的最佳要求，但在接下来的这三章，模型的基本框架不会变。

我们刚概述了一些特殊情况下的例子，这些都归于长期传统贸易理论中的"工作母机"（workhorse）模型。这些问题都源于一个一般化的问题。为了理解这一点，假设在某一时刻，两个国家在封闭经济中恰好面对相同的价格，排除了主观上任意选择规模要素的可能性。当允许贸易时，相同的价格就是贸易时的均衡价格。经过简单的推导能看到：在相同价格 p 下，如果 (1) 式和 (2) 式以及外国相对应的方程都能满足，那么 p 也满足 $(21)\sim(23)$ 式。实际上，每个国家的商品市场刚好平衡，即使允许贸易也不可能发生贸易。

因此，贸易可以解释为，由两国封闭经济的价格不同而产生的，第 4 章会进行详细的讨论。价格的不同，源于两国一些潜在因素不同，如：偏好、技术或者要素禀赋。考虑特定的因素差异而忽略其他因素差异，可以构建不同的特定模型。

所有的模型都不考虑偏好差异，实际上，大多数模型都假设两国的偏好相同且同质。除特别说明，我们都遵循这个假设。然而，在国际贸易特征中最吸引我们眼球的是，国家间生产可能性的差异。我们列出了几个有名的模型来说明这一点，之后的篇章会把这些模型作为阐述一般性结论的例子。

李嘉图模型

这里仅关注两国的技术差异，事实上，也可以允许要素禀赋和偏好不同，但技术差异的特殊性使其他差异的重要性退而居其次。假设每个国家仅使用一种要素生产若干产品，规模报酬不变，因为只有一种要素进行生产，所以假设生产每种商品的投入系数是常数，该值在各国间是不同的。

假设本国生产一单位商品 j 需投入一单位生产要素 a_j，每单位要素禀赋为 v。相应地，大国为 A_j 和 V。收入函数的形式在第 2 章已详细讨论，由（15）式给出

$$r(p,v) = \max_j(vp_j/a_j) \qquad\qquad R(P,V) = \max_j(VP_j/A_j) \qquad (24)$$

单位成本函数也简单，是要素价格和单位要素需求的乘积

$$b^j(w) = a_jw$$
$$B^j(W) = A_jW \qquad\qquad (25)$$

在第 2 章中，我们已经用收入函数研究了产出决策，而且涉及收入函数在某些关键价格点上存在拐点，且并不是唯一的。我们可以用单位成本函数来学习产出选择。用这种形式表述的生产均衡条件是很偶然的，可以看看第 2 章中的（26）式和（27）式。在这个例子中，它们可以转化为

$$a \cdot x = v$$
$$A \cdot X = V \qquad\qquad (26)$$
$$a_jw \geqslant p_j \quad （当 x_j > 0 时取等号）$$
$$A_jW \geqslant P_j \quad （当 X_j > 0 时取等号） \qquad\qquad (27)$$

对于需求而言，我们假设每个国家所有商品都是必需品。那么，在封闭经济中，每个国家的所有商品都会大量生产。封闭时的价格由（27）式决定，而无须详细考虑需求

$$p^a = wa \qquad\qquad P^a = WA \qquad\qquad (28)$$

其中 a 和 A 是分别由 a_j 和 A_j 组成的向量。标量要素 w 和 W 仅影响规范统一的价格。相对价格仅取决于相对要素投入的多少。因此有 $p_1^a/p_2^a = a_1/a_2$ 等等。这对贸易模式有着举足轻重的含义。特别地，可以用两国相对投入系数差异来解释封闭经济下相对价格的差异。这实际上是比较优势概念的公式。

现在开始进行贸易，确定均衡价格向量为 p。（这是解释两国何时会有相同经济变量的关键点，我们会用本国或小写字母来标注共有变量。这大概是英国式的习惯，或是谦逊地说，我们和世界其他各国一样，都是这样标注符号的。）为了决定产出和贸易模式，首先能观察到如果商品 j 在本国生产，商品 k 在外国生产，则有

$$a_jw = p_j \leqslant A_jW$$

和

$$a_kw \geqslant p_k = A_kW$$

两式相除，得到 $a_j/a_k \leqslant A_j/A_k$ 即 $a_j/A_j \leqslant a_k/A_k$。从某种程度上说，每个国家所生产商品的相对投入系数较低。可以排除两种或更多相联系的比率，因为不太可能发生投入系数外生的巧合。只要所有的 a_j/A_j 都不相同，我们就可以写出上述说明的严格不等式。同样，两个国家最多只能生产一种商品，如果同时生产商品

j 和 k，则有 $a_j w = p_j = A_j W$ 和 $a_k w = p_k = A_k W$，即 $a_j/A_j = a_k/A_k$。

按比率 a_j/A_j 递增的顺序排列商品，生产模式就很明显了。本国生产该比值较低的商品，而外国会生产比值高的商品。比值居中的时候，两国都生产或者都不生产。这取决于精确的需求和要素禀赋。例如有两种商品，一个国家是大国，那么该国可能同时生产两种商品，而另一国只生产一种。然而如果有很多商品，那这个问题就不重要了。

贸易模式同样也很清楚：本国出口外国不生产的商品，反之亦然。如果有很多种商品，其中一种两国都生产，那么进口或出口就要看需求条件了。如果只有两种商品，这种不确定性就不会存在。比方说，生产两种商品的大国，那么一定会出口小国不生产的那种商品，也会进口另一种。

目前所讨论的都是相对投入系数。绝对优势，以所有商品中较低的投入系数来表示，并不考虑对贸易模式的影响，但的确会影响真实的要素收入。可以从一种商品的例子中明显地发现，如果商品 j 在两国都生产，则有

$$w/p_j = 1/a_j$$
$$W/p_j = 1/A_j$$

也就是说，拥有较低投入系数（较高的生产率）的商品，用这种商品来衡量的要素价格更高。总之，我们必须考虑货币工资紧缩的指数，而这种比较取决于指数的选择。

要素丰裕度模型

现在考虑技术上更复杂的两个模型，但两国的技术仍然相同。要素禀赋的差异，导致生产可能性的不同。令 r 为一般收入函数，v 和 V 分别是两国的要素禀赋，本国的供给函数为 $r_p(p, v)$，外国的供给函数为 $r_p(P, V)$。即便需求相等，两国封闭经济下的均衡价格也不相同。

在更为普遍的多种商品的情况中，不可能在要素禀赋和封闭价格之间建立明晰的系统关系。我们将在第 4 章中考察这个问题，以获得结论。这里只考虑在贸易理论中，普遍用到的两个特别模型。每个模型只假定两种商品，并假设两国的需求相等且同质，区别在于对生产的处理。

先从建立两个模型的一般化推导原理开始。两种商品的供给由 $x_j = \partial r/\partial p_j$ 给出，且都是 (p_1, p_2) 的零次齐次函数，可以表示为 p_1/p_2 的函数。x_1/x_2 亦可这样表示。对于本国偏好而言，需求比率 c_1/c_2 同样是 p_1/p_2 的函数。当需求比率与供给比率相同时，也就是每种商品的供需相等，因为根据瓦尔拉斯法则，不可能出现对两种商品等比例的超额需求（或供给）。这使得我们可以确定均衡相对价格。需求比率不受要素禀赋的影响，但供给比率受其影响。每个国家在封闭条件下的相对价格，可以通过均衡条件中的要素禀赋来确定。

假设价格固定，如果要素禀赋测度点从 v 变到 V，而供给比率 x_1/x_2 也随之增加，那么，在本国的封闭均衡价格上，外国的供给比率过高，意味着存在对商品 1 的过度供给和对商品 2 的过度需求。假设均衡是稳定的，那么外国对于商品 1 必然有比封闭经济下均衡价格更低的价格。这给我们提供一种很简单的方法，来确定两国封闭价格比是如何产生差异的。

上述原理最简单的运用是，用两种要素在两个独立产业分别生产两种不同的商品，不存在联合生产，且规模报酬不变。产品和要素的数量可任意选定，使得商品 1 相对密集使用要素 1，不存在要素密集度逆转。这就是经典的赫克歇尔-俄林模型（Heckscher‐Ohlin model），又称 H‐O 模型，其生产性质在第 2 章已提及。当产出价格不变时，第一种要素相对供给增加时，会提高商品 1 相对于商品 2 的产出。两国要素禀赋和封闭价格的关系就十分清晰了：如果 $V_1/V_2 > v_1/v_2$，那么 $P_1^a/P_2^a < p_1^a/p_2^a$。在第 1 章只有两种商品时，贸易模式与封闭均衡价格的关系很简单，一国商品 1 的相对封闭价格低，就在自由贸易中出口商品 1。因此，在 H‐O 模型中，如果商品 1 相对密集使用要素 1，那么拥有相对丰裕要素 1 的国家将出口商品 1。

现在我们来看看李嘉图-维纳模型，假定有三种要素，一种可以在各生产部门间流动，而其他两种是只能在一个部门进行生产的特定要素。在第 2 章中，（22）式综述了收益函数的性质，我们可以用来检验供给比率是如何依赖于要素禀赋的。

例如，第一种特定要素 k_1 数量发生变化

$$\frac{1}{x_1/x_2} \frac{\partial(x_1/x_2)}{\partial k_1} = \frac{1}{x_1}\frac{\partial x_1}{\partial k_1} - \frac{1}{x_2}\frac{\partial x_2}{\partial k_1}$$

$$= \frac{1}{x_1}\frac{\partial^2 r}{\partial k_1 \partial p_1} - \frac{1}{x_2}\frac{\partial^2 r}{\partial k_1 \partial p_2} > 0$$

因此，如果两个国家的区别仅在于外国拥有更多的用于生产商品 1 的特定要素，那么外国该商品的相对封闭价格就更低。对于 k_2 的分析也是类似的。然而，如果两国的可流动要素数量 v 不同，表达式就是

$$\frac{1}{x_1}\frac{\partial^2 r}{\partial v \partial p_1} - \frac{1}{x_2}\frac{\partial^2 r}{\partial v \partial p_2}$$

表达式中的两个部分均为正的，结果的正负不确定。关键是 v 的增加由两部门共享，而相对产出的变化取决于哪个部门在边际上获益更多。也取决于技术上更深层次的性质，包括每个部门的可流动要素以及特定要素的替代可能性，这里不做详细讨论，有兴趣的读者可以参考 Dixit and Norman（1979）的文章。可以很充分的看到在李嘉图-维纳模型中，要素丰裕度只能从一定程度上决定封闭价格和贸易模式。

纯交换经济

这种情况下技术的差异很小，没有实际生产，两个国家仅拥有固定商品禀赋，本国为 $\bar{x}$，外国为 $\bar{X}$。在封闭经济中，要找到每个国家的均衡，可以简单地令消费等于其禀赋，而价格就是边际效用。如果 $f(c)$ 和 $F(C)$ 分别是效用函数，就有

$$p^a = f_c(\bar{x})$$
$$P^a = F_c(\bar{X}) \tag{29}$$

忽略标准化的随机要素。在一些简单的情况下，（29）式给出了更多的信息。例如，有两种商品，两国的偏好相等且同质，拥有更多商品 1 的要素禀赋的国家关

于该商品的封闭均衡的价格更低，所以在自由贸易中出口该种商品。

跨时期贸易

一般均衡理论通过把不同时期的商品和要素视为不同商品，并考虑它们之间的边际替代和转换的可能性，来处理资源配置的问题。其价格可以看做远期市场（forward market）的支付或收益，一开始就发生了所有的交易。例如，商品 1 是今年收获的小麦，商品 2 是明年收获的小麦，(p_2/p_1) 是确保能交付来年每单位小麦的用今年小麦单位表示的数量。市场的均衡可以用惯用的方法来确定，从跨时期的角度来解释帕累托有效的性质，详细的结构可以参照 Bliss（1975）的文章。

我们可以用同样的思路建立包含时间问题的贸易模型。为了方便表述，假设一个时期只有一种商品，商品下标的数字表示所在的时期。在封闭经济中，每个国家每一时期的消费必须等于产出。如果有了贸易，情况就不同了。全世界范围内一个时期的产出和消费必须相匹配，但一个国家可能在某个时期的产出多于消费，而另一个时期的消费多于产出。这种差别可以用恰当时期的经常账户余额或赤字来表述。总贸易平衡条件 $p \cdot x = p \cdot c$ 就是跨时期的预算约束。由于所有的 p 都可比，或是说现值，因此任何必要的贴现已经暗含于其中了。

从生产角度而言，跨时期自然而然会产生一些特定要素。比方说，每一时期的劳动对该时期的产出是固定的（尽管劳动储备在一定程度上会改变这一状况）。这是种很有趣的可能性，如果自然资源在每个国家跨期配置，但跨期资源又不能进行贸易，这样就能得到李嘉图-维纳模型的标准结构。

事实上，我们发现这并不是为收支平衡问题建模的最优方法。用这种方法，今天的贸易盈余意味着未来的超额需求，在远期市场上，通过期权的形式在特定的日期购买或出售一定产品时已经确定。更加现实的做法，就是引入购买力存量，例如金融资产等，以这种形式持有，只有在未来的现货市场才能转换为特定的商品，第 7 章会进一步讨论这个问题，同时进一步进行跨时期贸易的思考。

3.4　一些扩展

为了表述的简便，在上述的国际贸易基本模型中，都把一个国家的需求简化为单个消费者所作出的选择，要素供给是外生固定的，所有商品都可贸易。下面我们就把模型进行推广。

在封闭经济中引入多个消费者原理是很简单的。正如（1）和（2）式的单一消费者修正为（6）和（7）式多个消费者情况一样，（21）～（23）式也可变为

$$e^h(p, u^h) = r_v(p, v)\upsilon^h \quad （对于有的 h） \tag{30}$$

$$E^H(P, U^H) = R_V(P, V) \cdot V^H \quad （对于所有的 H） \tag{31}$$

$$\sum_h e^h_P(p, u^h) + \sum_H E^H_P(P, U^H) = r_p(p, v) + R_P(P, V) \tag{32}$$

其中 h 和 H 是两国的消费者，总要素供给分别是：$v = \sum v^h$ 和 $V = \sum V^H$。当考察均衡的性质和进行静态比较分析时，通常我们要读者自己进行简单的推导。在第 6 章分析分配政策时，会明确使用多个消费者的模型。

我们先考虑单个消费者的情况，接下来新的特点就是要素供给可变。在封闭经济框架内，用两种方法来进行分析。先定义一个包含要素数量的支出函数：$e(p, v, u)$，其中偏导数 e_v 给出要素 v 的供给价格。第二种定义涉及要素价格的支出函数：$e^*(p, w, v)$，能发现最优要素供给为 $-e_w^*$。在这里，我们采用前一种处理方法。外国相应的变量用大写字母标注，每个国家要素市场的供给价格和需求价格相等，市场出清。那么完整的均衡条件是

$$e(p,v,u) = r(p,v) \tag{33}$$

$$e_v(p,v,u) = r_v(p,v) \; (=w) \tag{34}$$

$$E(P,V,U) = R(P,V) \tag{35}$$

$$E_V(P,V,U) = R_V(P,V) \; (=W) \tag{36}$$

$$e_p(p,v,u) + E_P(P,V,U) = r_p(p,v) + R_P(P,V) \tag{37}$$

最后，考虑存在一些非贸易的情况。实际上，我们可以把带负号的要素视为商品，这样就可以把可变要素供给的情况纳入存在非贸易品的情况，而接下来采取一种可供选择的解决方法。按照上述方法，仅留下固定要素的固有形式。为了建立均衡条件，我们将非贸易品的本国市场出清条件添加到可贸易品的世界市场出清条件中。令 p 是可贸易商品的价格向量，而 q 是非贸易品的价格向量。接下来，用相对应的下标标注支出和收入函数的偏导向量。那么，完整的均衡条件是

$$e(p,q,u) = r(p,q,v) \tag{38}$$

$$e_q(p,q,u) = r_q(p,q,v) \tag{39}$$

$$E(P,Q,U) = R(P,Q,V) \tag{40}$$

$$E_Q(P,Q,U) = R_Q(P,Q,V) \tag{41}$$

$$e_p(p,q,u) + E_P(P,Q,U) = r_p(p,q,v) + R_P(P,Q,V) \tag{42}$$

注意与（33）～（37）式在结构上的相似性。在自由贸易中，可贸易品的价格向量 p 和 P 在标量（scalar）乘数上相等，但通常 q 和 Q 有所不同，w 和 W 也不同。

接下来，我们详细考察有非贸易品模型的其他特征。假设用可贸易商品的价格来表示非贸易商品的价格，用国内市场出清条件来决定其价格。例如，如果根据 (p, v, u) 的形式来解（39）式里的 q，那么就得到类似于（41）式里外国的 Q。把解带入（38）、（40）和（42）式，就会得到像（21）～（23）式的均衡条件。从这种意义上说，更简单的模型是更一般模型的精简形式。问题在于这种解释在多大程度上有效，或是恰有裨益。

为了理解这一点，我们从稍微不同的角度来看（21）～（23）式。定义本国的补偿进口需求函数是

$$m(p,v,u) = e_p(p,u) - r_p(p,v) \tag{43}$$

这是 $e-r$ 对价格的派生偏导，可以看做净支出或超额支出函数，定义为

$$\tilde{e}(p,v,u) = e(p,u) - r(p,v)$$

回顾第 2 章（35）式和（1）式分别对 e、r 的定义，可以明确将其记为

$$\tilde{e}(p,v,u) = \min_{c,x}\{p \cdot (c-x) \mid f(c) \geqslant u, (x,v) \text{ 可行}\} \tag{44}$$

该函数拥有支出函数的所有性质：是 u 的增函数，是 p 的一次齐次函数和凹函数。根据这种形式和相对应的外国支出函数，（21）～（23）式能写成

$$\tilde{e}(p,v,u) = 0 \tag{45}$$
$$\tilde{E}(P,V,U) = 0 \tag{46}$$
$$\tilde{e}_p(p,v,u) + \tilde{E}_p(P,V,U) = 0 \tag{47}$$

当存在非贸易品时，必须对（44）式进行扩展，记住在一国内这些商品的消费和产出是相等的。令 z 表示非贸易品的数量向量。那么可以定义为

$$\tilde{e}(p,v,u) = \min_{c,x,z}\{p \cdot (c-x) \mid f(c,z) \geqslant u, (x,z,v) \text{ 可行}\} \tag{48}$$

在该式中可以明确引入非贸易品的数量，进行经济最优选择。也可以用其他方法，即使用价格分别使得消费和生产最优，然后把价格定在市场出清的水平上，换言之

$$\tilde{e}(p,v,u) = e(p,q,u) - r(p,q,v) \tag{49}$$

当 q 满足（39）式时。

再次强调的是，$\tilde{e}$ 有支出函数所有相关的性质，是 u 的增函数和 p 的一次齐次函数。由附录中包络函数凸性的第一条结论，可以得知它也是 p 的凹函数。根据包络定理，对价格的偏微分是对可贸易商品的补偿进口需求函数。与外国相对应的函数相联系，可以把均衡条件写成

$$\tilde{e}(p,v,u) = 0 \tag{50}$$
$$\tilde{E}(P,V,U) = 0 \tag{51}$$
$$\tilde{e}_p(p,v,u) + \tilde{E}_P(P,V,U) = 0 \tag{52}$$

这与（45）～（47）式的简单模型相似。

上述内容为之前的结论提供了正式的说明，即可以使用本国均衡条件把非贸易品滤出，留下一个所有商品都可贸易的"简化形式"的模型。后面我们有机会对该简化模型进行更深入的了解，特别是在第 7 章讨论收支平衡问题时。然而，当我们对非贸易商品本身感兴趣时，例如，在研究要素价格均等化问题时，必须在"结构形式"中明确表示非贸易品。

但有另外一个缺陷。函数 $\tilde{e}$ 是基于个人决策非贸易品均衡的结果，因此它的性质结合了两者的特征，与个人决策的参数的关系变得复杂。因为可贸易品的复杂形式包括了对所有商品供需的反应，所以价格和收入对补偿进口需求函数也有影响。需要时，我们再对其进行分析。

所有的扩展都保留了自由贸易的假设，在事实上反映出两国可贸易商品的价格向量至少被允许规模要素上的不同。关税，或者是其他扭曲，将会导致国

家间相对价格的差异，这在形式上倒是很好处理。我们把详细说明怎样使两种价格向量存在差异的关系引入到均衡条件中，并考虑关税收入来修正国民收入恒等式。对该均衡的详细说明，将放在比较静态分析和政策分析的章节中再讨论。

注　释

传统上关于国际贸易收益的分析，都严格阐述封闭经济不会帕累托优越于自由贸易。然而，就自由贸易比封闭经济优越而言，从来没有对其进行过严格的证明，通常都是以假设补偿的形式出现。Kemp（1969，ch. 12）进行了最简单的阐述。我们现在的处理方式主要受 Ohyama（1972）的影响，他意识到需要想一个办法来证明自由贸易确比封闭经济帕累托更优。仅运用商品税收就能解决该问题，这种方法令人耳目一新。与封闭经济相比，贸易可以通过税收产生非负的净收入，这种比较是 Ohyama 的独到之处。

李嘉图理论（Ricardian）、赫克歇尔-俄林模型在绝大多数贸易学教科书里都讨论过，见 Södersten（1971，chs. 1—7）或 Takayama（1972，chs. 2—4）的著作。李嘉图-维纳模型相对较新。与李嘉图模型的比较说明可以参见 Caves 和 Jones（1977，chs. 5—7）的著作。李嘉图-维纳模型对于比较优势和要素价格的阐述，可以参见 Samuelson（1971）以及 Dixit 和 Norman（1979）的著作。

Pearce 通过简化模型，在非贸易商品方面做出了清晰的论述，可以参见 Pearce（1970，pp. xxiii-xxvi）的著作。

第 4 章　贸易、专业化和要素价格

　　如果两个国家封闭经济下的商品相对价格相同，同时允许自由贸易，那么会形成零进出口的一般均衡。因此，在唯一均衡中，比较优势——即封闭条件下相对价格的差异——是贸易的基础。但这一点还只是次要的，比较优势理论远不止如此，它还断言，在比较优势模式和贸易的商品结构之间存在着系统的关系。在本章的第一节，我们将考察，这样一种系统关系是否存在。

　　如果我们能够算出各国在自给自足条件下的价格，并且将其和观察到的贸易模式进行比较的话，贸易模式会反映比较优势这个假说就是有意义的。但是这在实际的研究工作中是很难实现的。因此将贸易方式与容易观察到的变量相联系的命题更有吸引力。这也是要素丰裕度假说非常值得仔细思考的原因：它是唯一一个只需要关于需求形式和生产技术的有限信息来确定贸易中的商品构成的假说。我们更进一步看这个假说。首先，考虑要素丰裕度和封闭条件下的相对价格的关系；然后检验国家只有要素禀赋不同时自由贸易均衡的一些性质。在这一前提下，我们将研究贸易对国际要素价格不同的影响以及由贸易导致的产品专业化生产程度的问题。我们将用李嘉图-维纳模型和 H-O 模型的特例来阐明一般结论。

　　回顾第 1 章对这些问题的探讨，我们强调过若干简单猜想在这一领域的局限性。在第 2 章中再次强调研究贸易一般均衡模型的重要性。本章不在细节上重复提醒，而把注意力集中于建立有效的结论。

4.1 比较优势和贸易模式

假设贸易是由比较优势决定的，那么就会涉及封闭经济和自由贸易两种条件下均衡价格和数量的比较。这种比较具有可能性的唯一原因是：自由贸易下的均衡至少和没有贸易时一样好，这意味着，自由贸易下的净进口向量在封闭价格下也是可以达到的。首先考虑单个消费者的情况，记 m 为自由贸易下的净进口向量，p^a 为封闭条件下价格向量，则必须有

$$p^a . m \geqslant 0 \tag{1}$$

如果贸易严格偏好于无贸易，那么上式是严格不等式。我们可以通过考虑任意价格 p，相关效用水平 u，需求 $e_p(p, u)$，以及供给 $r_p(p, v)$ 对上述结论做更细致的讨论。当在价格 p 处生产一定数量可行时，则有

$$p^a . r_p(p, v) \leqslant r(p^a, v) \quad （由 r 定义得到） \tag{2}$$

同理，有：

$$p^a . e_p(p, u) \geqslant e(p^a, u) \quad （由 e 定义得到） \tag{3}$$

我们已经知道任意价格 p 下的效用水平必须至少和封闭条件下一样高，即记为

$$e(p^a, u) \geqslant e(p^a, u^a) \tag{4}$$

将 (4) 式代入 (3) 式并减去 (2) 式，可以得到：

$$p^a . \{e_p(p, u) - r_p(p, v)\} \geqslant e(p^a, u^a) - r(p^a, v) = 0 \tag{5}$$

$(e_p - r_p)$ 即进口量，得到 (1) 式。

接下来，考虑若干消费者情况，假设国内一次性转移支付（lump sum transfer）和商品税按第 3 章所阐述的方式进行配置，以使自由贸易帕累托优于封闭经济。然后我们能够加总如 (4) 式的所有消费者的显示偏好不等式，得到 (1) 式，自由贸易中的总净进口。

不等式 (1) 适用于自由贸易均衡中的两个国家，因此如果用小写字母表示本国，大写字母表示世界上的其他国家，则有

$$p^a . m \geqslant 0 \qquad P^a \cdot M \geqslant 0$$

但在自由贸易均衡中，$m + M = 0$，故 $M = -m$，将其代入上述的两个不等式中，相加得到

$$(p^a - P^a) \cdot m \geqslant 0 \tag{6}$$

这就确立了封闭经济下价格差异和进口的正相关关系。尽管 (6) 式也许给我们造成一种绝对价格差异是重要的这个假象，但片刻的思考会使我们明白这并非事实：(6) 式是上述两个不等式之和，因而是两个正数之和。两个国家间货币兑换

标准的选择会影响数字的准确值，但不会影响其正负性，因此（6）式不受货币兑换标准的局限。（6）式肯定了比较优势假设，即一国会倾向于进口在封闭条件下比世界其他国家相对更贵的商品，并出口比本国在无贸易均衡下更便宜的商品。

然而上述结论只是弱比较优势假设，它仅确立了比较优势和贸易模式间的关系。如果能够证明一国会出口其具有比较优势的商品的猜想会更好。不幸的是，这个猜想是错误的。任何学过微观经济学的学生对此都不应感到惊奇，如果没有非常强有力的假设——如总替代品和对收入的严格限制，那么涉及一般均衡比较的有效的结论就会非常弱，这些结论描述的关系与上文从显示偏好角度进行考虑所确立的关系类似。为了完善论证，我们举例来阐明。

反例

有三种商品，在所有设定中把第一种商品作为货币兑换标准。本国的生产仅使用固定禀赋，$x_1 = 240$，$x_2 = 264$，$x_3 = 240$。需求由下式给出

$$c_1 = c_2 = \frac{1}{2}y(1 + p_2) \qquad c_3 = \frac{1}{2}y/p_3$$

其中收入 $y = 240 + 264p_2 + 240p_3$，也就是禀赋价值。很容易能够证明本国自给自足均衡时 $p_2^a = 0$，$p_3^a = 1$。

外国的转换式（transformation surface）为

$$2X_1 + X_2 + 4X_3 = 700$$

需求是固定比例，即

$$C_1 = C_2 = C_3 = Y/(1 + P_2 + P_3)$$

其中 Y 是外国的收入，等于产出值。对于生产的三种商品，自给自足均衡时必有 $p_2^a = 1/2$，$p_3^a = 2$。厂商对转换式的选择是无差别的，无论选择如何，$Y = 350$。需求 $C_1 = C_2 = C_3 = 100$，厂商并不介意遵守这些，从而得到均衡。

由于 $p_2^a < P_2^a$，$p_3^a < P_3^a$，根据强比较优势推论，在自由贸易下本国将会出口商品 2 和商品 3。然而我们能够明确计算贸易均衡并证明该推论是错误的。

如果 $p_2 = 1/2$，$p_3 = 2$，对本国来说，$y = 852$，$c_1 = c_2 = 284$，$c_3 = 213$，外国厂商对选择无差异，$Y = 350$，$C_1 = C_2 = C_3 = 100$。如果要达到均衡，外国厂商必须生产 $X_1 = 144$，$X_2 = 120$，$X_3 = 73$，这些都是非负的，并对厂商选择是适合的。一般贸易均衡由此确立，本国的净进口为 $m_1 = 44$，$m_2 = 20$，$m_3 = -27$，出口商品 3 而进口商品 2。而（6）式的内积应是 17，至此相互关系已被证实。弱比较优势假设是可检验的，但强比较优势不是有效的。

这个反例可能有些特殊，但构建另外更重要的概论并不困难，只是涉及更复杂的计算和表述。

再次强调，即使比较优势和贸易模式间有系统关系，但在仅知道自给自足的价格比率时并不能准确预测贸易商品构成。

4.2 比较优势和要素禀赋

脱离对供给和需求的更进一步的限制来谈论比较优势和要素禀赋间的关系是不可能的。尤其自给自足下价格的不同可能反映了收入水平、偏好、技术的不同，而不是要素供给的不同，因此我们需要施加限制以消除自给自足条件下价格不同的根源。最简单的方法就是假设两个国家的技术水平相同，这样两国的收益函数也相同（虽然会在不同点赋值），并假设偏好不变且同质，这样两国的支出函数相同（再次说明，会在不同点赋值），且与价格和效用无关。

回顾在偏好同质的假设下，我们可以把支出函数写为 $e(p,u) = u\bar{e}(p)$，那么本国无贸易条件下的均衡可以记为

$$u^a\bar{e}(p^a) = r(p^a,v) \tag{7}$$

$$u^a\bar{e}_p(p^a) = r_p(p^a,v) \tag{8}$$

与本国相同，世界其他国家的偏好和生产技术一样，其自给自足价格和效用水平由下式决定

$$U^a\bar{e}(P^a) = r(P^a,V) \tag{9}$$

$$U^a\bar{e}_p(P^a) = r_p(P^a,V) \tag{10}$$

（7）～（10）式只决定价格的倍数关系，因此我们可以自由选择两国的货币兑换标准。按照如下方式选择价格水平会非常简便

$$\bar{e}(p^a) = \bar{e}(P^a) = 1 \tag{11}$$

在这种货币兑换标准下，有 $u^a = r(p^a,v)$，和 $U^a = r(P^a,V)$。我们已经知道任意其他的价格作为自由贸易均衡下的价格比自给自足条件下的价格更受偏好，这意味着对任意价格有 $r(p,v) \geqslant r(p^a,v)$，满足 $\bar{e}(p) = 1$。尤其一定有

$$r(P^a,v) \geqslant r(p^a,v) \tag{12}$$

同理

$$r(P^a,V) \leqslant r(p^a,V) \tag{13}$$

联合两式，得到

$$(r(p^a,v) - r(P^a,v)) - (r(p^a,V) - r(P^a,V)) \leqslant 0 \tag{14}$$

即两国自给自足条件下价格和要素禀赋的一般关系。这使得我们能够在给定要素禀赋情况下计算可信的自给自足价格范围。从这点讲，（14）式可以被称为要素丰裕度假说的最一般表述。但这里有两点需要改进。一是没有强调要素丰裕度和贸易模式的关系，但是我们已经得知自给自足价格和贸易模式的关系是非常弱的；二是（14）式很难让经济学家对其有一个直觉上的定义。大多数关于该主题的传统理论都可以看做是对（14）式的更通俗易懂的扩展的尝试。

最简单的方法是，把（14）式左边看做函数 r 在点 (P^a, V) 和 (p^a, v) 间的二阶导。如果这两点足够接近，我们可以对 r 的二阶导的泰勒展开做出估计，记为

$$(p^a - P^a)^T r_{pv}(v - V) \leqslant 0 \tag{15}$$

为了解释这个不等式，我们需要回顾第 2 章的所学知识，即矩阵 r_{pv} 的元素符号和商品相对要素密集度的关系。在规模报酬不变和没有联合生产的 2×2 情况下，这些可以看做是与要素密集度的基本概念等同的表述。在 $n \times n$ 的情况下，一般会涉及使用一种要素的一种商品的要素密集度与整个经济的要素密集度的比较。当要素种类多于商品种类时，我们认为 r_{pv} 的元素符号给出了要素密集度的明确定义。然而（15）式的意思是，平均看来，一种要素的供给越充裕，密集使用该要素的商品的相对价格越低，也就是说，要素禀赋差异和自给自足条件下的价格差异是负相关的。因此，上述不等式可以看做是对弱要素丰裕度假说的证明。

一般化问题

给假设做些变动后会更难，有一种情况可以被认为是，在生产中规模报酬不变且无联合生产，在这种情况下，收益函数可以记为

$$r(p, v) = \min_w \{w \cdot v \mid b^j(w) \geqslant p_j, 对所有的 j\}$$

这意味着：

$$r(p^a, v) = w^a \cdot v$$
$$r(P^a, V) = W^a \cdot V \tag{16}$$

更进一步，当 w^a 满足限制条件 $b^j(w) \geqslant p_j^a$（对所有的 j）时，也就是

$$r(p^a, V) \leqslant w^a \cdot V \tag{17}$$

同理，当 W^a 满足限制条件 $b^j(w) \geqslant P_j^a$ 时，有

$$r(P^a, v) \leqslant W^a \cdot v \tag{18}$$

联立（12）、（16）和（18）式，有

$$W^a \cdot v = r(p^a, v) \leqslant r(P^a, v) \leqslant W^a \cdot v \tag{19}$$

同理，从（13）、（16）和（17）式中可以得到

$$W^a \cdot V = r(P^a, V) \leqslant r(p^a, V) \leqslant w^a \cdot V \tag{20}$$

（19）和（20）式左右两端分别相加并简化得到

$$(v - V) \cdot (w^a - W^a) \leqslant 0 \tag{21}$$

即封闭条件下要素价格差异和禀赋差异负相关。

接下来处理封闭条件下相对要素价格和产品价格的关系。如果每个国家在封闭条件下生产所有商品，那么产出均衡的价格—成本方程在任一情况下都满足

$$b^j(w) = p_j \quad \text{(对所有 } j) \tag{22}$$

假设商品和要素数量相同，那么就有 n 个关于 n 个未知要素价格和 n 个未知产品价格的方程。这么看来我们可以用（22）式把任一要素价格和商品价格的关系用其他要素价格和商品价格来表示，特别是可以用商品价格来表示要素价格。但不幸的是，单位成本函数并不一定是可逆的，也就是说，（22）式为任意商品价格变量定义了唯一的要素价格变量。这个一价问题与要素密集度逆转有密切关系，事实上，从 p 到 w 的非一一映射关系可以看做是要素密集度逆转的 2×2 模型的 $n \times n$ 的推广。而在 2×2 模型中，需要非常严格的限制条件来保证一价性。

如果我们假设单位成本函数满足一价定理，就可用（22）式来解仅由商品价格表示的要素价格，得到 $w = w(p)$。在这种情况下一定会有 $w^a = w^a(p^a)$，$W^a = w(P^a)$，（21）式即可变为

$$(v - V) \cdot (w(p^a) - w(P^a)) \leqslant 0 \tag{23}$$

我们可以对标值函数 $(v-V) \cdot w(P)$ 运用中值定理，并对于一些中间价格 $\tilde{p}$ 以价格差异的形式将（23）式表示为

$$(v - V)^T w_p(\tilde{p})(p^a - P^a) \leqslant 0 \tag{24}$$

因为 $w_p = r_{vp} = r_{pv}^T$，如同（15）式，同样意味着通过计算要素密集矩阵，要素供给差异和封闭条件下价格差异之间是负向关系。不同之处就在于（24）式在变动后仍有效。

应该注意到的是，要素供给的规模并不重要，从经济学角度看是因为偏好同质和不变的规模报酬意味着要素禀赋按比例变化不会改变相对价格，从形式上看是因为（21）式可以看做是（19）式和（20）式的加总，两式都不受要素数量变化的影响。因此，上述的不等式在所讨论的特定情况下证明了要素丰裕度假说。

然而，总的来说我们应该对（14）式的非线性关系感到满意，它包含了所有我们希望获得的信息，而无须特别指明和检验在自由贸易条件下获得的精确均衡，也无须对函数的形式做更多的假设来限制这个问题的范围。

4.3 自由贸易均衡的性质

到目前为止本章已经考察了每个国家在获得封闭条件下均衡时影响贸易的各个方面。现在我们将转向贸易均衡本身。假设所有国家规模报酬不变并且没有联合生产，技术相同，但要素禀赋不同。并不一定要求偏好同质，但如果有需要我们会这样假设。比较静态和福利分析将是接下来两章的主要内容，这里我们会集中描述一种均衡。内生变量是共同的产出价格，以及两国各自的要素价格和产出数量。其中，有两个问题非常有趣，一个问题是通过贸易，要素价格的接近程度

如何，另一个问题是贸易所带来的生产模式的专业化程度如何。这两个问题密切相关。

要素价格差异

首先从要素价格开始讨论，在没有对需求做任何特定假设时，可以得到一个结论。可以观察到每个国家在给定共同的贸易均衡商品价格向量 p 时要素市场的均衡。令 r 表示共同的收益函数，v、V 分别是要素供给。那么要素价格是 $w=r_v(p,v)$ 和 $W=r_v(p,V)$。回顾第 2 章（8）式可以看到有关要素禀赋在固定产出价格下的影子价格，即考虑对要素的引致需求曲线，那么数量和价格间存在非正的关系。

同样可以进行两个国家之间的比较，两国拥有相同技术，并且贸易使产品价格均等化，因此有

$$(v-V)(w-W) \leqslant 0 \tag{25}$$

当我们比较两个贸易国时，这是要素数量和价格差异之间的一般关系。类似的推理可以说明封闭经济转向贸易如何影响要素价格，但通常只能得到特定情况下才成立的一部分结论。令两国的偏好相同且同质，并按本章第 2 节的标准化准则使函数 $\bar{e}$ 的值在所有相关价格下等于 1。自由贸易均衡下的效用是 $u=r(p,v)$ 和 $U=r(p,V)$，又由于对每个国家而言自由贸易都显示偏好于封闭经济，则有

$$w^a \cdot v = r(p^a,v) \leqslant r(p,v) = w \cdot v \tag{26}$$
$$W^a \cdot V = r(P^a,V) \leqslant r(p,V) = W \cdot V \tag{27}$$

接下来，w 和 W 都满足约束，即在给定贸易均衡的产出价格时，所生产的任何商品都不可能获得纯利润。因此要素成本最小化时的收益函数定义意味着

$$r(p,v) \leqslant W \cdot v \text{ 和 } r(p,V) \leqslant w \cdot V \tag{28}$$

根据已完成的（28）式，现在可以对（26）和（27）式与（19）和（20）式进行比较。

如果是这种情况，那么

$$W \cdot v \leqslant r(P^a,v) \text{ 和 } w \cdot V \leqslant r(p^a,V) \tag{29}$$

即如果每个国家在给定其他国家的封闭商品价格时获得的国民产出，多于在给定其他国家的贸易要素价格时获得的国民收入，那么我们可以得到完整的关系链

$$w^a \cdot v \leqslant w \cdot v \leqslant W \cdot v \leqslant W^a \cdot v$$
$$W^a \cdot V <= W \cdot V \leqslant w \cdot V \leqslant w^a \cdot V$$

这就意味着

$$(v-V) \cdot (w^a - W^a) \leqslant (v-V)(w-W) \leqslant 0 \tag{30}$$

即，要素数量差异和要素价格差异之间的负向关系在数值上，贸易后的比封闭经

济时要小。这时通常会提出关于贸易是否能够减少要素价格差异的问题，从某种意义上说，w 与 W 的接近程度会大于 w^a 和 W^a 的接近程度。距离的概念是欧几里得几何中所用到的，此处不需特别声明加以注意。更为明确的经济问题应该是，要素禀赋差异之间是否存在更小的负向关系，即能否满足（30）式。现在我们看到的是不可能得到这样的一般结论，（29）式明显不能推广化，并且准确地显示出难点所在。

由于缺乏一个一般结论，我们需要考察特定的例子，阐明不同的可能性和所包含的说服力。

李嘉图-维纳模型

首先考察的第一个特例是两商品的李嘉图-维纳模型。该模型在第 2 章中已经讨论过，其中收益函数的形式是关键所在，而在第 3 章中我们也学习了封闭经济下价格和要素禀赋的关系。回顾在该模型中有三种要素，其中一种可在部门间流动，可用数量是 v，而其他两种要素的可用数量分别是 k_1 和 k_2，并且只能分别特定用于商品 1 和商品 2 的生产。为了有效配置流动性要素，使其用于生产商品 j 的边际产品等于 w/p_j。由于边际产品是 v^j/k_j 的减函数，我们可以用以下形式解出用于生产商品 j 的 v^j，即

$$v^j = k_j g_j(w/p_j) \tag{31}$$

其中 g_j 是边际产品函数的反函数，是递减函数，流动性要素的市场均衡条件是使由（31）式决定的要素需求之和等于供给 v，选择商品 2 作为计价物，简记 $p_1 = p$，则有

$$k_1 g_1(w/p) + k_2 g_2(w) = v \tag{32}$$

这就决定了 w 和 p 之间的关系，所有点的轨迹与流动性要素市场均衡相吻合，简称为要素市场均衡轨迹（factor market equilibrium locus）。

注意，当 p 上升时，w 必须上升（除非（32）式的左侧通过每个 g_i 的上升而上升），但上升比例较小（否则（32）式的左侧会下降）。这是对第 2 章中的一般结论的扼要重述，w 对任意商品的价格弹性位于 0 到 1 之间，从第 2 章（22）式的一系列方程中总结出的其他结论里我们可以知道，当产品价格固定时，w 随 k_j 的上升而上升，随 v 的下降而下降。如果在 (p, w) 空间中描绘（32）式，那么 k_1 和 k_2 的上升会导致轨迹向上移动，而 v 的增加会导致轨迹向下移动。

接下来，我们会考察产出价格的决定。记产出供给比率 x_1/x_2 为 ξ，是 p、v、k_1 和 k_2 的函数，而且，我们之前的分析已经得到 ξ 是 p 的增函数、k_2 的减函数、k_1 的增函数，而与 v 的关系不确定。假设偏好同质，需求比率 $c_1/c_2 = \gamma$ 是 p 的减函数，并与其他变量相独立，产品市场均衡由以下条件给出

$$\xi(p, v, k_1, k_2) = \gamma(p) \tag{33}$$

当要素禀赋固定时，该式定义了 p 的特定值，在 (p, w) 空间中可以看做是一条垂线。如果在固定价格 p 时 k_2 上升，（33）式的左侧会下降，这时必须提高 p 来维持均衡。因此，当 k_2 增加时，轨迹向右移动。同理当 k_1 增加时，轨迹向左移动。而 v 增加引起的移动方向不明确。

（32）和（33）式的结合就构成了整个经济的均衡（要素市场和商品市场的均衡），这使得我们可以考查当两个国家的要素禀赋存在差异时，贸易对流动性要素价格的影响。然而必须区分不同的情况。

图 4.1 显示了两国仅在第二种特定要素禀赋上存在差异的情况，外国拥有更多的该种要素。本国和外国对应的要素市场均衡轨迹分别是 HH 和 FF。注意，沿着每条轨迹，当 p 增加时，w 也增加，但 w/p（曲线上的点到原点的连线的斜率）却下降，这与从（32）式中得到的推论相一致。同理，FF 位于 HH 上方，回到产品市场的封闭均衡中，假设两国拥有相同且同质的偏好形式，即函数 γ 相同，那么，根据（33）式的说明，外国的相对封闭价格 P^a 比本国的 p^a 高，这些价格线如图 4.1 中所示，并且这会导致本国的封闭均衡是 H^a 而外国均衡是 F^a。

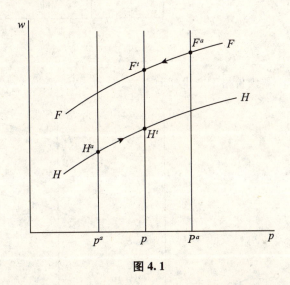

图 4.1

在两商品模型中，我们已知在自由贸易中，均衡的商品相对价格必须介于两国封闭价格水平之间。假如图中所示的 p 是用商品 2 表示的商品 1 的自由贸易价格，那么两个国家的贸易均衡点是图中在 p 处的垂线，是分别与两条要素市场均衡轨迹相交的点，即图中的 H^t 和 F^t 点。

因此，当贸易发生时，本国的均衡点在 (p, w) 空间中由 H^a 移向 H^t，而外国均衡点由 F^a 移向 F^t，可以认为贸易促使流动性要素价格更接近。

然而，并非总是如此。图 4.2 显示了两国的差异仅在于外国拥有更多的 k_1，FF 仍位于 HH 上方，但封闭经济下产品价格的排序正好相反。在这种情况下，贸易只会使流动性要素的价格差异越来越大。

也许，更令人感到吃惊的例子是如图 4.3 所示的情况。外国比本国拥有更多的流动性要素，而两国的特定要素禀赋相同。因此 FF 位于 HH 下方，更进一步，可以很容易看到供给比率不依赖于 v 的情况，例如，如果两部门的生产函数都是柯布–道格拉斯（Cobb–Douglas）生产函数，且对所使用的流动要素的弹性相等。那么，在这种情况下，两国封闭经济下的相对价格相等，而自由贸易时的价格也取相同值，即，即使允许贸易也不会发生贸易。因此，开放贸易对

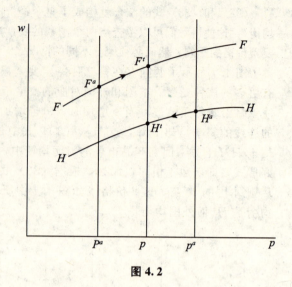

图 4.2

要素价格不产生任何影响。

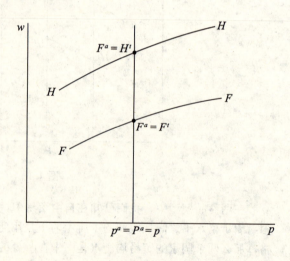

图 4.3

在李嘉图-维纳模型中一定能够得到的结论是，任何由贸易引起的要素价格的变化都是可信的，并且这种可能性与任何对技术或行为的特殊要求无关。

赫克歇尔-俄林模型

如在第 3 章考查的有两种可流动要素和两种商品的情况，每种商品的规模报酬不变且没有联合生产。假如两种商品都生产，那么每种商品的单位成本等于价格。令商品 2 为计价物，记 p 为 p_1/p_2，则有

$$b^1(w_1, w_2) = p \qquad b^2(w_1, w_2) = 1 \qquad (34)$$

上述两式定义了要素价格和产品价格的关系。与李嘉图-维纳模型中（32）式的

最重要区别在于，其不涉及要素禀赋。因此与 p 相关的（w_1，w_2）的轨迹不会因为要素禀赋的改变而移动。考虑到两国的技术差别仅在于要素禀赋不同，那么两国都满足（34）式。如果假设存在一价性，那么两国进行贸易，通过 p 的均等化，（w_1，w_2）也会均等化，并且是完全的要素价格均等化。

Samuelson（1971）在该主题的历史背景下对这两个模型的差异进行了更深入的探讨以及定位。当前不对其进行更深入探讨的原因也显而易见。为了写出（34），必须假设两种商品的产量都大于零，即存在多样化，并且为了推导出 p 的均等化意味着（w_1，w_2）的均等化，必须假设存在一价性，或对相对要素密集度加以限制来保证这一点。首先要明确的是，我们所探讨的贸易均衡性质的内生性，当恰当地考虑这一点时，与令人质疑的研究中的重要性相比，一价原则就变得不那么至关重要。我们现在开始对其进行证明，逻辑上的起点是先来考查多样化和专业化生产的可能性。

专业化

迄今为止，我们已经考查了多种贸易平衡条件，尤其在第 3 章。在所有的情况中，都简单地假设对于所有商品，世界需求等于世界供给，而每个国家的预算等式，或者说贸易均衡条件都应该具备。本国要素市场均衡通常是毋庸置疑的，尤其是在固定禀赋情况下。因此，可以不用过多担心本国要素需求和价格。这么做可以避开一系列问题，特别是不需要考虑各国的均衡可能会涉及对生产专业化的测度，也不需要考虑供给函数可能不只有唯一值（single-valued）的情况，即一国的供给可能是不确定的。这两个问题已经提到，在当前分析框架下必须这么做，因为其对要素价格问题相当重要。因此，我们必须考查一个更为完整的国际产品市场和本国要素市场同时均衡的情况，并保留一些简化：假设每种商品至少在一个国家生产，那么在两国都没有免费商品（free good），且可得要素都得到充分利用，生产规模报酬不变，不存在联合生产。

唯一复杂的地方也正是我们所感兴趣的，即可能存在生产专业化，并且产出决策不是唯一的。因此，把均衡条件写为允许这些可能性存在的形式，应用规模报酬不变下一般均衡的规则：没有纯利润，任何商品的产量大于零，且价格等于单位成本，任何单位成本超过价格的商品都不会生产。例如，对于本国，每种商品 j 至少满足下面的一个不等式

$$b^j(w) \geqslant p_j \text{ 和 } x_j \geqslant 0$$

可以用下式来表示

$$b(w) \geqslant p \qquad x \geqslant 0 \qquad \text{（具备互补松弛条件）}$$

后面的语句意味着每组不等式不可能是同时松弛的（即为严格不等式）。

投入系数矩阵可以用 w 的形式表示为 $a(w) = b_w(w)^T$，即 $a_{ij} = \partial b^j / \partial w_i$。那么对应产出向量 x 的要素需求就是 $a(w)x$。

本国标记为 h 的消费者拥有的要素配置为 v^h。消费者的收入 $y^h = w \cdot v^h$，需求函数是 $d^h(p, y^h)$，目前无须作齐次性、连续性和瓦尔拉斯法则之外的假设。

如往常一样，所有的变量和函数也适用于外国，为了与本国区别开，相对应的变量用大写字母标注。使用这种方法可以得到如下的均衡条件，为了表达的简

洁性，当提及该均衡条件时，用（T）来表示。

对于两个国家的生产均衡

$$b(w) \geqslant p \qquad x \geqslant 0 \qquad \text{（具备互补松弛条件）} \tag{35}$$

$$b(W) \geqslant p \qquad X \geqslant 0 \qquad \text{（具备互补松弛条件）} \tag{36}$$

而两国的要素市场均衡是

$$a(w)x = v \tag{37}$$

$$a(W)X = V \tag{38}$$

世界产出市场的均衡是

$$x + X = \sum_h d^h(p, w \cdot v^h) + \sum_H D^H(p, W \cdot V^H) \tag{39}$$

作为非正式的检验，注意（T）由 $3n+2m$ 个方程组成，其中 n 是商品的种类，m 是要素的种类。（（35）和（36）式中的每一对应元素组可以形成一个方程）。未知数数量相同，即 p、w、W、x 和 X 的分量相同。通过对一个未知数的推导，可以反映出标准化的选择，并且根据瓦尔拉斯法则可知其中一个方程是多余的。这样，就得到一个决策系统，这可以应用标准的严格存在性加以证明，所以无须担心解的存在性。实际上，为了避免冗长和本来就乏味的说明，我们假设均衡价格是唯一的。

要素价格和要素流动性

要素价格均等化的问题是：在怎样的条件下，（T）的解具有 $w = W$ 的性质呢？可以倒过来思考这一问题，假设存在这样一个解，看其需要的条件是什么。这为完成反向推导提供了建议，同时也是令人感兴趣的一点。

令 $\hat{w}$ 是这样的假设均衡中共同的要素价格向量。由于所有的商品都会在某处生产，从（35）和（36）式恰当地筛选出用于决定所有产出的价格，即 $\hat{p} = b(\hat{w})$，将其代入需求函数并将世界需求函数表示为共同要素价格的函数，即 $\hat{d}(\hat{w})$。由于消费者的要素所有权是固定的，那么这里没有必要进行明确说明。令 $\hat{x}$ 表示世界产出向量，则有

$$b(\hat{w}) = \hat{p} \tag{40}$$

$$a(\hat{w})\hat{x} = v + V \tag{41}$$

$$\hat{x} = \hat{d}(\hat{w}) \tag{42}$$

其中，（40）和（42）式是显而易见的，（41）式是由（37）和（38）式相加得到，将上述方程称为（$\hat{T}$），显然，这些方程就是要素和商品可自由流动的完全一体化世界经济中的均衡方程：（40）式就是零利润条件，记为价格－成本方程。由于所有的商品都会在某处生产，而（41）和（42）式分别是世界要素和商品市场的出清条件，换言之，任何贸易均衡中，如果要素不能流动，而要素价格正好相等，那么该均衡一定是所有要素都能流动的贸易均衡。

同理，该结论提供了正式的证明，即，如果商品贸易正好使要素价格均等

化，那么允许要素流动也不会再得到其他任何结果。所有从要素再配置的国际生产可能性中获得的收益实际上是通过商品贸易实现的。

反向说明现在变得更清楚。假设能够计算出（T̂）的均衡值 $\hat{w}$、$\hat{p}$ 和 $\hat{x}$，即要素可以像商品一样流动的完全一体化的情况，这就确保满足（35）和（36）式的第一部分。对于任意 $\hat{x} = x + X$，将 $\hat{x}$ 分为非负的部分也应该满足（39）式，但仍要看这样的分离是否满足（37）和（38）式，答案很明显：当且仅当满足下述方程时 x 有唯一解

$$a(\hat{w})x = v \qquad 0 \leqslant x \leqslant \hat{x} \tag{43}$$

如果答案确实如此，那么只需要使 $X = \hat{x} - x$。相反，如果（37）和（38）式可以在 $w = \hat{w}$ 时满足，并且 x 和 X 非负，那么 $x = \hat{x} - X \leqslant \hat{x}$，因此满足（43）式。

说明如下。令 $\hat{w}$、$\hat{p}$ 和 $\hat{x}$ 表示完全一体化均衡中（T̂）的解，如果（43）式有解，那么就存在商品可流动、而要素不可流动的贸易均衡，并且商品价格为 $\hat{p}$，共同要素价格为 $\hat{w}$，两国的产出水平分别是 x 和 $X = \hat{x} - x$。如果（43）式无解，那么就不可能出现要素价格均等化。

在这一背景下，可以用公式表示要素价格均等化可能性的问题。考虑由两个国家构成的世界经济集合，各国有相同的要素禀赋 $\hat{v}$，其在所有者—消费者间的配置相同，那么总需求函数也相同。只有要素在两国的生产中的配置方式，即把给定的 $\hat{v}$ 分为 $v + V$ 的方式因集合中经济体的不同而不同。那么该集合在几何上才可以表示为一个 m 维的由直线组成的盒型图，其边长由 $\hat{v}$ 的各部分给出。该盒型图中的 v 点表示向量 v 的要素用于本国生产，而 $V = \hat{v} - v$ 用于外国生产。可以计算出完全一体化均衡的解，因为 $\hat{v}$ 的分解并不重要。假设价格（$\hat{w}$，$\hat{p}$）和世界产量 $\hat{x}$ 在均衡中都是唯一的，令 $a(\hat{w})$ 是相对应的投入系数矩阵，定义集合 Z

$$Z = \{v \mid v = a(\hat{w})x, 0 \leqslant x \leqslant \hat{x}\} \tag{44}$$

对于所有位于 Z 集合中的经济，即使只有商品是可流动的，也会存在要素价格相等的均衡。而位于 Z 之外的盒型图内的其他点，则不会存在这样的均衡。因此，要素均等化的可能性可以由 Z 相对于盒型图的大小来测度。

在这里有两点需注意，第一，在集合中，要素在生产中的实际配置不会影响靠要素来取得收入的消费者的需求。换言之，消费者的需求是特定的，并不需要看其收入来源是什么。这是微观经济理论中的标准步骤（procedure），然而，此处的处理方法与 Uzawa（1959）不同，Uzawa 在分解 $v + V$ 时会随需求改变。

第二，有限的比较可以很容易进行扩展，即，允许总要素供给 $\hat{v}$ 变化，并改变需求函数的参数，然而这只会提高维度，其中盒型图与集合 Z 交叉垂直于代表其他变量的坐标轴。Z 是否相对于盒型图为零，是推广化问题中类似问题的依据，这些交叉部分层层相叠。

最后，我们并没有对发生在 Z 以外的经济进行研究，这取决于技术和需求更详细的性质，我们会在下一部分考查一些有助于说明的例子。

4.4 要素价格均等化

首先，考查集合 Z 的一些一般性质，以得到要素价格相等的均衡。首先说明一个小问题，由于 $\hat{v}=a(\hat{w})\hat{x}$，所以对于 $0\leqslant\lambda\leqslant1$，$\lambda\hat{v}=a(\hat{w})(\lambda\hat{x})$ 在 Z 中，这是盒型图中的对角线，换言之，如果两国以相同比例拥有所有要素，那么要素价格就会均等化。

为了更详细了解 Z 的结构，令 $a^j(\hat{w})$ 是矩阵 $a(\hat{w})$ 的第 j 列，其是 m 维向量，是完全一体化均衡中第 j 种商品的单位要素需求，那么可以记为

$$a(\hat{w})x = \sum_{j=1}^{n} a^j(\hat{w})x_j \tag{45}$$

如果允许 x 的取值范围是整个 n 维空间，从（45）式能得到 $a^j(\hat{w})$ 的所有线性组合，这是一个 m 维真实空间的子空间，或者几乎就是整个空间，我们称其为由 $a^j(\hat{w})$ 延伸的子空间。当 x 的范围是受更多限制的 n 维集合时，Z 可以从（45）式中得到，它是该子空间中的一部分，不同可能性的出现取决于商品和要素种类的相对数量。

要素种类多于商品种类

当要素种类 m 超过商品种类 n 时，在（45）式中，仅有 n 列，并且最多可扩展为总要素禀赋空间的 n 维子空间，又由于 Z 是该子空间的一部分，也至多有 n 维。相对于 m 维的盒型图，其值为 0。从这种意义上来说，要素价格均等化是不可能的。同理应用到李嘉图-维纳模型中，因此该模型中拥有 n 种商品和 $(n+1)$ 种要素，包括特定要素，之后，我们将再次回到该模型的要素价格问题上，使用所熟悉的盒型图和 Z 集合。

商品和要素种类相同

当商品和要素种类相同时，$a^j(\hat{w})$ 的列数与要素空间的维度相同。列之间是线性独立的，因此扩展空间很小。在 2×2 模型中，如果 $a_{11}/a_{12}=a_{21}/a_{22}$ 即要素密集度相同，会发生这种情况。$n\times n$ 情况中的线性相关是该观点的简单推广。然而，如果采用一般的技术把这种情况作为巧合排除掉，那么列向量可以扩展到整个空间。相对应地，Z 集与盒型图会有相同的维度，因此为正值，要素价格均等化也可能出现，但出现的概率取决于技术和需求函数的具体情况。

2×2 模型将会阐明这一点。在图 4.4 中，有盒型图 $OB_1O'B_2O$ 代表给定的总要素禀赋 $\hat{v}$。已知完全一体化经济中的均衡要素价格是 $\hat{w}$，对商品 1 和商品 2 的要素投入向量分别位于射线 OA_1 和 OA_2 上。我们已知世界的要素禀赋位于由这两条射线定义的多样化锥中，因为均衡使（41）式的解非负。充分就业条件下，世界要素的使用向量必须是 $\hat{v}$，那么可以分别沿各自的射线标记 $OC_1=a^1(\hat{w})\hat{x}_1$ 和 $OC_2=a^2(\hat{w})\hat{x}_2$，代表两种商品达到均衡产出水平时的要素需求，向量之和是 O'，即 $OC_1O'C_2O$ 是个平行四边形。如果 v 是位于其中的点，那么可以将其分解为平行于 OC_1 和 OC_2 的两个部分，相对应的是介于 0 和 $\hat{x}$ 之间的本国产出，而

国外使用 $V=\hat{v}-v$ 的要素生产非负的产量。例如图中所示 Q 点，会有 $OD_1=1/2OC_1$ 和 $OD_2=1/3OC_2$。因此，通过这种要素分配，本国生产世界上一半产量的商品 1 和三分之一的商品 2，其余由世界上其他国家生产。而位于该平行四边形之外的点就不可能发生上述情况。例如在 x 点，拥有 FX/OC_1 倍于商品 1 的世界产量和 OF/OC_2 倍于商品 2 的世界产量。但 $OF>OC_2$，因此本国在 X 点拥有的要素禀赋，会生产出多于整个世界对商品 2 的需求的量，此时外国的商品 2 的产量为负。这种将一体化均衡分解为单个国家均衡的方式是不可行的。对于其他位于平行四边形之外的点，可以得到相同的结论。换言之，这种情况下，平行四边形就是 Z 集。本国要素禀赋由 O 点测度（如果有需要，外国要素同时由 O' 点测度），若位于该平行四边形内，将得到要素价格均等化，位于其外部则不能得到。

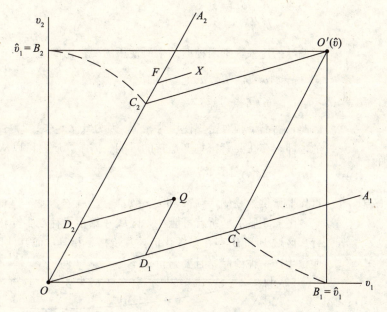

图 4.4

目前我们在文中还没有提及要素密集度逆转，这看起来可能会有点奇怪，因为 $n\times n$ 模型中的大多数要素价格均等化问题都与该问题因一价性相联系。然而，通过之前所提出的问题，我们可以把一价性问题搁到一旁。普遍方法是假设存在多样化的均衡，并问是否存在相等的要素价格，但是，我们已经找到与要素价格均等化直接对应的要素配置的集合，从而无须进行多样化假设。事实上，在平行四边形内存在多样化生产，即，两种商品在每个国家都有正的产量，在其边界上一国正好专业化生产一种商品。盒型图内的其他区域是否也存在与不等要素价格相一致的多样化的点？如果不满足一价性条件，如在 2×2 模型中存在要素密集度逆转，那么将会出现这样的区域，我们稍后对此进行说明。我们相信直接分析方法有更强的经济吸引力。一价性分析中假设存在多样化，因此不能解决整个贸易问题中的内生问题，然而它是始于基础数据的讨论的一部分。

为了准确说明在要素价格均等化区域之外会发生什么，我们需要更多关于技术和需求函数性质的信息，即使前面没有出现要素密集度逆转问题，后一个问题也会使情况变得更加复杂。然而在传统贸易理论中，偏好相同且同质，如图 4.4 中所示将会有两条对称的边界曲线，一条连接 C_1 到 B_1，另一条连接 C_2 到 B_2，它们将平行四边形之外的盒型图部分分为四部分，这四个区域的要素价格都是不相等的。在 OC_1B_1 中，本国将只生产商品 1，而国外同时生产两种商品。同理，读者可以推导出其他区域的生产模式。

当出现要素密集度逆转时，即使假设偏好相同且同质，情况会变得更复杂些。为了明确这一点，我们计算出两种要素和两种商品情况下的所有可能性的均衡，当生产其中一种商品的比例以及商品间的替代弹性固定时，使用特定参数，可以得到成本函数

$$b^1(w) = w_1^{1/2} w_2^{1/2}$$
$$b^2(w) = 2 w_1 + w_2$$

取偏导的比率，则两种商品中所使用的要素比例是

$$b_2^1/b_1^1 = w_1/w_2$$
$$b_2^2/b_1^2 = 1/2$$

因此，商品 1 相对密集使用要素 1，因为 $w_1/w_2 < 1/2$，否则它将是要素 2 密集型的，即，存在要素密集度逆转的可能。需求同质，可以从单位支出函数中得到

$$\bar{e}(p) = p_1^{1/2} p_2^{1/2}$$

世界要素供给是 $\hat{v}_1 = 1.4$ 和 $\hat{v}_2 = 1$。

图 4.5 显示了所有可能性，区域 A 给出了存在多样化和要素价格均等化的配置。区域 B 和 B' 存在多样化但要素价格不相等，而其他区域 C、C'、D、D' 只专业化生产一种商品，且要素价格不等。

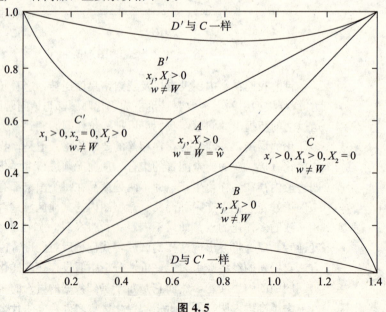

图 4.5

商品种类多于要素种类

最后一种情况是最令人感兴趣但也是存在误解最多的一种情况。难点在于传统方法主要关注价格-成本等式，并不适于处理这种情况。一方面，方程可能太多，每种商品对应一个方程，未知数即要素价格太少，这会提高不一致的风险；另一方面，在固定产出价格时，最优生产决策应该包括专业化，因此，不能保证两国共同生产足够多的商品，而这正是进行一价性讨论的基础。这两点难题在于没有任何来自现实的证据，证明讨论中的产品价格向量就是贸易均衡中的价格向量。

在要素和商品均可流动的一体化世界经济均衡中，只要假设所有商品都是必需品，那么所有商品的产量都大于零，该均衡中相对应的产品价格向量 $\hat{p}$ 和要素价格 $\hat{w}$ 满足条件 $b(\hat{w})=\hat{p}$。因此，即使 $n>m$，也会有 m 个要素价格满足 n 个方程，而且，在这些价格下，两国的所有商品生产都不赔不赚（break even），尽管可能会专业化生产其中一种或另一种商品。如果与每个国家的要素市场出清相一致，那么就不需要问为什么不是所有的商品都可以在两个国家生产。如果本国要素禀赋位于 Z 集内，那么可以证明该一致性。但仍需在当前情况下详细研究其结构。

如我们已经提出的问题，有 n 种商品和 m 种要素，且 $n>m$，n 列 $a^j(\hat{w})$ 一般来说可以扩展到 m 维空间，甚至可以允许列之间线性相关，只要其中 m 的部分子集线性无关，就不存在问题。假设如此，那么 Z 集就是盒型图中的所有维度，即要素价格均等化的可能性非常大。但是，只考虑维度并不能看出是否存在这样一个在任何意义上会比只有 m 种商品情况下的集合更大或更小的集合。

图 4.6 显示的是三种商品和两种要素的情况，能够说明上述情况。如之前一样，$OB_1O'B_2O$ 是世界要素禀赋的盒型图，$OA_j(j=1,2,3)$ 对应的是完全一体化均衡中的要素价格 $\hat{w}$ 的要素比例射线，$OC_j=a_j(\hat{w})\hat{x}_j$ 是沿射线上的线段，表示均衡所要求的产出水平，这些线段的向量之和是 $\hat{v}$，反映了完全一体化经济中要素市场均衡的事实。那么可以画出线段 C_1H 和 C_3G 在大小和方向上与 OC_2 相同，完成如图中所示的阴影部分的平行六边形 $OC_1HO'GC_3O$。整个平行六边形区域由沿 OA_j 方向的比 OC_j 短的线段部分组成，并取这些向量之和。换言之，平行六边形就是该情况下的 Z 集，把这句话的意思倒过来讲就是，任何位于该六边形内的要素禀赋 v 可以通过生产计划 x 来实现充分就业，其中 $0\leqslant x\leqslant\hat{x}$，并通过生产计划 $\hat{x}-x$ 充分利用要素 $\hat{v}-v$。例如 Q 点是充分就业的，由涉及商品 2 和商品 3 生产的生产计划 ODQ 给出（也可以通过其他计划实现，如 $OEFQ$，生产三种商品）。

另一方面，任何位于六边形之外的配置只有违背约束 $0\leqslant x\leqslant\hat{x}$ 才能实现要素的充分使用。例如，考虑 X 点，如果试图使用该点代表的要素禀赋生产商品 1 和商品 3，则必须分别生产 YX/OC_1 倍于商品 1 的世界需求量和 OY/OC_3 倍于商品 3 的世界需求量，后者大于 1，那么外国将生产产量为负的该商品。因此，沿该线各国负产量的生产配置是不可能的。如果试图使用 X 点处的禀赋在本国生产商品 2 和商品 3，那么本国产出相对于世界需求来说分别是 ZX/OC_2 和 OZ/OC_3，后者又大于 1。任何试图使用 X 点处的禀赋生产所有三种商品的行为，都要求生产商品 3 所用的要素位于 Y 和 Z 之间；那么相对应的产出水平必然超过世界上对该商品的需求。最后，X 点的要素禀赋不可能通过生产商品 1 和商品 2 得到全部利用，因为它没有位于由 OA_1 和 OA_2 构成的多样化锥中。读者可以证明，如果要素禀赋点位于该六边形之外，所有国家生产的商品产量非负是不可能的。顺带一提，可以很容易地猜到当有四种商品和两种要素时，要素价格均等化的区域是八边形，而在推广化情况下，即商品种类多于要素种类时，该区域将是一个多面体。

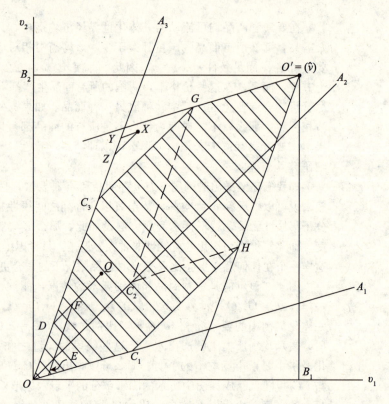

图 4.6

在说明了六边形内的要素禀赋点是如何在规定界限内的生产计划中充分使用的以后，恰可以发现很重要的一点：当商品种类多于要素种类时，这样的分解并不是唯一的。基本观点是：m 维空间中的 n 列 $a^j(\hat{w})$ 中，最多有 m 个是线性独立的。即使假设最大的独立性，其中 $(n-m)$ 列也可以用其余的 m 个表示。例如，假如

$$a^{m+1}(\hat{w}) = \sum_{j=1}^{m} \xi_j a^j(\hat{w})$$

那么 $a_j(\hat{w})\xi=0$，其中 ξ 是由上式前 m 个 ξ_j 组成的向量，$\xi_{m+1}=-1$，而其余分量为零。对剩余的列做相同处理，可以发现 ξ 向量是 $(n-m)$ 维空间，且 $a(\hat{w})\xi=0$。如果 x 满足 $a(\hat{w})x=v$，那么对于该空间内的任意 ξ，$x+\xi$ 满足上式。由 $X=\hat{x}-x$ 和 $V=\hat{v}-v$，只需将 X 变为 $X-\xi$ 以保持 $a(\hat{w})X=V$，即外国的充分使用条件，就可使世界产出水平在 $\hat{x}$ 保持不变。因此有 $(n-m)$ 的自由度来选

择分解，但不能选择过大的 ξ，致使 $x+\xi$ 或 $X-\xi$ 的某些分量为负，并且，如果 x 或 X 的某些分量已经为零，这可能形成单边约束，但谨慎起见，仍要考虑自由度。可以明确的是该不确定性绝不会与我们所假设的一体化经济中均衡的唯一性相冲突，世界充分使用条件（41）式可能有多个 $\hat{x}$ 的解，但只有一个是假设与需求相匹配的，即（42）式。在达到竞争和规模报酬不变的产业均衡时情况相似：行业产出是由需求唯一决定的，但任何单独厂商的产出是不确定的。

这就意味着，在商品种类多于要素种类的要素价格均等化区域内，是不可能预测到贸易模式的。用图 4.6 进行说明。当本国的要素禀赋是 Q 点时，本国商品 2 的产量占世界生产的份额是 0 到 $DQ/OC_2=1/2$。在 Q 点处，$v_1=\hat{v}_1/4$ 和 $v_2=\hat{v}_2/3$。令 $\hat{v}_1=\hat{v}_2=1$，且 $\hat{w}_1=4$，$\hat{w}_2=3$。那么本国占世界收入的比例是 2/7，又有偏好相同且同质，那么该比例也是本国对每种商品的需求占世界需求的比例。因此，本国商品 2 的贸易范围是：从进口世界产出的 2/7，到出口世界产出的 3/14。所以，不仅不能准确预测贸易量，甚至对贸易模式也不能做出预测。

当要素价格没有均等化时六边形之外会发生什么，再次取决于特定的需求和成本函数。然而，在最简单的三种商品和两种要素情况下，当成本和需求函数是柯布-道格拉斯形式时，最初的猜想还是有效的。如图 4.7 所示，要素价格均等化的六边形区域是 A。记从商品 1 到商品 2 再到商品 3 的要素 1 密集度是递减的，区域 B、C 和 D 如已经说明的，会部分采用生产专业化模式，而在 B'、C' 和 D' 区域各国相对应的生产模式正好互换。

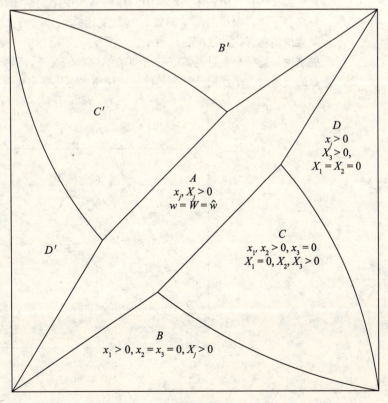

图 4.7

当要素密集度逆转时，会带来更复杂的模式。特别地，甚至可能出现每个国家都同时生产正产量的三种商品的区域，但要素价格却不同。在这一情况下，以上提到的生产和贸易模式的不确定性将再次出现。结果，即使在要素价格均等化区域外，在一个商品种类多于要素种类的世界中，也不能证明出关于贸易模式的一般定理。从这种意义上看，当商品种类多于要素种类时，要素价格均等化假说比要素丰裕度理论更适用。

增加更多的商品

最后，我们来考查，以商品和要素种类相同时的情况为基础，看引入另外一种商品后，要素价格均等化是变得更有可能还是更不可能。一般来说，这样的变化会改变完全一体化经济中的均衡要素价格，从而改变原来商品生产中的要素投入比例。那么，很明显，任何事情都有可能发生。为了避免这一问题，假设所有商品都有一个固定系数的技术投入，并且，允许需求函数有足够的灵活性，以保证商品种类数变化后上述问题的公式化仍有意义，从而得到随后的均衡。图 4.8 显示了可能产生的两种情况：两图中的 OA_1 和 OA_2 是两商品的要素投入比例射线，在变化之前已经存在。而 $OC_1O'C_2O$ 是要素价格均等化的平行四边形。在图 4.8a 中，引入的第 3 种商品的要素投入比例射线 OA_3 位于 OA_1 和 OA_2 之间，那么很明显，为了保证完全一体化经济的均衡，前两种商品的产量都应该降低。要素价格均等化区域将损失阴影区域（该面积的准确值依赖于需求条件），即均等化区域收缩。另一方面，在图 4.8b 中，OA_3 射线位于 OA_1 和 OA_2 所组成的多样化锥之外。那么，在完全一体化均衡中，与商品 3 使用要素密集度相近的商品 1 的产量肯定会下降，而与商品 3 的要素密集度相差较远的商品 2 的产量会上升。因此，要素价格均等化的区域在这种情况下扩大了，增加了阴影部分的面积。不可知论的结论是即使是在最受偏好的有明确结论的情况下，我们也不能断定在没有更明确的技术时，增加商品种类是使要素价格均等化变得更有可能还是更不可能。

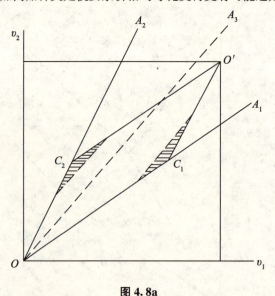

图 4.8a

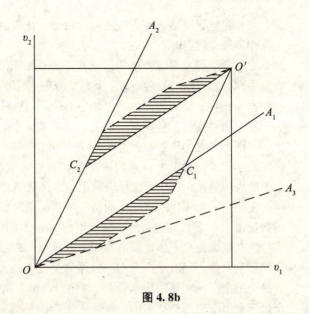

图 4.8b

与多样化锥的关系

在第 2 章中，提到 McKenzie（1955）的研究，关于当产品价格是外生决定时，一国的要素禀赋是否能与所有产量为负的商品生产相适应。确定的答案是要求要素禀赋位于多样化锥内，该多样化锥由所有商品的要素投入向量组成。同样的方法适用于对要素均等化集合 Z 的构建，我们会对这种方法与 McKenzie 的方法之间的关系予以评论。

第一点是我们不断强调的，涉及产品价格内生的重要性。在第 2 章简单的 2×2 例子中可以看到，与多样化生产相匹配的要素禀赋的范围会随产品价格的变化而变动，即多样化锥取决于产品价格向量。如果一开始就分析在给定要素禀赋下进行贸易的两个经济体的要素价格，那么使用传统方法是不可能得知在可能的多样化锥内哪一个是适用的。因此，结论是拥有相等要素价格的均衡一定会得到完全一体化世界中的均衡价格，反之亦然，我们应该使用这样一种均衡中的产品价格，以及相对应的多样化锥。

第二点是如果要确保要素价格均等化，仅要求每个国家的要素禀赋位于多样化锥内是不够的。这可以从图 4.6 中看出，本国的多样化锥由 OA_1、OA_2 和 OA_3 非负组合的各个方向组成，点 X 位于该多样化锥内。构建以原点 O' 为参照的相对应的外国多样化锥，可以看到相同点 X 代表了从 O' 测度的外国要素禀赋，也位于多样化锥内，然而在 X 点处要素价格并不相等。当然，也可以充分利用要素在两个国家生产非负产量的三种商品，而且方法不是唯一的。在之前的分析中，我们展示了在生产商品 1 和商品 3，或生产商品 2 和商品 3 时，充分利用本国的 X 点的要素至少有两种方法，同理可以用于外国。但问题是，这样的决策与世界上对该商品的需求并不一致，这可以从完全一体化的均衡中计算出。与世界需求相对应的要素投入向量是 OC_1、OC_2 和 OC_3，而任何使用 X 点处禀赋的本国计划都会生产超过 OC_3 所赋予的商品 3 的产量。因此，必须在考虑多样化锥的要素比例需求时，也考虑产品市场均衡。分析图 4.6 的目的就是为了解决这一问题，结果是要素价格均等化区域的六边形，比假设中的多样化锥更小。

李嘉图-维纳模型

之前已经提及要素价格均等化在李嘉图-维纳模型中是不可能的，因为其中有 n 中商品和（$n+1$）种要素。然而，从该模型的特定结构可以得到一些较明显的结论，该特定结构同样也可以用之前的几何方法进行更进一步的说明。

考虑两种商品三种要素的情况，世界要素禀赋的盒型图是三维的，如图 4.9 所示，两个国家的要素数量分别由斜对角 O 和 O' 来测度。流动性要素用垂直坐标轴表示，本国数量由 O 点向上测度，而外国数量由 O' 向下测度。用于生产商品 1 的特定要素 1 用水平坐标轴表示，本国数量由 O 点向右测度，而外国数量由 O' 向左测度。用于生产商品 2 的特定要素向页面后方扩展，用第三方向表示，本国数量由 O 向后方测度而外国数量由 O' 向前方测度。

现在假设完全一体化经济均衡中的价格和数量已经计算出，生产商品 1 所需要的要素向量，相对于原点 O，必须完全位于盒型图前面的平面中：根据定义，商品 1 的生产没有使用特定要素 2。同理，用于生产商品 2 的要素向量也必须完全位于盒型图左侧的平面中。商品 1 生产的总要素需求是 OC_1，其中 C_1 点是其要素比例方向与前方平面的右侧边缘相交的点，以确保充分利用特定要素 1。同理，如果 C_2 点是商品 2 生产的要素比例方向与左平面的后方边缘相交的点，那么 OC_2 就给出了用于生产商品 2 的总要素需求。那么 C_2O' 平行且等于 OC_1，而 C_1O' 与 OC_2 有相同的关系，$OC_1O'C_2O$ 是平行四边形，如果两个国家的要素禀赋正好位于该平面上，那么两国的产量可能非负，因此可以把一体化的世界经济均衡，分解为拥有不可流动要素的单个国家的均衡。而位于该平面之外，上述结论是不可能得到的。事实上，要素禀赋位于一个使用规定的要素比例来生产两种商品所达不到的维度中。因此，该平行四边形就是要素价格均等化集 Z。

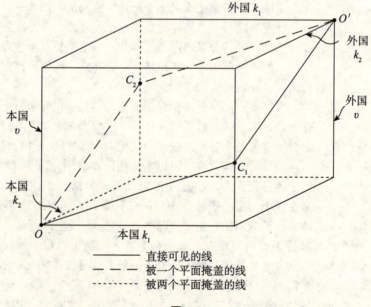

图 4.9

可以看到，该集合的维度比盒型图低，如果选择这样的一组经济体，并允许其进行贸易，那么证明要素价格均等化是不可能的。换个角度考虑该问题，如果要确保在完全一体化经济中所有生产可能性的收益都是可能的，那么至少有一种要素必须在国家间流动，这正是从该模型的特别结构中得到的，并且能考查是否只要一种要素可流动就足够。我们可以发现，国内可流动要素在国家间的移动也运用了该技巧，而用于生产某种商品的特定要素的国家间流动可能是充分也可能是不充分的。

为了说明这一点，比较特定要素 1 和可流动要素在国家间流动产生的不同效应，同时保持两个国家的特定要素 2 数量不变。为了达到目的，必须取盒型图 4.9 的截面，该截面通过特定的初始点，并与表示特定要素 2 的坐标轴相垂直，即与页面的平面相平行。图 4.10 显示了这样一个截面，取盒型图 1/3 处的截面，即从外国拥有两倍于本国特定要素 2 的点截取，要素价格均等化平行四边形在该截面上的轨迹是线段 AB。令 P 是初始点，与可流动要素的国家间流动相对应的是从 P 点开始的垂直运动，而特定要素 2 的移动由从 P 点开始的水平运动表示，可以看到，前者的移动使两国位于线段 AB 上，因此能使要素价格均等化，而后者则不能。如果初始点在 Q 点，那么任何一种要素的移动都可以保证要素价格均等化。两种不同类型的移动会导致在 AB 上的点不同，可流动要素的移动导致 R 点，而特定要素 1 的移动导致 S 点，但这也仅对应的是两国不同的生产配置，在这两点上，所有的价格和产出数量仍然与完全一体化均衡中的一样。

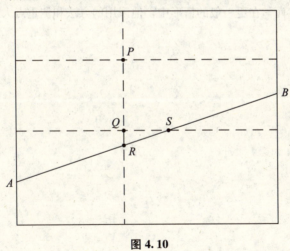

图 4.10

注　释

这一章对第 1 章介绍的理论进行了更深入的研究，其中引用的著作也与本章有关。只有几点需要专门提出。

Chipman（1965a，b）研究了不同技术条件下具有相同偏好的生产和贸易模式。他指出了得到贸易均衡细节的一般有效结论会遇到的困难，但是并没有考虑以显示偏好相关性形式出现的结论的可能性。

关于贸易国完全一般均衡的要素价格均等化，贡献最大的当属 Samuelson（1953）。他研究了整个问题，并且我们认为如果他对所做的简洁的评论进行补充说明的话，他应该已经得出了我们本章所探讨的许多观点。Uzawa（1959）也研究了整个均衡，但是如文中所示，他处理需求的时候用的方法对我们来说似乎与微观经济所采用的一般方法相反。这本书在 1980 年夏首次出版以后，我们了解到在 W. P. Travis 的《贸易和保护理论》这本书里面也运用了一般均衡模型。他在 2×2 模型中运用了相同的图表分析方法，但是其后所运用的方法和侧重点都有所差异。

关于不同种类的产品和要素的要素价格均等化相对可能性问题，很多人用不明确的方法进行了研究，其概述参见 Chipman（1966）。Land（1959）和 Johnson（1967）构建了更专业的模型，但是并没有研究完全一般均衡。三产品和两要素情形的研究可参见 Melvin（1968），他指明了内生决定产品价格的重要性。李嘉图-维纳模型中关于要素价格的研究可参见 Samuelson（1971）以及 Dixit 和 Norman（1979）。

完成这项工作后，我们把注意力放到 W. P. Travis 的《贸易和保护理论》（Cambridge，1964）。他用相同的方法分析了 2×2 模型一般均衡的要素价格均等化。然而，在更一般的情形中，他采用的方法和侧重点大有不同。

第 5 章　比较静态分析

　　国际贸易的许多问题都与参数改变带来的效应有关（这些参数决定了均衡价格）。商品的交换肯定会导致接受国享有更高福利么？商品的交换一定会使接受国贸易条件的恶化程度能抵消贸易的直接得益么？一国的比较优势必然会引起生产技术进步，或引起贸易条件改变而恶化该国福利么？经济增长，生产要素禀赋意义上的增长，对一国来说是有利的呢，还是会引起所谓的贫困化增长的可能？一国的经济增长是否有利于其他国家？一种要素从边际生产率低的国家流向边际生产率高的国家，是否同时有利于两个国家？为了回答以上问题，我们必须说明参数变化是如何影响均衡价格和效用水平的，这也正是本章要做的工作，使用的方法仍然是标准微观经济方法：对均衡方程取全微分，并解出价格和效用水平的变化量，可以看到利用第 2、3 章中的公式会使这一工作比预期中的简单。

　　为了避免不必要的麻烦，仍坚持使用第 3 章中构建的最简单模型。换言之，仍坚持每个国家只有一个消费者，要素供给无弹性，没有非贸易品。在第 3 章中，沿这一思路的推广化问题通常留给读者证明，因为即使是在最简单的设定下，能证明出的明确结论也不多。然而，在大多数情况下，可以从两商品情况中推导出特定的结论，这些特定结论有助于说明进行推广化时的原则。因此，对于所考查的每种变化，首先应看一般情况，然后再用两商品例子进行解释。但是需要强调的是，要避免从两商品情况中得出一般化的结论。如果有这种原则的话，那么本章的原则是：在没有获知参数的准确值和需求及供给函数的准确特征时，不能断言参数改变对一般均衡的影响。因此，当应用理论时，应该在推广化公式中考虑以数字表示的值，而不能直接应用从两商品模型中得到的数量上的结论。

首先考查最简单的问题，即商品在国与国之间的交换。这提供了一个非常有用的设定去介绍一些更一般的情况，如价格的标准化。而且，其中决定交换的某些条件在之后会被证明是非常有用的，即当讨论要素供给和技术变化的影响时（第2、3节）以及探讨要素流动的意义时（第4节）很有用。第5节考查贸易税（关税）如何影响均衡价格和效用水平。第6节脱离单个消费者经济的假设来考查某些贸易税对收入分配的影响。最后的部分将明确引入中间投入品，并考查有效保护的概念。

通篇作了重要简化，假设收益函数对价格是可导的，即每个国家的产出向量是唯一确定的。如果不这么做，收益最大化问题将有一系列的产出解，但如果要估计价格改变后收益函数的一阶变化，上述解中只有一个极端点如此，并且对于不同的价格变化需要有不同的选择。由于没理由认为真实产出水平应与这样的极端点吻合，因此我们必须对收益变化的不等式进行比较静态分析。要素变动时会出现更多的问题，即需要考查二阶导 r_{pv} 和 R_{PV}。幸运的是，我们能够说明产出不确定问题，该问题出现在商品种类比要素种类多的要素价格均等化区域中。在这一情况下，两国的要素变动就不那么令人感兴趣了。

5.1 商品的交换

这里要考查的是第3章第3节出现的模型。回顾一下，该模型的均衡条件由以下条件给出

$$e(p,u)=r(p,v)$$
$$E(P,U)=R(P,V)$$
$$e_p(p,u)+E_P(P,U)-r_p(p,v)-R_P(P,V)=0$$

在没有贸易税的情况下，p 与 P 成比例，但这两种价格的标准化相互独立，通过分别在两国选择计数单位来实现标准化。为了达到当前目的，最简单的做法就是选择共同的标准化。简便起见，采用以下惯例：令总商品种类为 $(n+1)$，选择其中一种商品标记为 0，作为两个国家的计价物。令 p 和 P 分别是本国和外国对商品 $1,2,\cdots,n$ 的价格向量。因此，全部的价格向量是 $(1,p)$ 和 $(1,P)$，在没有任何贸易税时，$p=P$。用下标 0 表示对商品 0 的价格偏导（如果有需要，这可以解释为与所有其他商品的价格等比例的反方向变化），而对于其他价格的偏导则用下标 p 或 P 来表示。那么，可以把均衡条件记为

$$e(1,p,u)=r(1,p,v) \tag{1}$$
$$E(1,P,U)=R(1,P,V) \tag{2}$$
$$e_0+E_0-r_0-R_0=0 \tag{3}$$
$$e_p+E_P-r_p-R_P=0 \tag{4}$$

对（3）和（4）式中函数的说明省略掉。根据瓦尔拉斯法则，其中一个市场出清

条件能够从其他条件中推导出，因此是多余的，当然，我们舍弃的是关于计价物的出清条件。没有贸易税时，$p = P$，而作为快速的检验，（1）、（2）和（4）式的方程数量恰是 $(n+2)$，可以决定 n 个相对价格和 2 个效用水平。

转移的效应

现在假设外国将商品 (g_0, g) 作为礼物馈赠给本国。由于是竞争贸易模型，可以认为本国将这些商品置于市场上并买回任何其所希望的商品。因此，可以把（1）式改为

$$e(1, p, u) = r(1, p, v) + g_0 + p \cdot g \tag{5}$$

而（2）式变为

$$E(1, P, U) = R(1, P, V) - g_0 - P \cdot g \tag{6}$$

本国非计价物的进口向量是 $m = e_p - r_P - g$，相对应的其他国家的净进口向量是 $M = E_P - R_P + g$。当然，从（4）式可以得到 $m + M = 0$。

对（4）、（5）和（6）式取全微分。由于 $p = P$，得到 $dp = dP$，并根据已建立的"英式"度量传统，我们只使用后者，从（5）式中可以得到

$$e_p \cdot dp + e_u \cdot du = r_p \cdot dp + dg_0 + p \cdot dg + g \cdot dp$$

又 $m = e_p - r_p - g$，则有

$$m \cdot dp + e_u \cdot du = d\xi \tag{7}$$

其中 $d\xi = dg_0 + p \cdot dg$ 是初始均衡价格下增加的实物转移的价值，令该值为正，因此本国在边际上是接受国，同理，从（6）式可以得到

$$M \cdot dp + E_U \cdot dU = -d\xi \tag{8}$$

最后，对（4）式取微分得到

$$(e_{pp} + E_{PP} - r_{pp} - R_{PP})dp + e_{pu} \cdot du + E_{PU} \cdot dU = 0$$

或

$$S dp + e_{pu} \cdot du + E_{PU} \cdot dU = 0 \tag{9}$$

其中

$$S = e_{pp} + E_{PP} - r_{pp} - R_{PP} \tag{10}$$

是非计价物商品的世界补偿性超额需求对价格的微分矩阵，对应的有关计价物商品的矩阵是半负定的，（10）式也如此。如果在计价物与非计价物的需求或生产中存在某些替代，那么（10）式将是负定矩阵。为了了解这一点，考虑两商品情况，那么 S 就只是商品 1 的超额需求对自有补偿价格的微分，是标量。已知 e_{pp} 必须非正，并且，如果商品 1 和计价物之间存在任意程度的替代，那么补偿交叉价格偏导 e_{p0} 将严格为正，但补偿需求在所有价格上都是零次齐次的，因此 $e_{pp} \cdot p = -e_{p0}$。如果 e_{p0} 严格为正，那么 e_{pp} 必须严格为负。同理可以分析 E_{PP}，以及 r_{pp} 和 R_{PP}。由于替代性的存在，S 将严格为负，或者在多商品情况下是负定的。接下来我们将分析这种情况。

我们可以用（7）、（8）和（9）式解出 $\mathrm{d}p$、$\mathrm{d}u$ 和 $\mathrm{d}U$，则有

$$\mathrm{d}p = -S^{-1}e_{pu}\mathrm{d}u - S^{-1}E_{PU}\mathrm{d}U \tag{11}$$

代入（7）和（8）式中，又 $M=-m$，得到

$$-mS^{-1}e_{pu}\mathrm{d}u - mS^{-1}E_{PU}\mathrm{d}U + e_u\mathrm{d}u = \mathrm{d}\xi$$

$$mS^{-1}e_{pu}\mathrm{d}u + mS^{-1}E_{PU}\mathrm{d}U + E_U\mathrm{d}U = -\mathrm{d}\xi$$

注意，$e_p=c$ 即本国的需求量，进行简化得到 $e_{pu}=c_u=c_y y_u=c_y e_u$，其中 y 是货币收入的缩写。同理，对于外国有 $E_{PU}=C_Y E_U$，那么可以把上式记为矩阵形式

$$\begin{bmatrix} 1-mS^{-1}c_y & -mS^{-1}C_Y \\ mS^{-1}c_y & 1+mS^{-1}C_Y \end{bmatrix} \begin{bmatrix} e_u\mathrm{d}u \\ E_U\mathrm{d}U \end{bmatrix} = \begin{bmatrix} \mathrm{d}\xi \\ -\mathrm{d}\xi \end{bmatrix} \tag{12}$$

矩阵左边的行列式记为 D，很容易看到

$$D = 1 + mS^{-1}(C_Y - c_y) \tag{13}$$

并且

$$\begin{bmatrix} e_u\mathrm{d}u \\ E_U\mathrm{d}U \end{bmatrix} = \frac{1}{D} \begin{bmatrix} 1+mS^{-1}C_Y & mS^{-1}C_Y \\ -mS^{-1}c_y & 1-mS^{-1}c_y \end{bmatrix} \begin{bmatrix} \mathrm{d}\xi \\ -\mathrm{d}\xi \end{bmatrix}$$

可以简化为

$$\begin{bmatrix} e_u\mathrm{d}u \\ E_U\mathrm{d}U \end{bmatrix} = \frac{1}{D} \begin{bmatrix} \mathrm{d}\xi \\ -\mathrm{d}\xi \end{bmatrix} \tag{14}$$

换言之，当且仅当 D 为正时，接受国从捐赠国中受益（只要涉及从消费中获得效用，捐赠国就会受损，排除任何从捐赠行为中得到的满足）。

这实质上是一个稳定性条件。在最简单的设定中来看，假设仅有两种商品，那么 S 就只是一个负的标量，那么当且仅当 D 为正时

$$S + m(C_Y - c_y) < 0$$

或者写成对商品 1 的价格和数量的全微分形式

$$\left\{ \left. \frac{\partial c}{\partial p} \right|_{u\text{不变}} - \frac{\partial x}{\partial p} \right\} - (c-x)\frac{\partial c}{\partial y} + \left\{ \left. \frac{\partial C}{\partial P} \right|_{U\text{不变}} - \frac{\partial X}{\partial P} \right\} - (C-X)\frac{\partial C}{\partial Y} < 0$$

这正是非计价物商品的世界市场超额需求对价格的偏导，并且在两商品世界中，这是瓦尔拉斯均衡的稳定性条件。

把（14）式代入（11）式中，可以发现价格变化

$$\mathrm{d}p = S^{-1}(C_Y - c_y)\mathrm{d}\xi/D$$

令人感兴趣的并不是上式本身，而是贸易条件问题，在有多种商品的模型中，我们必须谨慎解释这一点。一般观点是，如果世界出口价格相对于进口价格增长，那么贸易条件就会得到改善。推广到多种商品情况就是使用价格指数，以净出口作为权重。因此，如果 $-m\cdot\mathrm{d}p$ 为正，那么贸易条件就会改善，如果该值为负，则贸易条件恶化。可以看到，这是价格变化的补偿概念的直接应用：当且仅当消费者的初始消费束在新价格下比旧价格下便宜时，价格向量的轻微变化使消费者变得更好。同理，如果初始进口向量（m）在新价格下比旧价格时便宜，即如果

$m \cdot \mathrm{d}p$ 为负，那么该国的贸易条件会得到改善。

可以看到

$$-m \cdot \mathrm{d}p = \frac{-mS^{-1}(C_Y - c_y)}{1 + mS^{-1}(C_Y - c_y)} \mathrm{d}\xi \tag{15}$$

假设对转移国的该条件是有利于接受国的，那么东道国的贸易条件得到改善。如果

$$m \cdot S^{-1}(C_Y - c_y) < 0$$

在两商品情况下，S 是负数，下式是一个简单的收入效用的比较：$m(C_Y - c_y) > 0$。因此，如果本国是非计价物商品的净进口方，那么当其对该商品的边际支出倾向较小时本国贸易条件得到改善，这具有非常明确的经济学含义：在贸易条件不变时，购买力的转移引起本国对非计价物商品的需求的增长幅度，稍微小于与此相关的世界上其他国家的需求下降幅度，因此，世界需求下降。假如满足适当的稳定性条件，那么如果本国对该非计价物商品的边际支出倾向比外国低，那么非计价物商品的世界价格会降低。很明显，如果本国进口非计价物商品，那么本国的贸易条件得到改善。

上述所有讨论都基于没有任何贸易税或其他扭曲来影响贸易的假设，但是往这一方面的推广原则上并不困难。在已经建立的基本的体系（1）、（2）和（4）式中，任何有关税或其他扭曲引起的 p 和 P 之间的差异都可以作为附加的方程出现。这样一来，我们可以如之前一样进行讨论，只要保持 $\mathrm{d}p$ 和 $\mathrm{d}P$ 之间必要的差别即可。有兴趣的读者可以把此推广作为练习。

5.2 要素供给变化

现在假设，由如（1）、（2）和（4）式所描述的初始均衡因本国的要素禀赋发生外生变化而改变，这会影响价格和效用水平，尤其是，贸易条件的反向变动可能会超过本国因潜在产出增加而获得的收益，使本国状况变差，即众所周知的"贫困化增长"情况。我们用比较静态分析方法来深入研究这一问题，并通过考查整个世界的均衡而不仅仅是一国的转移轨迹，扩展常用的图表来进行分析。

当 v 的变动为 $\mathrm{d}v$ 时，（1）、（2）和（4）式的全微分是

$$e_p \cdot \mathrm{d}p + e_u \cdot \mathrm{d}u = r_p \cdot \mathrm{d}p + r_v \cdot \mathrm{d}v$$
$$E_P \cdot \mathrm{d}P + E_U \cdot \mathrm{d}U = R_P \cdot \mathrm{d}P$$

并且 $e_{pp}\mathrm{d}p + e_{pu}\mathrm{d}u + E_{PP}\mathrm{d}P + E_{PU}\mathrm{d}U - r_{pp}\mathrm{d}p - r_{pv}\mathrm{d}v - R_{PP}\mathrm{d}P = 0$。

注意，非计价物商品的进口向量是 $m = e_p - r_p$ 和 $M = E_P - R_P$，又 $m + M = 0$，$\mathrm{d}P = \mathrm{d}p$，对 S 的定义如之前一样，则有

$$m\mathrm{d}p + e_u\mathrm{d}u = r_v\mathrm{d}v \tag{16}$$
$$M\mathrm{d}p + E_U\mathrm{d}U = 0 \tag{17}$$

$$Sdp + e_{pu}du + E_{PU}dU = r_{pv}dv \tag{18}$$

其与 (7)、(8) 和 (9) 式十分相似，唯一的区别是等式的右侧。可以用同样的方法解出这些方程，记为

$$dp = -S^{-1}e_{pu}du - s^{-1}E_{PU}dU + S^{-1}r_{pv}dv$$

代入 (16) 和 (17) 式中，并综合，得到矩阵形式：

$$\begin{bmatrix} 1 - mS^{-1}c_y & -mS^{-1}C_Y \\ mS^{-1}c_y & 1 + mS^{-1}C_Y \end{bmatrix} \begin{bmatrix} e_u du \\ E_U dU \end{bmatrix} = \begin{bmatrix} r_v dv - mS^{-1}r_{pv}dv \\ mS^{-1}r_{pv}dv \end{bmatrix}$$

得到解 $\begin{bmatrix} e_u du \\ E_U dU \end{bmatrix} = \dfrac{1}{D}\begin{bmatrix} 1 + mS^{-1}C_Y & mS^{-1}C_Y \\ -mS^{-1}c_y & 1 - mS^{-1}c_y \end{bmatrix} \times \begin{bmatrix} r_v dv - mS^{-1}r_{pv}dv \\ mS^{-1}r_{pv}dv \end{bmatrix}$

简化得到

$$\begin{bmatrix} e_u du \\ E_U dU \end{bmatrix} = \frac{1}{D}\begin{bmatrix} (1 + mS^{-1}C_Y)r_v dv - mS^{-1}r_{pv}dv \\ -mS^{-1}c_y r_v dv + mS^{-1}r_{pv}dv \end{bmatrix} \tag{19}$$

对本国的影响

假如 $D>0$，这是商品转移支付有利于接受国的条件。那么，从 (19) 式可以看到，本国会从其要素禀赋变化中获益，如果

$$(1 + mS^{-1}C_Y)r_v dv - mS^{-1}r_{pv}dv > 0 \tag{20}$$

为了考查该式所包含的内容，考查两商品情况，并只令其中一种要素禀赋增加。$r_v = w$ 是该要素的价格，而 $r_{pv} = (\partial w/\partial p)$ 是非计价物商品的价格变化对该要素价格的斯托尔珀-萨缪尔森效用 (Stolper-Samuelson effect)。因此，如果非计价物商品密集使用增加的要素，那么 r_{pv} 为正。因为 S 在两商品情况下是标量，因此 (20) 式两边同乘以 S，又 S 为负，那么可以把 (20) 式写为

$$[(S + mC_Y)w - m(\partial w/\partial p)]dv < 0$$

因此，如果括号中的表达式为负，那么要素的增加对本国是有利的，但 $m + M = 0$，因此

$$\begin{aligned} S + mC_Y &= S - MC_Y \\ &= E_{PP} - R_{PP} - MC_Y + e_{pp} - r_{pp} \\ &= (E_{PP} - R_{PP} - MC_Y) + (e_{pp} - r_{pp} - mc_y) + mc_y \end{aligned}$$

但 $(e_{pp} - r_{pp} - mc_y)$ 以及相对应的外国的表达式就是对非计价物商品的进口需求函数的非补偿价格的偏导。记为 m_p 和 M_P，因此有 $(S + mC_Y) = M_P + m_p + mc_y$，运用这一形式，可以看到要素增长的有利条件就变为

$$(M_P + m_p + mc_y)w - m(\partial w/\partial p) < 0$$

不失一般性地，我们可以选择计价物令本国出口非计价物商品。因此，取 m 为负值，两边同除以 m，并乘以 p/w，那么该条件变为（又 $m = -M$）

$$-M_P(P/M) + m_p(p/m) + pc_y - (\partial w/\partial p)(p/w)$$

第一个式子是外国的进口价格弹性，第二个式子是本国的出口价格弹性，第三个式子是本国对出口商品的边际消费倾向，而最后一个式子是斯托尔珀-萨缪尔森要素价格弹性。因此，只有当最后一个式子为正时，即如果出口价格的增长带动了供给增长中要素国内价格的增长，才可能出现有害的增长。

如果将其与第 3 章中扩展的可供选择的贸易模型相联系，可以看到，在李嘉图-维纳模型中，$(\partial w/\partial p)(p/w)$ 总是大于 0 小于 1 的。因此，在该模型中，贫困化增长是可能出现的，其是否会发生，取决于进出口价格弹性的准确值以及本国对出口商品的边际消费倾向。增长有利的充分条件是 $pc_y > (\partial \log w / \partial \log p)$，又已知两者在标准假设下都是大于 0 小于 1 的，因此该充分条件并不能使我们进行更深入的研究。

在 H-O 模型中，必需区分供给增长的要素是否是出口部门密集使用的要素，如果不是，那么 $(\partial w/\partial p)$ 为负数，因此增长有利的条件自动满足。换言之，进口竞争部门密集使用的要素的增加通常是有利的。将这一结论与 H-O 假说中的贸易模式相联系就意味着，一国通常会从相对稀缺的要素供给增加中获益，而从已经相对丰裕的要素供给增加中受损。然而，是否会发生上述情况，仍然取决于需求弹性和供给弹性的准确数值。注意，在该情况下，$(\partial \log w / \partial \log p)$ 大于 1，因此 pc_y 接近 1 是排除贫困化增长可能性的非充分条件。

对外国的影响

比贫困化增长可能性更令人感兴趣的是，一国的增长使其他国家受损的可能性。注意，由（16）和（17）式得知，一旦发生增长不可能同时都不利于两个国家，可以看到，$e_u \cdot du + E_U \cdot dU = r_v \cdot dv$，只要 $r_v \cdot dv$ 为正，du 和 dU 就不可能同时为负。因此，当提出本国贸易是否会使其他国家受损的问题时，我们真正想问的是，贸易使本国从增长中得到的额外收益是否远远超过要素供给的增加值。换言之，增长引起的贸易条件的改变是否对本国有利，并对世界上其他国家有害。

从（19）式中，可以看到本国要素供给的变化 dv 有利于其他国家（即 $E_U \cdot dU$ 为正），当且仅当

$$(-mS^{-1}c_y)r_v dv + mS^{-1}r_{pv} dv > 0 \tag{21}$$

当有两种商品时，两边同乘以 S（为负），得到要素增加 dv 是有利的条件

$$-mc_y w + m(\partial w/\partial p) < 0$$

因此，再次标记本国出口非计价物商品，得到条件

$$pc_y - (\partial w/\partial p)(p/w) < 0$$

这与之前讨论的对本国有利的充分条件相反。在李嘉图-维纳模型中，我们不能对上述不等式的左侧加以限制，而在 H-O 模型中可以。已知如果出口部门不是密集使用供给增加的要素的部门，那么 $(\partial w/\partial p)(p/w)$ 为负，当该要素在出口部门中密集使用时，其值为正，无论在何种情况下，其绝对值都是大于 1 的。当两种商品都是正常商品时，pc_y 大于 0 小于 1。因此，如果要素是出口生产中密集使用的要素，那么本国的要素增长将有利于其他国家，但如果要素是进口竞争

行业密集使用的要素，那么本国的要素增长将是不利于其他国家的。

5.3 技术的改变

接下来，考查技术改变对贸易和效用水平的影响。在基本模型中，很容易处理技术进步即通过在收益函数中引入变动参数 θ，得到 $r(p, v, \theta)$。首先要确立一般公式：即这样一种主观变动参数带来的效用改变的一般公式，然后，考查特定例子——要素增广技术改变，产品增广技术改变，以及局限于一个部门的要素增广改变。

总效应

为了清楚看到本国技术改变是如何影响价格和效用水平的，先回顾一般均衡条件

$$e(1, p, u) = r(1, p, v, \theta) \tag{22}$$

$$E(1, P, U) = R(1, P, V) \tag{23}$$

$$e_p + E_P = r_p + R_P \tag{24}$$

$$p = P \tag{25}$$

对（24）式进行全微分得到

$$S dp + e_{pu} du + E_{PU} dU = r_{p\theta} d\theta \tag{26}$$

而从（22）和（23）式的全微分得到

$$e_u du + (e_p - r_p) dp = r_\theta d\theta \tag{27}$$

$$E_U dU + (E_P - R_P) dp = 0 \tag{28}$$

回顾 $m = (e_p - r_p)$ 以及 $M = (E_P - R_P)$，得到

$$e_u du + m dp = r_\theta d\theta \tag{29}$$

$$E_U dU + M dp = 0 \tag{30}$$

可以看到（26）、（29）和（30）式在形式上与（18）、（16）和（17）式很相似，唯一的区别在于右侧。运用代数方法，可以立即得到解，记为

$$\begin{bmatrix} e_u du \\ E_U dU \end{bmatrix} = \frac{1}{D} \begin{bmatrix} (1 + mS^{-1}C_Y) r_\theta d\theta - mS^{-1} r_{p\theta} d\theta \\ -mS^{-1} c_y r_\theta d\theta + mS^{-1} r_{p\theta} d\theta \end{bmatrix} \tag{31}$$

上式意味着什么呢？我们必须区分技术改变的性质。

基于产品的技术改变

首先考虑特定产品的生产技术改变，假设其是单纯的产品增广，即假设能将商品 i 的生产函数记为

$$x_i = \theta_i f^i(v^i)$$

在该情况下，技术的改变在形式上等同于价格改变：θ_i 的增加意味着在给定要素

投入向量时，可以得到与其相对应的更高的产出值。因此，可以将收益函数记为 $r(\theta_1 p_1, \cdots, \theta_n p_n, v) = r(\theta p, v)$，其中 θp 是以 $\theta_i p_i$ 为元素的向量。那么很明显，θ_i 百分之一的变化与 p_i 百分之一变化对收益的影响相同。因此

$$\theta_i(\partial r/\partial \theta_i) = p_i(\partial r/\partial p_i)$$

那么可以得到

$$\theta_i(\partial^2 r/\partial \theta_i \partial p_j) = \delta_{ij}(\partial r/\partial p_i) + p_i(\partial^2 r/\partial p_i \partial p_j)$$

其中 δ_{ij} 是克罗内克符号（Kronecker delta）（当 $i=j$ 时，$\delta_{ij}=1$，而其他情况等于0）。

用这种方法选择单位使所有的初始价格等于1，并令初始值 $\theta_i = 1$，那么

$$r_\theta = r_p \qquad r_{p\theta} = r_{pp} + \mathrm{diag}(r_p) \tag{32}$$

其中 diag (r_p) 是以 $(\partial r/\partial p_i)$ 为对角线，其他元素为 0 的矩阵。可以把（32）代入（31）式中，得到产品增广型技术进步的效应。

再次考查特殊的两商品情况，假设本国的技术进步发生在非计价物商品的生产上，那么 d 仅表示非计价物商品的技术进步，那么由（32）式，有

$$r_\theta = x \qquad r_{p\theta} = x + (\partial x/\partial p)$$

考查外国的情况，从（31）式中得到

$$E_U dU = (1/DS)\{-mc_y + m(x + (\partial x/\partial p))\}d\theta$$

因此

$$E_U dU = (1/DS)\, m\{x(1 - c_y) + (\partial x/\partial p)\}d\theta \tag{33}$$

由于 $S < 0$，$(1 - c_y)$ 是正数，只要两种商品都是正常商品，那么

$$\mathrm{sign}(dU/d\theta) = \mathrm{sign}(-m)$$

因此，外国必定从本国的出口产业的技术进步中得益。

这个结论具有一个简单的经济学解释。对于给定的要素配置，θ 增加 1 单位会引起本国非计价物商品的生产增加 x 单位，同理，会引起本国收入增加 x 单位，其中 c_y 部分用于消费发生技术进步的商品，因此，在给定要素配置下，本国的净供给增加 $x(1-c_y)$ 倍。并且，技术进步会引起要素向发生技术进步的商品生产流动，引起供给进一步增加 $(\partial x/\partial p)$。很明显，总效应是本国的净供给曲线向外移动，因此，会降低发生技术进步的商品的相对价格。如果外国是该商品的净买方，那么外国将从中受益，反之亦然。

通常，本国的受益是 r_θ，少于外国的受益。读者可以自己写出准确的表达式。

总要素增广

如果技术进步仅带来要素禀赋的增加，可以把收益函数记为 $r(p, \theta v)$。那么本国 θ 的变化在形式上等同于要素禀赋的变化。如果我们用 $v_i = 1$ 来度量要素禀赋，并设定初始值 $\theta_i = 1$，那么可以看得更清楚。在该情况下，得到

$$r_\theta = r_v \qquad\qquad r_{p\theta} = r_{pv}$$

将其代入（31）式后，发现（31）与（19）式相同。

这意味着要素增广型技术进步与要素增长的结果一样，例如，一国发生技术进步增加了其丰裕要素，那么该国贸易条件会恶化，在新技术下比在旧技术下更差。

产品的特定要素增广

作为最后一种可能性，考查特定产业的要素增广型技术进步的效应。例如，劳动丰裕经济中的劳动密集型产品的生产发生劳动增广型技术进步所带来的效应，但这种情况下的结论意义不大，因此，我们只考虑规模报酬不变条件下的两商品两要素情况。

尤其，假设计价物和非计价物商品生产部门的单位成本函数分别是

$$b^0(w_1, w_2) \qquad\qquad b(w_1/\theta, w_1)$$

回顾第 2 章，可以看到，在约束条件——所有商品的单位成本必须大于或等于其价格下，通过最小化要素禀赋值而得到收益函数。因此，特别地，$r(1, p, v, \theta)$ 由下式给出

$$r(1, p, v, \theta) = \min_{w_1, w_2} w_1 v_1 + w_2 v_2$$

受约束于 $b^0(w_1, w_2) \geqslant 1$，$b(w_1/\theta, w_2) \geqslant p$。

令 μ 是非计价物商品受单位成本＝价格的约束时相对应的拉格朗日乘数。那么 $r_p = \mu$，$r_\theta = \mu(w_1/\theta^2) b_1$，其中 b_1 是成本 b 对要素 1 增广的偏导，因此，用 $\mu = r_p = x$，有

$$r_\theta = x b_1 w_1/\theta^2$$

和

$$r_{p\theta} = r_{\theta p} = 1/\theta^2 \{b_1 w_1 (\partial x/\partial p) + x(\partial w_1 b_1/\partial p)\}$$

或者，用弹性形式表述

$$r_{p\theta} = \frac{1}{\theta^2} x \frac{w_1 b_1}{p} \left(\frac{\partial \log x}{\partial \log p} + \frac{\partial \log w_1 b_1}{\partial \log p} \right)$$

那么，在 $\theta = 1$ 时，得到

$$r_\theta = x w_1 b_1 \text{[1]} \tag{35}$$

$$r_{p\theta} = x \frac{w_1 b_1}{p} \left(\frac{\partial \log x}{\partial \log p} + \frac{\partial \log w_1 b_1}{\partial \log p} \right) \tag{36}$$

先考查当非计价物商品的生产函数是柯布-道格拉斯函数时的特殊情况，然后在一般情况中分析这一点。那么成本比例固定，有

$$\frac{\partial \log w_1 b_1}{\partial \log p} = 1$$

---

[1] 此公式序号为(34)，原书中为(35)。——译者注

因此，得到

$$r_{p\theta} = \frac{r_\theta}{p} \frac{\partial \log x}{\partial \log p} + \frac{r_\theta}{p}$$

该式给出了令人惊奇的强有力的结论，即，世界上其他国家会从本国出口产业发生的要素增广型进步中获益。为了明白这一点，替代（31）式中的 $r_{p\theta}$ 和 r_θ，得到

$$E_U dU = -\frac{1}{DS} m \left(c_y - \frac{1}{p} \frac{\partial \log x}{\partial \log p} - \frac{1}{p} \right) r_\theta d\theta \qquad (37)$$

$$-m \left\{ (1 - pc_y) + \frac{\partial \log x}{\partial \log p} \right\} > 0 \qquad (38)$$

但我们已知，如果两种商品都是正常商品，那么生产的价格弹性为正，并且 $(1 - pc_y)$ 为正（且小于 1）。因此，如果 $m < 0$，即，假如技术进步发生在本国的出口部门，外国将受益。

该结论仅在非计价物商品生产部门采用柯布-道格拉斯技术的特定情况下有效，并且主要是用来说明当进行比较静态分析时，使用特定参数所带来的风险。在更一般化的情况下，特定产业的要素增广型技术进步的效应取决于哪种要素增广，以及非计价物商品产业使用要素之间的替代弹性。为了明白这一点，回顾（36）式中 $r_{p\theta}$ 取决于 $(\partial \log w_1 b_1 / \partial \log p)$。根据生产理论，可以这样表示

$$\frac{\partial \log w_1 b_1}{\partial \log p} = 1 + (1 - \frac{w_1 b_1}{p})(1 - \sigma) \frac{\partial \log(\frac{w_1}{w_2})}{\partial \log p} \qquad (39)$$

其中 σ 是非计价物商品部门的要素替代弹性。如果非计价物商品密集使用要素 1 且要素替代弹性小于 1，那么上述表达式大于 1。但如果上述比较的结果都相反，表达式也会大于 1。这意味着，如果发生增广的要素在该产业中密集使用，且要素替代弹性小于 1，那么外国肯定会从本国出口部门发生的要素增广型技术进步中获益。当然，如果替代弹性大于 1，那么发生在出口部门的非密集使用要素的增广，也会使外国获益。

再次说明，本国直接得益少于外国的收益，因此，对本国的影响同对外国的影响一样是不确定的。只要结果依赖于替代弹性，就不能得出关于进口或出口产业的要素增广型技术进步变化所带来的效应的一般结论。

5.4 要素流动

在这一节，将考查要素在国与国之间的流动。可以把本章第 2 节出现的两种流动情况放在一起考虑，每个国家对应一种，如果讨论的是要素禀赋，这样做是恰当的并且读者也容易处理这种情况。但还有其他更具实践意义的要素流动，并且引入了新的特征。最简单的方法就是不问缘由地假设要素流动带来的收入归要

素流出国所有，该笔收入的支出方式与该国的需求模式相一致，并增加了总效用——福利的相关测度工具。上述假设中的部分或全部在关键情况下需要调整。由直接投资带来的收入会由投资国接收。但在实际中，这可能不会立即发生。在均衡模型中应区分每个时期商品的可得性，并考虑整个跨期均衡，其中，只要是在计划时期内，收入是可以立即得到的。劳动力迁移会带来其他问题，移民会返还一部分收入给原居住国，同时保持需求模式不变。然而，即使没有这些复杂的变化，我们也必须认识到每个国家的有效人均资本必须获得利息的重要性。可以假设边际移民在迁入国的效用水平显示偏好于其在原居住国的效用水平，但这对两国原居民的人均资本效用的影响还需要计算。

直接投资

假设，本国起初拥有要素禀赋向量 v^0，外国拥有 V^0，那么本国投资 ζ 到外国，那么两国用于生产的要素投入分别是 $v=v^0-\zeta$ 和 $V=V^0+\zeta$。本国的收入是其自有产出值 $r(1,p,v)$，加上从外国的直接投资中得到的收入 $W \cdot \zeta$，$W = R_V(1,P,V)$ 是此时的要素价格向量。外国的收入是其自有产出值 $R(1,P,V)$，减去需要支付的要素的价值 $W \cdot \zeta$，那么可以得到均衡条件

$$e(1,p,u)=r(1,p,v)+W\zeta \tag{40}$$

$$E(1,P,U)=R(1,P,V)-W\zeta \tag{41}$$

$$e_p(1,p,u)+E_P(1,P,U)-r_p(1,p,v)-R_P(1,P,V)=0 \tag{42}$$

其中，定义 $v=v^0-\zeta$，$V=V^0+\zeta$ 以及 $W=R_V(1,P,V)$。

考查 ζ 的微小变动 $d\zeta$，取全微分得到

$$e_p dp+e_u du = r_p dp+r_v dv+Wd\zeta+\zeta dW \tag{43}$$

$$E_P dP+E_U dU = R_P dP+R_V dV+Wd\zeta+\zeta dW \tag{44}$$

$$e_{pp} dp+e_{pu} du+E_{PP} dP+E_{PU} dU-r_{pp} dp-r_{pv} dv$$
$$-R_{PP} dP-R_{PV} dV = 0 \tag{45}$$

运用要素价格表达式 $w=r_v$，$W=R_V$，进口表达式 $m=e_p-r_p$，$M=E_P-R_P$，之前对 S 的定义，以及 $dP=dp$，$dV=d\zeta=-dv$ 进行简化。并首先考虑 ζ 的初始值为零的特殊情况，那么可以得到

$$mdp+e_u du=(W-w)d\zeta \tag{46}$$

$$Mdp+E_U dU=0 \tag{47}$$

$$Sdp+e_{pu} du+E_{PU} dU=(R_{PV}-r_{pv})d\zeta \tag{48}$$

再次说明，上式在形式上与（16）、（17）和（18）式很相似，区别仅在于右侧的表达式。因此可以得到解

$$\begin{bmatrix} e_u du \\ E_U dU \end{bmatrix} = \frac{1}{D} \begin{bmatrix} (1+mS^{-1}C_Y)(W-w)d\zeta-mS^{-1}(R_{PV}-r_{pv})d\zeta \\ -mS^{-1}c_y(W-w)d\zeta+mS^{-1}(R_{PV}-r_{pv})d\zeta \end{bmatrix} \tag{49}$$

注意到非常有趣的一点是直接投资的私人和社会合意性（desirability）的差异。前者由 $(W-w)d\zeta$ 的符号决定；如果每种要素都是自变量，可以假设每种发生投资的要素 i 的 $(W_i-w_i)d\zeta$ 为正。但这会导致依赖于两国要素密集度差

异的产出的变化，产出变化又会影响价格和效用水平。结论由（49）式得到，如果本国政府考虑到这一点，那么政府就会希望控制外国直接投资。

在世界水平上存在私人和社会合意性的一致。将（46）和（47）式相加得到 $e_u du + E_U dU = (W-w) d\zeta$。因此，如果直接投资是私人合意的，那么两国不可能因为直接投资同时受损，并且还有可能同时获益。从（47）式可以看到，当且仅当贸易条件变动对外国有利，即对本国不利时，外国获益。

通常，我们在只有两种商品，并且只有一种要素可以从本国流动到外国的情况下解释（49）式。假设 $D>0$，并且私人合意，即 $(W-w)>0$，那么本国可以从中获益的条件是

$$S + m\left\{ pC_y - \frac{p}{W-w} \frac{\partial(W-w)}{\partial p} \right\} < 0$$

而使外国获益的条件是

$$m\left\{ pc_Y - \frac{p}{W-w} \frac{\partial(W-w)}{\partial p} \right\} > 0$$

加上另外的限制性假设，才能对该式进行简单的解释。让我们考虑一个极端的简单假设，当然这只是为了说明作总评估时的困难。假设有两种商品和两种要素，每种商品都在规模报酬不变条件下生产，且在两国都生产。进一步假设，两国的生产函数相同，区别仅在于用标量乘数反映的外国的一般技术优势。在这些假设下，自由贸易会导致相对要素价格均等化，但不是要素的绝对报酬均等化。因此，有可能 $W>w$。但是，两国的相对要素价格比例相同，反映了生产函数的相似性以及相对要素价格的均等化。运用第 2 章（30）式推导的 2×2 情况中的斯托尔珀-萨缪尔森微分，那么可以看到 $\partial W/\partial p$ 与 $\partial w/\partial p$ 成比例，这种成比例性的要素是外国的相对技术优势。假设外国的生产率是本国的 α 倍，那么有

$$W = \alpha w \qquad \partial W/\partial p = \alpha(\partial w/\partial p)$$

运用上式，得到外国从直接投资中获益的条件是

$$m\left(pc_y - \frac{p}{w} \frac{\partial w}{\partial p} \right) > 0$$

而这恰与本国经济增长有利于外国的条件相反，因此同理可令非计价物商品为本国的出口商品（因此 m 为负），当且仅当括号中的表达式为正时，直接投资将有利于东道国。在 H-O 模型中，如果非计价物商品密集使用可流动要素，那么 $(\partial \log w/\partial \log p)$ 为正，但如果非计价物商品密集使用其他要素，则该值为负。因此，在这一特例中，如果其他国家的出口产业密集使用可流动要素，那么东道国获益，如果情况相反，则东道国会受损。

上述结论直观上很吸引人，但并不一般化。对该例稍做修正就很容易理解这一点。仍然假设有两种商品和两种要素，规模报酬不变，但这里假设外国仅在一种商品的生产上具有技术优势。如果是这种情况，相对要素价格就不会均等化，因此，两国的相对要素比例也不同，$\partial(W-w)/\partial p$ 的符号依赖于两产业所使用要素间的替代弹性，所以不能得出一般化的结论。因此，我们再一次不能得到明确

的定性的结论。直接投资效用的计算必须运用（49）式，针对不同情况进行计算。

如果初始直接投资水平不为 0，那么情况会变得更加复杂。运用（43）和（44）式，注意有

$$dW = R_{VP}dP + R_{VV}dV$$

可以得到

$$(m - \zeta R_{VP})dp + e_u du = (W - w)d\zeta + \zeta R_{VV}d\zeta \tag{50}$$

$$(M + \zeta R_{VP})dp + E_U dU = -\zeta R_{VV}d\zeta \tag{51}$$

上述两式不同于（46）和（47）式，增加的式子代表投资的边际单位收益变化的收入效应以及对价格的影响。举个例子，如果 $d\zeta$ 与 ζ 成比例，即，如果本国只是简单地扩张其在外国的投资规模，那么 $\zeta R_{VV}d\zeta$ 将是非正的。因为 R_{VV} 是负半定矩阵。对这些效应的终值的详细计算并不会带来特别有启发性的结论，所以只把其看做是方法上的运用，其中非常有用的是用于对最优直接投资的计算。

劳动力的迁移

现在，回到劳动力迁移问题上。在讨论这个问题时，仍保持其他要素规模报酬不变。因此，在先前引入的概念中，$v = v^0 - \zeta$ 和 $V = V^0 + \zeta$ 都是标量。我们已经讨论过将消费者迁移时的偏好和收入分配模型化的问题，本部分限于最易处理的特定情况（尽管，这与第 4 章中对要素的处理方式相冲突）。假设移民不会分配任何收入给原居住国，并使用所到国的需求模式。令 $e(1, p, u)$，$E(1, P, U)$ 分别代表本国和外国的每个工人的支出函数。那么均衡条件就变为

$$ve(1, p, u) = r(1, p, v) \tag{52}$$

$$VE(1, P, U) = R(1, P, V) \tag{53}$$

$$ve_p(1, p, u) + VE_P(1, P, U) - r_p(1, p, v) - R_P(1, P, V) \tag{54}$$

令 ζ 边际变化 $d\zeta$，因此 $dV = d\zeta = -dv$，那么

$$ve_p dp + ve_u du + edv = r_p dp + r_v dv$$

$$VE_P dP + VE_U dU + EdV = R_P dP + R_V dV$$

$$ve_{pp}dp + ve_{pu}du + e_p dv + VE_{PP}dP + VE_{PU}dU +$$
$$E_P dV - r_{pp}dp - r_{pv}dv - R_{PP}dP - R_{PV}dV = 0$$

进行简化，注意到进口向量现在是 $m = ve_p - r_p$ 和 $M = VE_P - R_P$。接下来，e_p 和 E_P 分别是本国和外国的人均消费向量，记为 c 和 C。而 S 的表达式是非计价物商品的总替代偏导矩阵，变为

$$S = ve_{pp} + VE_{PP} - r_{pp} - R_{PP} \tag{55}$$

最后，注意

$$e - r_v = r/v - r_v = (r - vr_v)/v$$

是本国的人均非工资收入，记为 k，同理，外国的人均非工资收入 $E - R_V$ 为 K，

那么全微分就变为

$$m\mathrm{d}p + ve_u\mathrm{d}u = k\mathrm{d}\zeta \tag{56}$$

$$M\mathrm{d}p + VE_U\mathrm{d}U = -K\mathrm{d}\zeta \tag{57}$$

$$S\mathrm{d}p + ve_{pu}\mathrm{d}u + VE_{PU}\mathrm{d}U = (R_{PV} - r_{pv} - C + c)\mathrm{d}\xi \tag{58}$$

上式的形式我们已经相当熟悉，因而简单地写出解

$$\begin{bmatrix} ve_u\mathrm{d}u \\ VE_U\mathrm{d}U \end{bmatrix} = \frac{\mathrm{d}\zeta}{D} \times \begin{bmatrix} (1+mS^{-1}C_Y)k - mS^{-1}C_Y K - mS^{-1}(R_{PV} - r_{pv} - C + c) \\ -mS^{-1}c_yk - (1-mS^{-1}c_y)K + mS^{-1}(R_{PV} - r_{pv} - C + c) \end{bmatrix}$$

$$\tag{59}$$

尽管不难得出解，但解的形式很复杂，反映了许多相关的不同因素。让我们只关注其中的一部分，考查移民的东道国。用（59）式可以写为

$$VE_U\mathrm{d}U = \frac{\mathrm{d}\zeta}{D}\{-K + mS^{-1}\{(R_{PV} - r_{pv}) - [(C - c_yK) - (c - c_yk)]\}\}$$

第一个表达式$-K$反映了由移民入境带来的人均收入下降的事实，在不变价格下，人均收入（R/V）发生变化

$$\frac{\mathrm{d}(R/V)}{\mathrm{d}V} = -\frac{1}{V}\left(\frac{R}{V} - R_V\right) = -\frac{K}{V} \tag{60}$$

因此，对东道国的人均效用的直接效应一定为负。而其他表达式反映了贸易条件的变化由供给和需求曲线的移动引起。非计价物商品的世界供给增加了（$R_{PV} - r_{pv}$）。通常，除了非常特殊的情况否则不能确定其符号，就像之前讨论的直接投资。为了理解对世界需求的效应，可以看最后一个式子即

$$(C - c_yK)(c - c_yk)$$

该式表示移出境内所导致的对非计价物商品的世界需求的变动。该变动是由于移民所引起的国内外的人均收入变化、移民收入的变化及移民偏好的改变。为了进一步探讨，假设偏好是统一和同质的，那么，偏好不发生变化，可以将（$C - c$）视为国内外的人均收入的差别。特别地，可通过$c_y(Y-y)$估计出（$C - c$），其中，Y和y分别是两个国家的人均收入水平。因此，需求变动就变为

$$c_y\left(\frac{R}{V} - K - \frac{r}{v} + k\right) = c_y(W - w)$$

在这一情况下，如果移民由低工资国家移向高工资国家，那么对非计价物商品的世界需求将增加。

这时产生了一个非常有趣的情况，即移入国的两难困境。考查在直接投资情况下的2×2模型，其中外国比本国拥有总技术优势，但仍产生相对要素价格均等化。在这一"李嘉图式"的H-O模型中，外国比本国拥有更高水平的人均收入和工资水平。因此向外国移民看起来更具吸引力。并且，假设外国是相对资本丰裕的，那么其在资本密集型产品的生产上更具比较优势（其在所有商品生产上都具有绝对优势），令计价物商品是资本密集型产品，因此，非计价物商品是劳

动密集型的，且由外国来进口。

在上述所有假设下，得到 $R_{PV}=\alpha r_{pv}=\alpha(\partial w/\partial p)$ $\qquad W=\alpha w$

因此

$$VE_U dU = \frac{d\zeta}{D}\left\{-K+\frac{1}{S}m\left[(\alpha-1)(\partial w/\partial p)-c_y(\alpha-1)w\right]\right\}$$
$$= \frac{d\zeta}{D}\left[-K+\frac{1}{S}m\frac{w}{p}(\alpha-1)\left(\frac{\partial \log w}{\partial \log p}-pc_y\right)\right]$$

其中，假设意味着 $m<0$，$\alpha-1>0$，$\partial \log w/\partial \log p>1$，那么 S 为负。当 S 为负时，东道国因贸易条件改善而从移民中获益。在这一例子的特定假设下，劳动力向劳动力稀缺、技术先进的经济体的移居会增加世界上劳动密集型产品的产出，并超出由移民带来的对这种商品的世界需求的增加。进口劳动密集型商品的富裕国家将会因移入移民而改善贸易条件，这必须与人均收入降低带来的直接效用相权衡以确定移民是否对东道国有利。

同时，这个例子也有助于说明一个的自私的东道国的两难困境，以及移民对原居住国和东道国的净效应并不明确。在一般情况下似乎只可能得到一个简单的推论。将（56）与（57）式相加，发现

$$ve_u du + E_U dU = (k-K)d\zeta$$

这提供了某种单边检验。如果本国和外国的居民都能从边际移民中获益，即 du 和 dU 均为正，那么必须有 $k>K$。换个角度看这一问题，如果 $k<K$，即外国的人均非工资收入超过本国非工资人均收入，那么一部分人（而不是假定获益的边际移民）一定会因更多的移民而受损。相反，如果 $k>K$，那么不是边际移民的那部分人会从移民行为中获益。

从经济学的角度进行解释，从（60）式中可以看到 K/V 是外国人均收入的减少，同理 k/v 是本国人均收入的增加，这是个人从本国移入外国带来的结果。如果把边际移民放到一旁不考虑，$(k-K)$ 就是其他人的真实收入的总增加。如果该值为正，那么一部分人肯定获益。非正式的实证主义（casual empiricism）建议用这种方法看待当今世界的移民，不过我们还是把这种推导留给读者吧。

5.5 关税和贸易条件

接下来要考查的是由贸易税引起的均衡的变动。假设只有一个国家征收贸易税，这是从报复性关税问题中提炼出的。对这一问题的处理方法要归功于近期在公共财政领域的商品税理论的发展，以及在国际贸易理论中对关税的一般处理方法的发展。从商品税理论中学到的重要一课是税率本身的随意程度。当厂商价格和消费者价格能够独立标准化时，税率只有用特定方法才能确定，例如选择特定的商品来免税。但一般来说没有这种自然选择。另一方面，这也并不重要，重要的不是税率本身，而是税收对资源的实际配置的影响，即对消费和生产的影响，

且这些影响与标准化的选择无关。

用同样的方法分析关税。在第 3 章中，两个国家可以独立地标准化价格，这意味着关税或补贴率的制定的随意性。例如，在两种品情况下，我们是对进口商品征税（即对国内的消费征税，补贴国内该种商品的生产），还是对出口征税（即对国内出口商品的生产征税，补贴国内该商品的消费）是无关紧要的。两种情况下对净进口需求向量的效应是相同的，而这种效应也正是经济学家们感兴趣的，经济学家对关税效应唯一感兴趣的是关税对贸易量的边际效应。本节也从强调这一影响的问题入手，即关于本国如何使用关税来改善世界上其他国家对其销售的商品的问题，即最优关税问题，问题本身很有趣，同时也有利于说明贸易税标准化的问题。因此，它是讨论一般化的关税效应的有用的入门简介。

最优关税

小国面临的是固定的世界价格，它的行为不能影响这些价格，因此，小国对关税唯一感兴趣的是，关税与国内均衡的关系。如果要在国际均衡框架下讨论关税，那么就要考查净采购能对世界价格产生影响的国家，这时，考查用世界市场价格形式表示的贸易税非常有用。通过选择关税税率，该国就会影响世界市场价格，因此从某种意义上可以把选择关税问题看做是选择世界市场价格问题。

用以下方法进行分析。假设本国提供给外国的价格向量是 P，那么外国将获得如第 2 章中描述的均衡：外国效用由 $E(P, U) = R(P, V)$ 给出，净需求由 $M = E_P(P, U) - R_P(P, V)$ 给出。因此，最终 M 是 P 的函数，满足 $P \cdot M(P) = 0$，并且是零次齐次的。M 是外国的进口向量，那么 $-M$ 是本国的出口向量，即本国在国际市场上的供给函数。因此，本国将 $-M(P)$ 视为净进口向量并达到自身的均衡。现在采用定义净贸易的米德效用函数来描述：当 $m = -M(P)$ 时，本国效用是 $u = \varphi(m)$，且 p（本国价格向量）与 $\varphi_m(m)$ 成比例。可以明确地用特定形式 $t = p - P$ 来定义贸易税，如果 $t_j > 0$ 且 $m_j > 0$，那么对商品 j 征收进口税；如果 $t_j < 0$ 且 $m_j < 0$，那么对商品征收出口税，同理可以用于分析补贴。随意性是很明显的，因为 p 和 P 都能分别通过正乘数翻倍而同时不改变均衡。在两种商品情况下，这就是之前指出的众所周知的进口和出口关税的对称性。

现在来考虑价格向量 P 变化带来的影响。dP 的变化导致外国净供给变化 $-dM = -M_P(P)dP$，而本国效用的变化是

$$du = \varphi_m(-M(P))dm = -\varphi_m(-M(P))dM = \alpha p(-dM)$$

其中，α 是正标量，反映的是本国价格的标准化选择，从中可以立即得到本国最优贸易政策的一阶条件：这样的最优政策应该使外国面临一种价格向量，即对于任意可能的偏离 dP，相对应的外国供给的变化与国内的价格向量的内积为零。换言之，应该选择这样的 P，对于任意变化 dP，相对应的净贸易的变化 dM 应与本国价格向量 p 垂直。由于 p 本身是垂直于本国的贸易无差异平面的，即与 $\varphi_m(m)$ 成比例，这就要求该无差异平面与由外国净贸易提供曲线组成的平面相切。因此，在两商品情况下，最优关税由贸易无差异曲线与外国提供曲线相切确定——这是大家应该熟悉的结论，上述条件是该情况下的直接推广。

将 dM 替换掉，有 $du = -\alpha p \cdot M_P(P)dP$。当把 u 表示为 P 的函数时，dP 的

系数是 u 的梯度向量（gradient vector），对于 P 的最优选择，一阶导条件是该斜率向量为零。由于没有定义出向量和矩阵的内积，当要写出其自身的系数时不得不使用 p 的转置矩阵。因此，条件就变为

$$p^T M_P(P) = 0 \tag{61}$$

注意对平衡贸易条件的微分，可以用另一种熟悉的形式来表示上式，即 $P^T M_P(P) + M^T = 0$。但我们已知国内价格是外国价格加关税，即 $p = P + t$，因此（61）式可以写为 $(P+t)^T M_P(P) = 0$。运用 $M^T = -P^T M_P(P)$，可以得到最优条件

$$t^T M_P(P) = M^T \tag{62}$$

这看起来像是关于外国提供曲线弹性的公式，它们之间的联系可以用恰当的标准化建立。如本章开始，假设有 $(n+1)$ 种商品，商品 0 是两国共同的计价物，因此该商品没有贸易税。记 t 是对非计价物商品的关税向量，$-M$ 是非计价物商品的外国净供给，且 M_P 是 M 对非计价物商品价格的偏导的矩阵，此时（62）式仍然有效。因此，（62）式定义了用外国的贸易提供的价格偏导（弹性）表示的最优关税税率。

在两商品情况下，（62）式就是大家熟知的反（inverse）弹性公式。为了明确这一点，把（62）式记为 $(t/P) P M_P(P) = M$，外国供给的非计价物商品是 $-M$，因此供给弹性是 $(-M_P P)/(-M) = P M_P/M$。因此关税占非计价物商品价格的百分比是

$$\frac{t}{p} = \frac{1}{P M_P/M} \tag{63}$$

即是外国供给弹性的倒数。

关税的价格效应

隐含或明确地把计价物视为免税商品是通用惯例，一旦这样，就会产生诸如税率会对本国或外国的价格产生影响之类的问题。为了回答这些问题，运用前几节所学的公式会更简单，然而，必须把关税和关税收益考虑进去进行修正。由于所有的关税收益最终归于消费者，那么本国的预算约束是消费支出等于产值加从贸易税中得到的净收益，该净收益是 $t \cdot m$，其中 $t = p - P$，并只对非计价物商品征收，m 是非计价物商品的净进口向量。在均衡中，从本国角度考虑，该进口向量可以记为 $e_p - r_p$，从外国角度考虑，记为 $R_P - E_P$。

外国没有贸易税时，定义均衡的方程是

$$e(1, p, u) = r(1, p, v) + t \cdot m \tag{64}$$
$$E(1, P, U) = R(1, P, V) \tag{65}$$
$$e_p + E_P - r_p - R_p = 0 \tag{66}$$

其中 $p = t + P$。

现在考查关税向量的变化如何影响国内外的价格。在两商品情况下，我们感兴趣的问题是，关税是否会降低进口商品的国际价格并提高国内进口商品的价

格。如果关税会有如 Stolper 和 Samuelson 所预测的要素价格效应，那么后者就有必要。如我们所见，没有理由希望在两商品情况下也得到同样的效应。在一般情况下，应该考查关税对贸易条件的影响。取全微分得到

$$e_p dp + e_u du = r_p dp + t dm + m dt$$

$$E_P dP + E_U dU = R_P dp$$

$$e_{pp} dp + e_{pu} du + E_{PP} dP + E_{PU} dU - r_{pp} dp - R_{PP} dP = 0$$

由于 $m = e_p - r_p$ 和 $dp = dP + dt$，上式简化为

$$mdP + e_u du = t dm \tag{67}$$

$$MdP + E_U dU = 0 \tag{68}$$

$$SdP + e_{pu} du + E_{PU} dU = -s dt \tag{69}$$

其中，S 是之前定义的世界替代矩阵，而 s 是属于本国的部分，$s = e_{pp} - r_{pp}$。

从上述中可以得到一些简单的推论：(68) 式将外国的效用水平与贸易条件相联系，这种方法大家应该相当熟悉了。而 (67) 式将对本国效用水平的影响分解为对贸易量的影响和对贸易条件的影响：

$$e_u du = t \cdot dm - m \cdot dP$$

我们也能推导出最优关税公式，由于 $m = -M$ 可以表示为 P 的函数，那么一阶导条件 $du = 0$ 可以立即表示为 (62) 式的形式。价格接受国也可以得到最优关税公式，P 是常数且 $dP = 0$，那么当 $t = 0$ 时满足该条件。

当与自由贸易发生轻微偏离时，可以用 (67) ～ (69) 式解出效用的变化。如果初始均衡时 $t = 0$，那么上述方程的一般形式就像本章已多次求解的 (7) ～ (9) 式，唯一的区别在于等式右侧不同。因此，可以直接写出解

$$\begin{bmatrix} e_u du \\ E_U dU \end{bmatrix} = \frac{1}{D} \begin{bmatrix} m S^{-1} s dt \\ -m S^{-1} s dt \end{bmatrix} \tag{70}$$

马上就可以看到贸易条件的改变。由于 $t = 0$，从 (67) 和 (68) 式中得出

$$-m \cdot dP = M \cdot dP = e_u du = -E_U dU$$

假设转移支付对东道国有利时，$D > 0$，轻微的关税变化 dt 对本国有利的条件是 $m \cdot S^{-1} s dt > 0$。

(69) 式两边同乘以 S^{-1} 并运用 (70) 式，可得到关税对世界价格的影响以及对国内价格的影响

$$dP = -\frac{1}{D} S^{-1} s dt \tag{71}$$

和

$$dp = [I - \frac{1}{D} S^{-1} s] dt \tag{72}$$

通常，这可简化成两商品情况下大家所熟悉的形式。现在，S 和 s 都是负标量，因此 (71) 式的转移支付条件，只是简化的市场稳定条件，它确保对非计价

物商品征收的关税能降低外国相对价格。如果 $1-s/(SD)$ 为正，即 $SD-s<0$，那么非计价物商品的本国价格会上升。回顾对 D 的定义，有

$$SD-s = S+m(C_Y-c_y)-s$$
$$= E_{PP}-R_{PP}-MC_Y+Mc_y$$
$$= \frac{\partial M}{\partial P}+Mc_y$$

其中，运用斯勒茨基-希克斯等式可以得到外国对非计价物商品的超额需求的非补偿偏导。因此，当 $m=-M>0$ 时，该条件是

$$\frac{P}{M}\frac{\partial M}{\partial P}+pc_y>0 \tag{73}$$

但已知 PM_P/M 是外国供给弹性，那么该条件是外国供给弹性与本国对进口的边际消费倾向之和，是正数。如果这一点成立，就可以肯定关税会增加本国进口商品的相对价格，从而也会提高该商品生产所密集使用的要素的价格，与斯托尔珀-萨缪尔森定理相一致，梅兹勒（Metzler）指出，当不满足该条件时，会产生"似是而非"的可能性（Paradoxical possibilities），但（73）式显示在严格意义上不存在这种例外。

需要记住的是，以上分析基于初始自由贸易均衡的微小变动，一般来说，（67）式右侧是非零的，而 dm 必须通过外国供给函数与 dP 相联系。这在代数表达上会变得更复杂，得到与稳定性以及价格关税的一般发生率略微不同的条件，这个问题就留给读者去扩展。考查（67）和（68）式的含义非常有意义，将其相加得到

$$e_u du+E_U dU=t \cdot dm$$

因此，在一般意义上，关税对世界福利的影响力取决于贸易方的配给或数量。

5.6 关税和收入分配

在本节，我们将放松之前的假设——每个国家的需求方由一个消费者组成，相反，我们假设每种要素收入的获得者都是一个单独的消费者，由此得到贸易税对收入分配的影响。我们只考查两种要素和两种商品的特殊情况，并且两国都是不完全专业化生产，这个问题很有趣，而且方法不难推广。

先强调一个众所周知的结论，该结论在第 3 章已经证明过而且会在第 6 章中再次出现，即从福利角度看，作为再分配工具的关税劣于一次性总量税收或间接商品税。现在的分析有两个目的：第一，可能已经存在先天的环境，不可能实行较好的政策，那么这时考查关税是否能被证明会起作用就变得很有必要了。因此，知道如何运用之前的方法处理这样的问题很有用。尽管，在给定特殊环境和约束时，可能会需要第三优的再分配政策来解决，但这样的说明将有助于读者理

解一般方法。第二，所选择的特例使我们有机会看到贸易理论中 2×2 "发动机"（workhorse）模型的运行方法。对这一问题的图形处理，在所有教科书中都有提到，并且大家也已经知道代数公式，所以没必要再费力说明。然而，这里的应用也比较有新意，无论是在所提的问题上还是采用的公式上。

基本思路很简单，选择标记使本国进口商品 1，该商品相对密集使用要素 1。假设本国征收进口税，并考虑一般情况即商品 1 的相对价格在本国上升而在外国下降。根据斯托尔珀-萨缪尔森结论，征收进口税会引起要素 1 的价格相对于任意一种商品在本国是上升的，而在外国是下降的，这会使本国的要素 1 以及外国的要素 2 受益，而其他要素受损。然而，关税收益会产生进一步的影响。假如给定本国的要素 2，当要素供给无弹性时，不管对该要素征收一次性总额税还是负的收入税都无关紧要。如果可变弹性和边际（进口）倾向都在恰当范围内决定，那么由关税收益带来的收入效应可以会大于要素 2 的斯托尔珀-萨缪尔森价格效应。因此，我们能够确保，即使没有其他再分配工具，本国也存在帕累托改进，那么最终猜想唯一受损的是外国的要素 1。举个有点挑衅性的例子，假设英国成为日本的资本密集型产品的进口国，它征收关税并将收益分配给工人。如果其他商品的劳动密集度足够高，并且英国对进口商品的边际消费倾向足够低，那么关税会使英国的资本和资本所有者都受益，并且有利于日本的工人，唯一受损的就是日本的资本所有者。但我们还想说的是，还有其他得到这一结果的更好的方法。

现在来看正式的模型，商品 2 被选为两个国家的计价物商品，即 $p_2 = P_2 = 1$，本国进口商品 1，即 $m_1 > 0$，并征收关税 t_1，即 $p_1 = P_1 + t_1$。关税收益将会增加到本国的第二种要素收入 $w_2 v_2$ 上。

不完全专业化的生产均衡由价格与相应的单位成本之间的等式给出

$$p_1 = b^1(w_1, w_2) \qquad p_2 = b^2(w_1, w_2) \tag{74}$$

和

$$P_1 = B^1(W_1, W_2) \qquad P_2 = B^2(W_1, W_2) \tag{75}$$

从需求的角度，现在我们把各国两种要素带来的收入接受者区分开来，令 e_1 和 e_2、u_1 和 u_2 分别表示本国的要素 1 和要素 2 的所有者的支出函数和效用水平，相对应的大写字母表示外国的函数和效用水平。那么消费者均衡条件是

$$e^1(p_1, p_2, u_1) = w_1 v_1 \qquad e^2(p_1, p_2, u_2) = w_2 v_2 + t_1 m_1 \tag{76}$$

和

$$E^1(P_1, P_2, U_1) = W_1 V_1 \qquad E^2(P_1, P_2, U_2) = W_2 V_2 \tag{77}$$

最终，得到当有两种商品时的两个市场出清条件。根据瓦尔拉斯法则，只需要保留其中一个等式，我们使用商品 1 的等式，即 $e_1^1 = c^1$ 是本国要素 1 所有者对这种商品的需求，同理应用于其他商品。得到

$$e_1^1 + e_1^2 + E_1^1 + E_1^2 - r_1 - R_1 = 0 \tag{78}$$

接下来，使关税变化 dt_1，并对所定义的方程取全微分来得到对均衡的影响。注

意，$dp_2 = dP_2 = 0$，$dp_1 = dP_1 + dt_1$。根据第 2 章出现的生产方程，可以得到斯托尔珀-萨缪尔森偏导。从要素密集度假设中得知 $\partial w_1 / \partial p_1 > w_1 / p_1$，而 $\partial w_2 / \partial p_1 < 0$，同理应用于外国，回到（76）式

$$e_1^1 dp_1 + e_u^1 du_1 = v_1 dw_1 = v_1 \frac{\partial w_1}{\partial p_1} dp_1$$

或者

$$e_u^1 du_1 = (v_1 \frac{\partial w_1}{\partial p_1} - c^1) dp_1$$

现有 $v_1 \dfrac{\partial w_1}{\partial p_1} - c^1 > v_1 \dfrac{w_1}{p_1} - c_1 > 0$

将该表达式简写为 γ_1，同理，对于另一种要素得到 γ_2 为负；而对于外国的要素则分别有 $\Gamma_1 > 0$，$\Gamma_2 < 0$。同往常一样，由于是从无关税均衡入手来考查微小的初始关税变化的效应，因此有 $d(t_1 m_1) = m_1 dt_1$。结合这些可以得到

$$e_u^1 du_1 = \gamma_1 dp_1 \qquad\qquad e_u^2 du_2 = \gamma_2 dp_1 + m_1 dt_1 \qquad\qquad (79)$$
$$E_U^1 dU_1 = \Gamma_1 dP_1 \qquad\qquad E_U^2 dU_2 = \Gamma_2 dP_1 \qquad\qquad\qquad (80)$$

最后，回到市场出清方程（78）式，从中可以得到：

$$e_{11}^1 dp_1 + e_{1u}^1 du_1 + e_{11}^2 dp_1 + e_{1u}^2 du_2 - r_{11} dp_1 + E_{11}^1 dP_1$$
$$+ E_{1U}^1 dU_1 + E_{11}^2 dP_1 + E_{1U}^2 dU_2 - R_{11} dP_1 = 0$$

记 $\sigma = r_{11} - e_{11}^1 - e_{11}^2$ 是本国商品 1 的超额供给的自有替代偏导，同理，用 Σ 来定义外国的情况。接下来，注意到 e_{1u}^1 / e_u^1 是本国要素 1 的所有者对商品 1 的需求对其货币收入的偏导，与之前的概念保持一致，把这样的偏导记为 c_y^1。最后，运用（79）和（80）式来替代效用变化，可以得到

$$-(\sigma - \gamma_1 c_y^1 - \gamma_2 c_y^2) dp_1 + m_1 c_y^2 dt_1 - (\Sigma - \Gamma_1 C_Y^1 - \Gamma_2 C_Y^2) dP_1 = 0$$

当引入要素价格变化以保持单位成本等于价格时，括号中的表达式正是两国对商品 1 的超额供给的非补偿的自有价格效应，分别将其简写为 λ 和 Λ，瓦尔拉斯稳定性要求 $\lambda + \Lambda > 0$。事实上，我们很快会做更强的假设。
最终可以解出价格变化

$$dP_1 / dt_1 = -(\lambda - m_1 c_y^2) / (\lambda + \Lambda) \qquad\qquad (81)$$

和

$$dp_1 / dt_1 = (\Lambda + m_1 c_y^2) / (\lambda + \Lambda) \qquad\qquad (82)$$

在把解代入（79）和（80）式以考查对四种收入获得者的效用的影响之前，注意到一个相关的条件。把（79）式的两个方程相加，得到

$$e_u^1 du_1 + e_u^2 du_2 = (\gamma_1 + \gamma_2) dp_1 + m_1 dt_1$$

现在

$$\gamma_1 + \gamma_2 = v_1 \frac{\partial w_1}{\partial p_1} - c^1 + v_2 \frac{\partial w_2}{\partial p_1} - c^2$$
$$= \partial(v_1 w_1 + v_2 w_2)/\partial p_1 - c^1 - c^2$$

当 w_1 和 w_2 在单位成本等式中表示为 p_1 和 p_2 的函数时，$v_1 w_1 + v_2 w_2$ 就是收入函数。该导数就是本国商品 1 的产出，而右侧减少到 $-m_1$。因此

$$e_u^1 du_1 + e_u^2 du_2 = m_1(dt_1 - dp_1)$$

进口商品受小额关税约束时，本国的两种要素仍能获益的必要条件是本国进口价格的上涨幅度小于关税，相应地，其外国价格应该会下降。这需要 $\lambda > m_1 c_y^2$，那么 $dP_1 < 0$。并且从（80）式中可以得到 $dU_1 < 0$ 和 $dU_2 > 0$。

对于 $du_1 > 0$，需要 $dp_1 > 0$，即 $\Lambda + m_1 c_y^2 > 0$。总之，我们需要完全的关税的一般发生率。最后

$$e_u^2 du_2 = [m_1 + \gamma_2(\Lambda + m_1 c_y^2)/(\lambda + \Lambda)]dt_1 \tag{83}$$

$du_2 > 0$ 的条件是，右侧括号中的表达式为正。回顾 γ_2 为负，可以看到，对其赋予较小的值或较小的 c_y^2 值，会有利于满足该条件。

非常凑巧的是，对于一个价格接受国，比如满足 Λ 无穷大的国家，有 $dp_1 = dt_1$，那么

$$e_u^1 du_1 + e_u^2 du_2 = 0$$

证实了对于这样一个国家，自由贸易是帕累托有效的，在没有更好的工具时，那么用关税作为以其他要素收益为代价使某一种要素获益的工具也是令人满意的。

5.7 有效保护

如我们第 2 章介绍有效保护时所述，只要没有扭曲，那么收益函数就是为生产构建模型的一般工具。特别地，与一般的观点相反，无须将分析局限于最终产品由初级要素直接生产的情况。任意形式的商品都可以作为中间投入品用于生产其他产品；$r(p, v)$ 只是给出了在给定商品价格向量 p 和初级要素数量向量 v 时，商品净产出的最大值。而 $r_p(p, v)$ 则给出了做出这种最优决策后所生产的净产出向量。研究生产对价格变化的反应有非常重要的含义。由于 r 在 p 处是凸的，每个二阶偏导 $\frac{\partial^2 r}{\partial p_j^2}$ 都是非负的，即任何商品价格的上升都会导致该商品的净产出增加。因此，在小国中，任何关税的增加都会引起这种商品净产出的增加。从这种意义上说，关税确实提供了保护。

然而，这种方法并没有告诉我们对净产出的影响是如何分解为所引起的总产出的变化以及中间投入品的变化。我们也不知道初级要素配置是怎样通过生产行为变动的。有效保护理论将更详细地考查生产以回答上述问题。

对于这一主题的学术研究卷帙浩繁，且争论颇多，对其再进行深究明显超过

了一般工作范围。Corden（1971）给出了一般教科书中的分析方法。Grubel 和 Johnson（eds）（1971）有几篇论文论述了这个先进理论以及一些有争议性的话题。我们此处将局限于考查两方面的内容，其一，考查当中间投入品的投入系数固定时，关税对总产出的影响；其二，下一章将考查当存在总产出的约束时的最优政策反应。这将有助于说明有效保护对福利问题的重要性。

关税和总产出

假设在一个小型经济中，初级要素供给固定。国内商品价格为 p，世界价格为 P，关税是 $p-P$。新特征是将中间投入品明确考虑到生产中。每种商品的生产使用初级要素的同时也使用其他商品。我们要做的特定假设是商品生产中的中间品的投入系数是固定的。令 a_{ij} 是生产每单位 j 商品所需要的商品 i 的数量。令 A 是以 a_{ij} 为元素的矩阵，ξ 是总产出向量，x 是净产出向量，那么用于生产过程的中间投入品商品 i 共计 $\sum_j a_{ij}\xi_j$。因此，$A\xi$ 是中间投入品向量，且 $x=\xi-A\xi=(I-A)\xi$，其中 I 是单位矩阵（identity matrix）。我们在基础的投入—产出理论中应该熟悉了这一点。如果该系统能够生产正的净产出，那么 $(I-A)$ 矩阵必须可逆，且该逆矩阵由非负元素组成，参见 Gale（1960，pp. 296-297）。那么可以得到用 x 表示的 ξ 的解，有

$$x=(I-A)\xi \qquad \xi=(I-A)^{-1}x \qquad (84)$$

我们可以把 ξ_j 视为不同经济部门的生产水平。为了说明初级要素的使用，记 v^j 为用于 j 部门生产的初级要素配置，且规定转换函数

$$g^j(\xi_j, v^j)=0 \qquad (85)$$

要素配置必须受约束于总要素可得性 v 向量的限制，因此

$$\sum v^j = v \qquad (86)$$

受约束于（85）和（86）式，选择的生产计划将会最大化净产出值，即

$$p^T x = p^T (I-A)\xi = \pi^T \xi \qquad (87)$$

其中定义 π 为

$$\pi = (I-A)^T p \qquad (88)$$

特别地，$\pi_i = p_i - \sum_j p_j a_{ji}$。因此 1 单位商品 i 的总产出值减去中间投入品的生产成本就得到 π_i，换言之，π_i 是部门 i 生产活动水平的单位附加值。

用这种方法来记目标函数，可以忽略这一时刻的生产结构，并认为当受约束于可行的给定要素禀赋 v 时，生产"产出"ξ 以最大化当价格为 π 时的产值。这在形式上与第 2 章的问题很相似，该解被称为收益函数。让我们定义函数 $\rho(\pi, v)$，即在约束条件（85）和（86）式下最大化（87）式，$\rho(\pi, v)$ 是 π 的一次齐次凸函数，是 v 的凹函数，如果规模报酬不变，那么将是 v 的一次齐次函数。最重要的是，ξ 的最优选择由下式给定

$$\xi = \rho_\pi(\pi, v) \qquad (89)$$

而初级要素对净产出的最大化值的边际贡献，即竞争性要素价格 w，由下式给出

$$w = \rho_\pi(\pi, v) \tag{90}$$

联系之前的方法，我们需要的是（88）式中 ρ 和 π 的关系。因此

$$r(p, v) = \rho((I-A)^T p, v)$$

运用微分的链式法则，得到

$$r_p = (I-A)\rho_\pi \tag{91}$$

这也可由（84）式得到。

由之前对收益函数的学习，可以立即得知附加值向量变化的效应。有 $\partial \xi/\partial \pi = \rho_{\pi\pi}$，这是一个正半定矩阵。因此任一部门单位附加值的增加都会提高这一部门的生产水平，并且，该结果是在给定要素数量时得到的，允许由（90）式来决定均衡要素价格，因此，是一般均衡结果。

单位的附加值并不是可控的中间目标，为了找到本国价格变化带来的效应，我们只需要用（88）式；用（89）和（91）式对 p 进行微分，则得到两个等同的表达式

$$\partial \xi/\partial p = \rho_{\pi\pi}(I-A)^T = (I-A)^{-1}r_{pp} \tag{92}$$

这些矩阵都不对称，更不用说是正半定矩阵。因此，总产出对关税的反应可能会产生看起来很矛盾的结论，这也正是有效保护概念的切入点。观点是由有效保护产生的单位附加值的提高给某一生产活动提供保护。例如，可以通过补贴生产中的中间投入品同时对生产的商品征收关税来做到这一点，因此，有效保护的变化由 π 的变化来测度。

我们也能计算出要素价格对有效保护的反应，有

$$\partial w/\partial \pi = \rho_{v\pi} \tag{93}$$

其受约束于第 2 章中所有的讨论。在 H-O 情况下，要素价格对附加值产生边际效应，如果 π 的分量增加，那么在该生产活动中相对密集使用的初级要素的价格将会以更大的幅度上升，而其他初级要素的价格下降。在李嘉图-维纳模型中，可以得到若干有明确性质的结论。如果 π 的分量增加，那么 1）可流动要素的价格上涨，但上涨幅度较小；2）所使用的流动性要素在该部门增加而在其他部门下降；3）该部门特定要素的价格会上升，且上升幅度大于单位附加值的增加；4）其他部门的特定要素价格下降。事实上，可能要说明的是，对有效保护概念的兴趣源于对资源利用模式的考虑，以及在特定生产活动中所使用要素的报酬。为了说明这些问题，李嘉图-维纳模型是最合适的，因此，这些结论也相当有趣。

再次强调，国内价格的变化带来的影响会更加复杂，有

$$\partial w/\partial p = \rho_{v\pi}(I-A)^T \tag{94}$$

即使是在简单的模型中该式的符号也很难简化以理解规则。

无须多说的是，上述理论中假设中间投入品的产出系数固定至关重要。如果中间投入品之间，中间投入品与初始投入间存在替代，那么情况会更加复杂，就不可能从总体上对附加值有一个像 π 一样的总体变量。而且，有效保护可能会导

致某一生产活动增加，但也会引起中间投入品对初始投入的强替代，那么该部门实际使用的初级要素会下降。对这些问题的讨论，以及在哪种条件下会得到什么结论的研究，见 Jones（1971a）和 Woodland（1977）。李嘉图-维纳模型中对有效保护的其他分析方法见 Jones（1975）。

注　释

比较静态分析的问题在之前提到过的所有教科书中都有讨论，参见 Caves and Jones（1976，ch. 4），Söderstern（1971，chs. 10，11，19，25）和 Takayama（1972，ch. 12，13）。

这里提出的转移问题采用了 Samuelson（1952）的方法。更近地，许多作者在明确分析非贸易品的模型的背景中探究了转移问题。Jones（1975）推出了在此背景下贸易条件恶化的条件，这一点在其他论文上也有说明。

Bhagwati（1958）和 Johnson（1959）首次对贫困化增长可能性进行了讨论。Johnson 也研究了技术变化的效应。更多最新研究侧重于分析一个不同却相关的问题，即贸易条件不变时，要素增长是否对一国有害。如果存在国内扭曲即各种贸易税，则答案是肯定的。这由 Johnson（1967）首次提出。Bhagwati（1968）说明了这两种类型的贫困化增长是如何联系的。

Kemp（1966）和 Jones（1967）研究了国际资本的流动效应。两种情况下都强调有无（最优）贸易税时，最优税对直接投资的影响。Markusen 和 Melvin（1979）关于资本流动对母国和本国的福利效应给出了准确的分析，也指出了这些分析如何运用到国际移民中。Bhagwati 和 Rodriguez（1975）在更一般的情况下研究了移民问题。

Metzler（1949）是研究关税对贸易条件影响的经典文献。Bhagwati 和 Johnson（1961）研究了在一个拥有许多消费者、要素供给具有弹性并且政府花费关税收入的世界贸易条件的效应。Suzuki（1976）在一个三种贸易品的模型中研究了该问题，Gruen 和 Cordon（1970）得出了一般化结论。

第 6 章　福利与贸易政策

　　前几章对福利问题已经有所涉及。其中第 3 章构建了单个和多个消费者经济体的贸易收益模型；第 5 章研究了在只有一个消费者的国家背景下，收入转移、技术变化、要素禀赋增长以及国际要素流动等带来的福利影响。我们还看到，当世界超额供给函数为非完全弹性时，一个国家如何从贸易强制税中获益。至此，我们已经看到了贸易的几种福利含义，以及与贸易政策有关的一些问题。现在，我们转向福利和贸易政策的一般问题，与前几章相比，本章只是侧重点有所变化。

　　本章主要从单个国家的角度来研究贸易政策的最优形式。通过贸易政策，我们将解释正负贸易税的强制性，即对自由贸易政策的背离问题。产生这种背离有四个原因：1）贸易税会影响世界市场价格，并由此改善贸易条件；2）贸易税会优化国内收入分配；3）贸易税有助于达到国内贸易、生产、或消费方面的外生给定目标；4）贸易税可以用来纠正市场失灵造成的扭曲。我们将分别对以上问题进行讨论。我们先来讨论贸易政策之外的其他几种政策。在瓦尔拉斯均衡框架中，不管是贸易、消费还是生产，数量限制的作用永远比不上税收或补贴，因为数量约束中总是暗含着影子税收或补贴。因此，除了贸易税，我们只考虑对特定产品的生产和消费征收本国税，或只对要素的特定用途征税。由于补贴相当于负税率，因此，考虑税收的同时也考虑补贴。

　　我们假定所研究的国家具有稳定的贸易环境，表示为对世界其他各国具有特定的净超额供给函数。再考虑小国的特例，进一步假定这个小国的超额供给函数富有完全弹性，世界价格固定。由于假定有一个稳定的贸易环境，因此我们不考虑当其他国家报复时的关税选择问题。此问题的解决需要运用博弈论，这超出了我们的讨论范围。

我们用来评价政策的准则是一个标准的柏格森-萨缪尔森福利函数，也就是所有消费者效用水平的增函数。此函数结合个人判断能使我们得到最优的国内再分配政策。另一方面，柏格森-萨缪尔森福利函数很难使某些特殊产品的贸易、消费、生产目标合理化，比如，石油进口、烟酒的消费以及粮食产品的自给等目标。因此，在评价达到这些目标的政策时，我们暗含着一个字典序的社会偏好假设：这类目标优先考虑；一旦实现这些目标，柏格森-萨缪尔森函数才被用于分析资源配置和收入再分配的其他问题。字典序偏好的选择理论基础比较薄弱，但数量目标思想本身也是如此，因此不必担心研究过程中可能需要的任何公理的合理性。

我们研究的第一个实质性问题是最优关税。第5章中在单个消费者的例子中对此有过概述，现在我们在多个消费者的经济体中来讨论它。在多个消费者的经济中，政策制定者同时征收贸易税和国内税。接下来，在给定技术可行约束条件、贸易环境约束和国内税的其他约束条件下，讨论最大化社会福利函数的税收政策。首先来看没有约束的几种税收问题，在这里一次性赋税和间接税均可行。研究发现，贸易税只可用于保证贸易条件改善，而国内的一次性税收转移则可用于国内消费者之间的最优收入分配。这个结论并不出奇。下面的结论则稍微令人惊讶。分析中，我们将国内税限定在商品税上，也就是对商品消费或要素供给征税。研究表明，在这些条件下的分析得出同样的结果：通过征收国内税来实现个人间收入的最优再分配，通过征收关税以改善贸易条件。这意味着，只有在不能执行一套完整的国内商品税时，贸易税才会在国内再分配中发挥作用。

基于一个这样强的结论，在一个多消费者的国家中来分析能影响到本国贸易条件的扭曲和数量目标问题可就没那么有趣了。因此，我们就在单个消费者的小国中研究扭曲和数量目标问题。

本国经济的扭曲是由包括消费、生产及要素使用等市场的多个不完善之处造成的。显然，在这种情况下，最好的政策是基于福利经济学的一般理论：适当的庇古税或补贴可以直接抵消扭曲，并能达到最优状态。但这暗含着，只有贸易导致扭曲时，才可使用贸易税。本章第2节将讨论其应用问题。

能被彻底矫正的扭曲必然与约束有所区别：当用社会福利函数来衡量的时候，这些约束条件不可能使所有目标都达到最优。一种约束是任何政策都不可能矫正的，它要求国内生产、消费或贸易达到一定水平而不是达到最优，并按照前面谈到的字典序原则进行合理化。第2节的其余篇幅研究在这样的约束条件下最优政策的设计问题。分析得出的一般原理与对扭曲的最优反应的分析结论非常相似：最优政策是直接影响约束变量的政策，因此又得出，贸易税只有在约束条件包括贸易本身的情况下才可以被运用。

我们必须区分对扭曲或数量约束的最优反应和对扭曲的次优反应。如果扭曲由垄断行为造成，或者政府当局对不同的生活必需品实行单一税，或者最优政策不被接受，就得不到可以纠正国内市场扭曲的最优政策，那么会出现包括其他政策在内的次优选择。我们将在第3节研究以上问题。

如上所述，在本章中我们将从单个国家出发来研究贸易政策问题。而非常重要的贸易政策问题是包括多个国家的关税联盟。但关税联盟的福利效应问题可以看做前面单个国家模型分析的简单扩展。在本章最后，我们来研究两个互有贸易往来并与世界其他国家有贸易往来的国家，看它们如何从贸易协调和税收政策中受益。

6.1 最优关税和国内税

在本节，政策变量包括关税和国内商品税或转移支付，这些变量的约束条件除了技术可行性之外，没有其他辅助约束。其目标是使本国的福利最大化。由于不考虑世界其他国家的福利，本国通过改善贸易条件得到的收益也与福利相关，源自福利函数个人之间的收入分配同样与之相关。在第3章中，我们看到，如何征收国内税来使自由贸易的帕累托状态优于自给自足下的帕累托状态。这是福利改进的充分非必要条件。但我们应该看到，国内税在调节个人收入分配方面仍起着重要的作用。

世界其他国家对本国的净超额需求向量 M 是价格 P 的函数，其中价格 P 是本国进行贸易时的价格，更确切地说应该叫做贸易价格或边境价格。由于关税和税收，这个价格可能与其他国家的消费者和生产者面对的价格不同。由于我们假定外部因素不变，为方便起见，我们也可用 P 作为世界价格水平。总的来说，价格的均衡水平受本国需求和供给的影响。函数 $M(P)$ 是零次齐次的，并满足 $P \cdot M(P) = 0$，这表示不存在购买力国际转移。再考虑一个特例：本国很小，P 不变，则任何满足 $P \cdot M = 0$ 的 M 对本国来说都是可能的。

给定本国的关税和税收体系，就可以建立一个均衡。这需要调整国内和世界价格来使国内进口需求向量 m 等于外国供给 $-M$。对关税和税收进行经济解释的同时，利用数学工具来分析也是很方便的。假定本国宣布了进行贸易的价格为 P，则 P 可当做初始选择变量，进口也就固定了，$m = -M(P)$。接下来，我们来看在 m 给定的情况下的国内均衡。得到国内市场出清价格后，我们就可以得到关税其实就是国内外价格的差。由于二者均可独自标准化，给关税下定义在一定程度上也比较自由或随意，这是"进出口税对称性"的突出特点。

给定净进口向量，利用定义在净进口上的米德效用函数找出国内均衡非常容易。从第3章中对此函数的研究中可以很清楚地看到这一点。第5章我们也在单个消费者和给定要素供给的情况下用此函数初步研究了最优关税问题。现在我们对此方法进行拓展，用于可变的要素供给（可看做非贸易产品）以及在国内特定税收政策下的几个消费者。同以往的分析一样，我们由简入难，逐步推进。

单个消费者的例子

第3章中等式（10）给出了米德效用函数的定义。这里我们简要重述一下其性质。我们有

$$\varphi(m) = \max_{c,v,x} \{ f(c,v) \mid c = x + m, \mathrm{g}(x,v) = 0 \} \tag{1}$$

商品的物质平衡约束条件可以通过替代 f 中的 c 来消除。用 μ 表示生产约束乘子，拉格朗日方程可写做

$$L = f(x+m,v) - \mu g(x,v) \tag{2}$$

其一阶条件是

$$f_c(x+m,v) - \mu g_x(x,v) = 0 \tag{3}$$
$$f_v(x+m,v) - \mu g_v(x,v) = 0 \tag{4}$$

其中（f_c, f_v）表示产品的边际效用和要素的边际负效用向量，因此（$f_c, -f_v$）与消费者的产品和要素价格成比例。同理，（$g_x, -g_v$）也与生产者的产品和要素价格成比例。因此，（3）和（4）式说明，消费者和生产者的价格应该相等，或者所有的边际替代率应该等于相应的边际转换率。同第3章，我们可以把非贸易产品当做要素来处置。

包络定理指出，包络函数 φ 的偏导数可以通过拉格朗日函数对 m 求微分并算出最优值而得到。那么，从（2）式得到

$$\varphi_m(m) = f_c(x+m,v) \tag{5}$$

偏导数 φ_m 表示本国商品净进口的边际增量对最大效用的影响，这里也被称做商品的影子价格，为表达得更清楚，我们把它记为 $\hat{p}$。等式（5）表示，$\hat{p}$ 应该等于国内消费者价格向量。又因 $\hat{p}$ 大小随意，通过（3）式可知，其与生产者价格也相等。在接下来更复杂的情况下，我们可以看到，这三种价格向量通常是不一致的。在当前的这个例子中，没有扭曲且只有一个消费者，所以国内税起不到矫正或再分配的作用。因此，不必使不同的行为人面对不同的价格。

给定 m 并确定了国内均衡后再分析最优关税问题就很简单了。由 $m = -M(P)$，我们选择 P 来最大化 $\varphi(-M(P))$，得出一阶条件

$$\varphi_m(m)^T M_P(P) = 0 \tag{6}$$

在第5章，上式是本国无差异曲面和外国供给曲面的相切条件。选择了本币汇率本位后，就可以通过一个普通的反弹性公式来得到最优关税。这方面本章不再添加新内容。我们只强调，对一个小国来说的问题是，在给定 P 和约束条件 $P \cdot m = 0$ 后，求 $\varphi(m)$ 的最大值。可得到解 $\varphi_m(m) = \alpha P$，其中 α 为参数。这表示，国内价格是外国价格的一定比例，也就是说，在这个例子中自由贸易是最优的。

一个很重要的问题是如何将这些结论扩展到多个消费者的经济中。当然，这取决于再分配政策是否可行。我们首先考虑最有力的一种形式，即一次性税负转移。接下来，我们讨论这种转移不能实现和商品税用于分配目的的情况。

关税和一次性总付转移

假设本国有几个消费者，记做 h。其商品消费向量写做 c^h，要素供给向量为 v^h，效用为 $u^h = f^h(c^h, v^h)$。首先我们来看一个较一般的情况，在这种情况下政府可以直接控制 c^h 和 v^h。在福利经济学中，通常可以间接地利用价格和一次性税负转移就能得到最优值。

约束条件是

$$\sum c^h = x + m \qquad \sum v^h = v \qquad g(x,v) = 0$$

目标函数用 $\omega(u^1, u^2, \ldots)$ 表示，在所有讨论中均是递增的。做尽可能多的替换后，我们写出这个最大化问题，并将米德包络函数定义为

$$\varphi(m) = \max\left\{ \omega(f^1(c^1, v^1), \cdots) \mid g\left(\sum c^h - m, \sum v^h\right) = 0 \right\} \qquad (7)$$

这个最大化问题中的选择变量是向量 c^h、v^h。根据第 3 章中的讨论，我们可以证明函数 φ 是递增的，如果 ω 在效用函数中是拟凹的，则 φ 也是拟凹的，在 (c^h, v^h) 中，每个效用分量 u^h 都是凹的。由于这些无关紧要，我们不再详述。有兴趣的读者可以参考戈尔曼（Gorman, 1959）。

拉格朗日函数是

$$L = \omega(f^1(c^1, v^1), \ldots) - \mu g\left(\sum c^h - m, \sum v^h\right) \qquad (8)$$

其一阶条件是

$$\omega_h f_c^h - \mu g_x = 0 \qquad (9)$$
$$\omega_h f_v^h - \mu g_v = 0 \qquad (10)$$

对所有的 h，有 $\omega_h \equiv \partial\omega / \partial u^h$。这些解释同单个消费者例子中的方程（3）、（4）类似。生产者的价格向量与之前一样为 $(g_x, -g_v)$。消费者 h 的要素和商品的边际效用由 $(f_c^h, -f_v^h)$ 给出，因此要做出合适的选择，消费者需要知道价格向量。从（9）、（10）式中我们知道此价格一定等于生产者的价格向量乘以参数 ω_h。这与单个消费者的例子有所不同。但既然在任何情况下这都是一个任意的选择，所以这无关紧要。因此，可以说所有消费者和生产者面临同样的商品和要素价格，即 $\hat{p}$ 和 $\hat{w}$。此外，给定最优选择 c^h 和 v^h，要实现分散执行的计划，我们只需使消费者转移收入为 $y^h = \hat{p} \cdot c^h - \hat{w} \cdot v^h$。

假设我们在生产者的价格水平上对价格进行标准化，即 $(\hat{p}, \hat{w}) = (g_x, -g_v)$。考虑消费者 h 的选择问题，我们知道，对所有的商品和要素来说，边际效用对价格的比率应该相等，其值通常就是一次性收入的边际效用。那么，从（9）和（10）式可以得到消费者 h 一次性收入的边际效用为 μ/ω_h。因此，对其一次性收入增量的边际福利影响是 μ/ω_h 乘以 $\partial\omega / \partial u^h$，即 μ。一次性转移支付等于再分配的边际福利影响，这是福利最优的著名的性质。这些只不过证明了拥有一次性转移支付的母国在固定的 m 上达到均衡时的标准福利理论命题。

由包络定理，有

$$\varphi_m(m) = \mu g_x\left(\sum c^h - m, \sum v^h\right) \qquad (11)$$

同前面一样，产品的国内影子价格必然对净产量边际增量的福利产生俘获效应，即 $\hat{p}$ 一定等于 φ_m 乘以一个参数。而（11）式表明产品的影子价格就是生产者价格，同时也等于消费者价格。只要一次性转移可行，那么多个消费者的存在就不会影

响之前单个消费者模型中提到的母国价格的三种价格概念的一致性。

给定 m，可以求出本国的均衡解。这样，建立最优关税问题就很简单了，其过程与一个消费者的情况相同，同结果（6）。因此，国内个人分配可以通过运用一次性转移来实现，而贸易条件变化带来的收益可由关税来保证。但在小国中，关税不起作用。

关税和商品税

现在我们假设一次性转移不可能。同第 3 章，我们也假设生产的规模报酬不变，那么我们就没有纯利润，消费者收入的唯一来源是他们提供的要素服务。我们还假设所有产品和要素可以以任何税率征税。

在这些条件下，不能理所当然地认为所有消费者的 c^h 和 v^h 都可以被直接控制。我们必须保证它们与给定价格时的选择一致，否则无法计算。因此，我们引用第 2 章中的一般支出函数，即等式（49），给定最小的一次性收入可求出一定价格下的目标效用。把 $e^{*h}(p,w,u^h)$ 作为消费者 h 的函数，那么其选择可以由下式给出

$$c^h = e_p^{*h}, \quad v^h = -e_w^{*h} \tag{12}$$

同时，既然消费者没有一次性收入，其一致性条件为

$$e^{*h}(p,w,u^h) = 0 \tag{13}$$

运用（13）式，可解出由 (p,w) 表示的 u^h，即间接效用函数 $u^h(p,w)$。把它代入（12）式中，得到非补偿的消费者产品需求函数 $c^h(p,w)$ 和要素供给函数 $v^h(p,w)$。如果一些要素确实有用，并且在可得数量上供给无弹性，那么 v^h 的相应分量将是常数；这只是一个特例。生产约束和总可行性是

$$\sum c^h(p,w) = x + m \qquad \sum v^h(p,w) = v \qquad g(x,v) = 0 \tag{14}$$

把消费者价格 p 和 w 视为选择变量会便于分析。$(g_x, -g_v)$ 的最优值就是生产者价格，商品税则被隐定义为差分。

目标函数 $\omega(u^1, u^2, \ldots)$ 同前。每一个 u^h 都通过间接效用函数取决于 (p,w)，其性质很明显。对（13）式取全微分得

$$e_p^{*h} \cdot dp + e_w^{*h} \cdot dw + e_u^{*h} du^h = 0$$

对最后一项求偏导便是消费者 h 的收入的反边际效用，写做 λ_h，我们有

$$du^h = \lambda_h(-c^h \cdot dp + v^h \cdot dw) \tag{15}$$

现在，我们准备建立最优税问题，并定义联合米德包络函数

$$\varphi(m) = \max_{p,w} \left\{ \omega(u^1(p,w), \cdots) \mid g\left(\sum c^h(p,w) - m, \sum v^h(p,w)\right) = 0 \right\} \tag{16}$$

很明显这个函数是递增的。但是，我们不能保证其在任何条件下都是拟凹的。因此它的无差异平面可能不是凸的，这样就不一定能保证一阶条件可以求出最大值。

这在最优税收理论中是很常见的问题，我们没有办法解决。

拉格朗日函数是

$$L = \omega(u^1(p,w),\cdots) - \mu g\left(\sum c^h(p,w) - m, \sum v^h(p,w)\right) \tag{17}$$

运用（15），一阶条件是

$$-\sum \omega_h \lambda_h c^h - \mu\left\{g_x \sum c_p^h + g_v \sum v_p^h\right\} = 0 \tag{18}$$

$$\sum \omega_h \lambda_h v^h - \mu\left\{g_x \sum c_w^h + g_v \sum v_w^h\right\} = 0 \tag{19}$$

这些可以被视做最优商品税的标准条件。研究时通常不区分产品和要素，对所有商品就只有一维方程，参见 Sandmo（1976）。对要素税的处理非常直接，而从（18）、（19）式中求出 p、w 则相当复杂。但很明显，通常（p,w）与（$g_x, -g_v$）不成比例，比如，为维持消费者价格和生产者价格的期望差就不得不征税；更多详情可参见 Dixit（1979）。

产品的影子价格 $\hat{p}$ 是什么呢？由包络定理，有

$$\hat{p} \equiv \varphi_m(m) = \mu g_x\left(\sum c^h(p,w) - m, \sum v^h(p,w)\right) \tag{20}$$

产品的影子价格等于生产者价格乘以任意比例因子，而不等于消费者价格。

这对最优关税有明显的含义。我们再选择 P 来最大化 $\varphi(-M(P))$，得到（6）式。这时相关的国内价格就是生产者价格，也就是说，在产品空间里，外国供给平面现在应该与国内生产边界相切，或者与国内生产者价格向量正交。

事实上，这是 Diamond 和 Mirrlees（1971）在对商品税进行创新的严格分析时构建的一般原理的特殊情况。这就是，在运用适当的商品税全集里，生产效率是合意的。所有的边际转换率都应相等，尽管由于税收原因它们不一定等于相应的边际替代率。现在，贸易只不过是本国把产品从一个集合转移到另一个集合中的另外一条途径，而外国供给平面界定了这种转换可能性，我们就可立即推出生产集与国内转换可能边界相切。

结合（6）和（20）式，可写出这种情况下的最优关税公式

$$g_x^T M_P(P) = 0 \tag{21}$$

严格地说，总的最优问题必须作为一个整体来求解，联立（18）、（19）和（20）式可以求出最优商品税和最优关税。不过，可以说这些条件的结构表明关税与贸易条件和个人间分配的国内税紧密相关。既然 g_x 取决于 p 和 w，没有最优的贸易税就无法求解（21）式，但国内生产者价格和外国供给平面正交是完全独立于社会福利函数的：只要知道隐含的再分配政策正在执行就够了。另一方面，如果不明确要采取的贸易政策是什么以及其将带来什么样的收益，那么就不能找到使国内分配达到最优的特定税或补贴，因为它影响 μ。我们把这个问题留给读者，思考这是否可以解释为什么财政大臣（或财政部长）往往比贸易部长权力更大。

小国模型中，可以用最直接的方法来强调这些问题。当对于给定的 P，约束为 $P \cdot m = 0$，$\varphi(m)$ 最大化时，我们有 $g_x = \varphi_m(m) = \alpha P$，$\alpha$ 是参数。换句话说，国内生产者价格应该等于给定的世界价格。消费者价格可能与公值（common value）不同。隐含商品税税率应该与国内生产或进口的供给税率相同。若本国不能改善其贸易条件，那么关税仍不起作用；国内再分配最好是通过商品税来实现。

6.2 对扭曲和约束的政策反应

我们已经深入研究了贸易条件和个人间分配的问题，现在，我们把这些问题都放到一边，假设只有一个消费者的小型经济体。这主要是为了强调政策约束引起的新问题。原则上，把所有问题都纳入一个大模型并不难，但太复杂的代数式会混淆经济理解。

约束可以直接与政策工具相关，或者与受政策工具影响的经济数量相关。这一节我们考虑后一种情况，下一节再看前一种情况。

我们考虑的政策工具是关税以及对各种国内经济活动特别是消费、生产和要素使用所征的税。我们首先来弄清一个基本问题。让 P 代表给定的世界价格向量，并假设国内价格标准化为统一单位。税收用特定形式比如每数量单位表示。有关价格和关税的恒等式有很多。刚过边境的进口价格等于世界价格向量与关税之和。考虑来自进口的消费，消费者价格一定等于进口价格加上消费税。同理，考虑对国内生产的消费，消费者价格＝生产者价格＋生产税＋消费税。这样，我们就可以用世界价格和各种税来表达消费者和生产者价格：

$$消费者价格＝P＋关税＋消费税$$
$$生产者价格＝P＋关税－生产税$$

大多数情况下，国内消费者和生产者价格是政策影响经济的唯一渠道。如果有三个税收向量，我们就有一维自由度。比如，我们可以把其中一个税收向量设为 0 作为约束，通过其他两个仍可得到同样的结果。事实上，用最简单的方法即只用两种工具，如果可能的话就用一种来表示政策是明智的。比如，消费者税率和生产者补贴率相等，关税为 0 的政策就比较简单，这等同于其他两种税率为 0而关税采用此税率的政策。当然，关税不会单独达到最优，它将是我们所作分析的重要组成部分，以此找到关税最优时的情况。

这个政策的约束条件有：贸易平衡的必要条件 $P \cdot m = 0$，生产可能性约束以及特殊的扭曲和其他约束。根据这些，我们考虑几种不同的情况。

国内扭曲

我们先来考虑产品市场。有三个重要向量：影子价格为 $\hat{p}$，边际效用和边际成本分别为 f_c、g_x。在一个消费者、小国的情况下，我们看到最优条件要求 $\hat{p}$ 等于世界价格 P，f_c、g_x 分别等于 $\hat{p}$ 的一定比例。如果没有国内扭曲，自由贸易将达到竞争均衡。这就保证了国内价格与世界价格相等，国内消费者和生产者的最优调整使 f_c、g_x 分别等于国内价格乘以一个比例因子。

现在，假设国内生产部门存在扭曲，一个典型的来源就是外部性：一个生产者的产出影响其他生产者的生产过程，但没有市场使得它们就外部性造成的边际收益或损失来支付费用或接受赔偿。在这种情况下，竞争和自由贸易将使得 $\hat{p}=$ P，$f_c = \hat{p}$，每一个乘以一个参数。但 g_x 在构成和数值大小上都与 $\hat{p}$ 不同。这种情况的最优政策从福利经济理论的角度容易理解。我们可以采用庇古方案，通过税收或补贴来矫正国内生产的扭曲，该方案可用来模拟对受益或损失的期望支付。这使得 g_x 与 $\hat{p}$ 成一定比例，并可恢复到最优值。

但是，一旦我们陷入扭曲的均衡，一般次优理论就可以提高改善状况的可能性，这种改善可以通过引进经济中其他地方的另一种扭曲来实现。关税便是这样一种政策，如果用它来代替庇古政策，国内价格就变成（P+t），这里 t 是关税向量。生产扭曲使 g_x 不等于（P+t）。从消费方看，f_c 与（P+t）成一定比例，因而与 $\hat{p} =$ P 不成比例。这样我们就有两种扭曲，但这比只有一种好，所以这种状态可能比最初存在扭曲并且根本没有政策时的均衡要好。但是，它并不是最优的，因此也不可能和自由贸易时最优的庇古政策一样好。

同理，国内消费扭曲最好通过庇古的消费方案来矫正，以实现最优。一般的原则是，政策应该直接矫正或弥补扭曲。

如果扭曲存在于一个缺乏政策的竞争均衡中，f_c 与 g_x 成比例，但是公值与 $\hat{p}$ 不同，那么矫正的庇古政策包括同等变化 f_c 与 g_x，也就是征收的消费税和进行生产补贴的比率相同。正如我们所看到的，通过关税来实现则更简单。在这种情况中，扭曲往往是那些与世界其他国家有联系的国内经济体中所有行为人的通病。因此，我们认为它来源于贸易。例子不太好举，但如果发生了，最好的弥补政策就是实行一种贸易税。

这种推理可以扩展到要素市场的扭曲：如果扭曲发生在对共同要素的不同使用之间，最好通过对专用的要素征税或补贴来纠正。我们顺便提一下，固定要素的使用不存在扭曲问题；如果固定要素是技术约束，或者是移动成本，那它就是一个简单的特殊模型，比如李嘉图-维纳模型，不需要矫正的政策。

这种推理还可以扩展到大国的情况，这时最优的政策不再是自由贸易，而是征收适当的关税。一旦实施关税，国内的影子价格 $\hat{p}$ 就将不同于世界价格，保持 f_c、g_x 与 $\hat{p}$ 成一定比例是合意的。面临扭曲，最好的解决办法是对消费和生产征收适当的庇古税或提供补贴。但在某些特殊情况下，运用关税解决也同样有效，且更直接，但通常关税的作用被限制在改善贸易条件上。扩展到多个消费者的情况也很容易。如果国内再分配通过一次性转移实施，那么就没有增加任何新特点。征收商品税，f_c 与 g_x 之间就存在一个最优关系，而 g_x 与 $\hat{p}$ 保持一定比例。庇古税的作用就是恢复这些关系。Sandmo（1975）对封闭经济的情况作了证明。

想要了解处理国内扭曲的常用政策的读者可以看 Bhagwati（1971）的一篇综述，他对产品市场的分析与我们的很相近。他用边际替代率和边际转换率即相对价格来代替边际效用和边际成本向量即按任意规定比例的价格。他的国内替代率（DRS）相当于我们的 f_c；其国内转换率（DRT）相当于我们的 g_x；其外国转换率（FRT）相当于我们的影子价格 $\hat{p}$。

我们已经检验过可以用庇古政策来完全纠正扭曲，现在来看约束问题，这些约束限制了一些经济量偏离最优水平从而导致不能达到最优。在这种情况下，没有政策可以达到最优，但我们可以找到对应附加约束的最优政策。原理同上：我们要采用那些能最直接影响到约束变量的政策。

有关进口的约束

第一个假设是，某种产品的净进口量固定。这可能是源自于政治或战略考虑而规定的进口限制，或者是由于一国害怕遭到报复而达成的出口限制协议，也或者是根据贸易协定一国必须从其他国家至少要购买某一最低限额的产品。

把产品分成两类，用上标 1 和 2 来区分。假设 1 类的净进口向量 m^1 固定，只选择 m^2。预算约束为：$P^1 m^1 + P^2 m^2 = 0$。此外，没有其他约束，只要选择了 $m = (m^1, m^2)$，同前面一样就可以确定国内均衡，我们可以用米德效用函数，写做 $\varphi(m^1, m^2)$。我们仍然通过求解以下问题来决定采取的贸易政策

$$\max_{m^2} \{\varphi(m^1, m^2) \mid m^1 \text{ 固定}, P^1 \cdot m^1 + P^2 \cdot m^2 = 0\}$$

拉格朗日函数是

$$L = \varphi(m^1, m^2) - \alpha(P^1 \cdot m^1 + P^2 \cdot m^2) \tag{22}$$

其中，α 是一个正的参数。写出一阶条件

$$\varphi_2(m^1, m^2) - \alpha P^2 = 0 \tag{23}$$

其中 φ_2 表示 φ 对 m^2 的偏导数，标准化后，产品的国内价格向量为 $(\varphi_1/\alpha, \varphi_2/\alpha)$。若使 2 类产品的国内价格等于这种产品在世界市场的价格，即允许这种产品自由贸易，那么就可达到最优。然后通过满足约束条件，可求出 1 类产品的国内价格，这需要对这些产品的贸易征收适当的关税或给予补贴。作为前面阐述过的一般原则的一个例子，这种政策侧重于对附加约束的来源进行征税。

事实上，对 1 类产品采取的政策我们还可以说很多。根据包络定理，通过求 L 对 m^1 在最优时的偏导，可以求出最大效用随着产品净进口目标量的变化而变化的速度，

$$\varphi_1(m^1, m^2) - \alpha P^1 = \alpha \{\varphi_1(m^1, m^2) / \alpha - P^1\}$$

上式中，只要有一个物品的分量为正，那么我们就说对净进口的约束水平太低。这可能是因为对进口的最高限制或对出口的最低要求所致，在任何一种情况下，都与比外国价格高的国内产品价格相符合。这意味着对进口征收适当的关税或对出口给予补贴，可根据约束的性质进行判断。

有关进口的另一种约束是关于一种特殊类别产品的价值。根据上面的定义，假设对于某个给定的 k 必须有 $P^1 m^1 = k$，则自然有 $P^2 m^2 = -k$。那么在这两个约束条件下，我们可以最大化 $\varphi(m^1, m^2)$。拉格朗日函数是

$$L = \varphi(m^1, m^2) - \alpha_1(P^1 \cdot m^1 - k) - \alpha_2(P^2 \cdot m^2 + k) \tag{24}$$

其中 α_1, α_2 是乘子，由于 φ 是递增的，所以均为正。一阶条件为

$$\varphi_1(m^1, m^2) = \alpha_1 P^1 \qquad\qquad \varphi_2(m^1, m^2) = \alpha_2 P^2 \tag{25}$$

这需要每一组产品的国内价格与世界价格成一定比例，但比例系数不一定相同。下面我们来看最大化效用对约束 k 变化的反应意味着什么。根据包络定理，导数

就是（$\alpha_1 - \alpha_2$）。如果 k 增加引起效用增加，约束就使得 1 类产品的净进口价值低于理想水平。令 $\alpha_1 > \alpha_2$，并假设国内价格标准化，这样 2 类产品的价格就等于它们的世界价格。那么 1 类中所有产品的国内价格都比世界价格高出的比例为（$\alpha_1 - \alpha_2$）$/\alpha_2$，这一点可通过以相同的比率对这组进口产品征收从价关税、对出口产品给予从价补贴来实现。2 类产品受自由贸易的约束。这就再一次说明了采用直接影响约束变量的政策的一般原则。

对国内生产和消费的约束

接下来我们考虑国内经济对特殊产品的生产和消费水平的约束问题。简单的例子是，出于战略原因规定某种产品的最低产量，或者出于道德原因对最高消费量进行限制。更复杂一点，国家想要某一产品比如说 1 类产品的 95％ 都是自给自足，因此约束就是 $x_1 \geqslant 0.95\, c_1$。更一般化地，可以把约束写做隐式 $h(c,x) \leqslant 0$，这可以涵盖更复杂的情况。比如，当要素供给固定时，我们得到"普通次优约束"，此约束可能导致两种产品的边际替代率和转换率不相等，其形式是 $(\partial f/\partial c_1)/(\partial f/\partial c_2) = k(\partial g/\partial x_1)/(\partial g/\partial x_2)$，$k \neq 1$，在一般形式中，可以去掉对 k 的约束。

现在我们需要对米德函数稍做修正。由于附加约束影响给定 m 的国内均衡，因此在这个函数的定义中我们必须予以考虑。于是我们有

$$\varphi(m) = \max_{c,x,v} \{ f(c,v) \mid c = x + m, g(x,v) = 0, h(c,x) \leqslant 0 \} \tag{26}$$

在建立拉格朗日函数时，把商品平衡方程作为一个独立的约束条件就简单多了，此约束有自己的乘数向量。这些乘数表示对额外产品的最大效用的影响，即产品的国内影子价格 $\hat{p}$。μ 仍是生产约束乘子，θ 为附加约束乘子。那么

$$L = f(c,v) - \hat{p} \cdot (c - x - m) - \mu g(x,v) - \theta h(c,x) \tag{27}$$

一阶条件为

$$f_c - \hat{p} - \theta h_c = 0 \tag{28}$$

$$\hat{p} - \mu g_x - \theta h_x = 0 \tag{29}$$

$$f_v - \mu g_v = 0 \tag{30}$$

由包络定理得出

$$\varphi_m(m) = \hat{p} \tag{31}$$

这与产品国内影子价格的通常解释一致，因为增加净进口只是增加国内产品的一种途径。

标准化后，消费者价格为（$f_c, -f_v$），生产者价格（$\mu g_x, -\mu g_v$）。方程（30）就简单了：要素的消费者价格应该等于它们的生产者价格，即要素分配应该是有效率的。既然要素不包括在附加约束中，我们还可以有满足约束的另一种政策。考虑到 c 和 x 包括在约束中，（28）、（29）式分别给出了相应的政策：（28）式是说产品的消费者价格是如何不同于它们的影子价格的；（29）式讲了生产者价格问题。我们最好通过例子来理解这个一般公式。

首先，我们考虑对产品 1 的消费水平低于某一固定值 k 的情况，即 $h(c,x) =$

$c_1 - k$。当 $h_x = 0$ 时，由（29）式得出生产者价格等于影子价格。同样，由（28）式可得到消费者价格比影子价格高 θ，其所代表的政策是自由贸易，没有生产税，只有对产品 1 的消费征收税率为 θ 的特别税。同理，读者可以检验，在约束仅包含生产量时的最优政策只包括征收适当的生产税。

接下来看前面提到过的 95％自给的情况，$h(c,x) = 0.95c_1 - x_1$。由于 h_c 和 h_x 的所有分量都是 0，因此没有必要对任何产品征税。对第一种产品有，$\partial f / \partial x_1 = \hat{p} + 0.95\theta$，$\mu \partial g / \partial x_1 = \hat{p}_1 + \theta$。消费者价格高出影子价格的部分表示比率为 0.95 θ 的消费税，生产者价格高出影子价格的部分为比率为 θ 的生产补贴，满足约束条件。这样我们就得到包括约束中变量的政策。

需要说明的是，在低于 100％自给的约束时，单靠关税不能达到最优。当然，我们可以通过选择适当的贸易税来达到 $x_1 = 0.95c_1$；但前面的结果表明还有更好的办法达到理想的自我满足程度。原因很简单，通过对生产者实施补贴和对消费者征税，就可以达到与最优值基本一样的结果，只不过 x_1 和 c_1 会有较小的绝对变化。

要素市场扭曲

最后，我们来看由于要素不能最优分配而造成的附加约束，这可能是由特殊用途市场的不完全引起的；通常的例子是，工会垄断势力的运用。我们给出了一种包含各种约束的一般处理办法。

首先必须明确要素分配的过程。通常要素分配包含在收入函数 $r(p,v)$ 或总转换边界 $g(x,v) = 0$ 中，此二者都假定存在着有效分配。当情况并非如此时，我们要走到幕后揭开这些包络函数的面纱。首先，假定投入转换成产出有两个过程，生产函数分别是 $g^1(x^1,v^1) = 0$，$g^2(x^2,v^2) = 0$。若两个过程都在生产，则总投入为 $x^1 + x^2$，总产出为 $v^1 + v^2$，这样就不存在前面提到的外部性。一般化为多个过程也很简单，每个阶段中的所有要素和产品的投入产出甚至没有必要为正。

如果产品的影子价格向量为 $\hat{p}$，有效的生产计划将使产出值最大，$\hat{p} \cdot (x^1 + x^2)$，约束条件为两个生产约束和给定的要素数量 v。μ_1、μ_2 为生产约束乘子，$\hat{w}$ 为要素的影子价格。拉格朗日函数为

$$L = \hat{p} \cdot (x^1 + x^2) - \mu_1 g^1(x^1,v^1) - \mu_2 g^2(x^2,v^2) - \hat{w} \cdot (v^1 + v^2 - v)$$

一阶条件

$$\begin{aligned} \hat{p} &= \mu_1 g_x^1(x^1,v^1) = \mu_2 g_x^2(x^2,v^2) \\ \hat{w} &= -\mu_1 g_v^1(x^1,v^1) = -\mu_2 g_v^2(x^2,v^2) \end{aligned} \tag{32}$$

选择标准化，则生产者在两个过程中都面临着同样的产品价格 $\hat{p}$ 和要素价格 $\hat{w}$，并且两过程中相应的边际转换率也相等，这样很容易求出最优值。

但附加约束阻碍了最优化进程。取这一约束的一般形式，$h(v^1,v^2) = 0$。两种产品分别在每个过程中生产，比如，函数 h 可以给出两个过程中投入边际替代率之间的加权微分，但权重不同。那么，当 $h = 0$ 时，这两个比率就不会相等，而导致分配无效率。

为决定在这些情况下的最优政策，我们再次定义包括所有约束的米德效用函数

$$\varphi(m) = \max \{f(c,v) \mid c = x^1 + x^2 + m, v = v^1 + v^2,$$
$$g^1(x^1,v^1) = 0, g^2(x^2,v^2) = 0, h(v^1,v^2) = 0\} \qquad (33)$$

θ 为附加约束的乘子，拉格朗日函数可以写做

$$L = f(c,v) - \hat{p} \cdot (c - x^1 - x^2 - m) - \hat{w} \cdot (v^1 + v^2 - v)$$
$$- \mu_1 g^1(x^1,v^1) - \mu_2 g^2(x^2,v^2) - \theta h(v^1,v^2) \qquad (34)$$

一阶条件为

$$f_c - \hat{p} = 0 \qquad\qquad f_v + \hat{w} = 0 \qquad\qquad (35)$$
$$\hat{p} = \mu_1 g_x^1(x^1,v^1) = \mu_2 g_x^2(x^2,v^2) \qquad\qquad (36)$$
$$\hat{w} = -\mu_1 g_v^1(x^1,v^1) - \theta h_1(v^1,v^2) = -\mu_2 g_v^2(x^2,v^2) - \theta h_2(v^1,v^2) \qquad (37)$$

其中，h 关于 v^1、v^2 的偏导分别表示为 h_1、h_2。最后，根据包络定理又得出（31）式的结果

$$\varphi_m(m) = \hat{p}$$

对以上的解释很直接。（31）式说明要采取自由贸易政策，（35）、（36）式分别表示不应该对产品征收消费税和生产税。（37）式说明只能对要素征税。本章第1节中的要素使用者面临的价格是 $-\mu_1 g_v^1 = \hat{w} + \theta h_1$；这可以通过对第一个过程中的要素使用征税，税率为 θh_1。同理，第二个过程中的要素使用税率应为 θh_2。这样最优政策对所有其他交易不征税，但对要素以特别使用税率征税，以反映在附加约束中每种要素的使用效果及其影子价格。

总的来说，对带有附加约束的最优政策分析在每种情况下都符合普遍原则，即选择的最优工具应可以直接影响到约束变量。只有在约束直接包括贸易流时，就像特殊产品贸易协定的情况，才需要使用贸易税政策。读者可以参考 Bhagwati（1971）以了解更多详细内容。

有效保护

我们来看最后一种情况，产品生产过程中需要中间投入，政策与总产出水平有关。换句话说，我们找到了有效保护产业的最好办法。第5章中有效关税的比较静态分析假定中间投入的系数固定，这里的福利分析不需要这个特殊假定。

假设产品 j 生产的中间投入为 η^j，初始投入为 v^j，总产出为 ξ_j，根据生产函数

$$\xi_j = g^j(\eta^j, v^j) \qquad\qquad (38)$$

要素分配必须满足

$$\sum_j v^j = v$$

如果净进口向量 m 已知，产品的原料平衡等式是

$$c = \xi - \sum_j \eta^j + m$$

我们的目的是选择一个生产、消费和要素供应计划，在这些及附加约束条件下最大化 $f(c,v)$，附加约束为

$$h(\xi) = 0$$

结果是此问题的米德包络函数 $\varphi(m)$。

没有必要写出所有的一阶条件，它们绝大多数是竞争价格条件，只有由附加约束导致的总产出 ξ 使例外增加。按惯例让 $\hat{p}$ 表示产品的影子价格，μ_j 为（38）中每个 j 的乘子，$\hat{p} = \varphi_m(m)$，其中 μ 是与各部门总产量相关的影子价格。如果 θ 是附加约束的乘子，那么二者的关系表示为

$$\hat{p} = \mu + \theta h_\xi$$

如果可以达到最优，那么经济中其他行为人应该面临价格 $\hat{p}$，但销售总产品的生产者可以接受的价格是 μ，需要注意的是，如果作为中间产品的购买者，那么他们应该支付的价格是 $\hat{p}$。这样就使每个人都面临价格 $\hat{p}$，但要对此生产过程中每单位产量征收 θh_ξ 的税。

这并不奇怪。如果我们想保证总产出，即生产水平，最好的办法是直接补贴。换句话说，最有效的保护根本不是限制进口。

可能有人觉得奇怪，为什么要用一个总效用函数解决一个关系到特殊用途中要素使用和要素价格的问题。然而，这又是为了更有力地支持一般原则。如果国内再分配是合意的，最好的办法是通过一次性转移，次优的办法是征收商品税，只有当这两种方法都失效时，才使用关税。我们将探究第三优关税政策的任务交给读者。原则上，找到这样一种政策并不困难，但需注意，一般化公式并不具有指导性。

6.3 部分政策改革

下一个主题是关于政策本身的约束问题。如果不能立即达到最优，比如由于突然改变税制结构等政策问题，我们希望能找到渐进改革的方向。如果一些政策不能实现，比如要素特别使用税太细微而不可行，那么其他政策是不是可以改善这种扭曲的状况呢？研究这类问题的一般理论没有太大意义，因为约束和扭曲的组合情况可能有无数种。我们选了两个例子，在每一个例子中，我们检验当矫正扭曲的最优方法不可行时，关税在改善扭曲均衡中发挥的作用。第一个例子是有关产品市场的扭曲情况，第二个是关于要素市场。

当问题不再是寻找最优政策时，我们就不能再按照解决最优化的路子走，并解释其中作为影子价格和累进税的乘子的含义。我们必须明确阐明扭曲均衡，并检验其对政策可行的微小变化的比较静态。因此，均衡和比较静态分析方法——第 3、5 章中运用的支出和收入函数——又取代了适合最优分析的米德包络函数。

产品市场扭曲

我们分析只有一个消费者的小规模经济，要素供给固定。与前面讲过的比

较静态分析例子相同，只有相对价格，把一种产品作为计价商品，标做 0；P 为其他 n 种产品固定的世界价格；t 表示关税。另外，消费者价格和进口品的国内价格之差 α 为非关税部分，同样 β 表示生产者价格的扭曲。这样，消费者价格向量是（$P+t+\alpha$），生产者价格向量为（$P+t+\beta$）。国民收入恒等式中，消费者支出等于生产者收入加上关税及其他扭曲产生的收入。其中关税收入是 $t\cdot(c-x)$，由消费和生产扭曲产生的收入分别为 $\alpha\cdot c$ 和 $-\beta\cdot x$；由于我们已经把生产扭曲表示为国内生产者价格高出进口价格的部分，就像补贴。所以，我们有

$$e(1,P+t+\alpha,u) = r(1,P+t+\beta,v)+(t+\alpha)\cdot e_p -(t+\beta)\cdot r_p \tag{39}$$

μ 确定，可求出均衡时的其他量。

考虑 t、α、β 变化的比较静态效果，对（39）式取全微分，有

$$e_u\,\mathrm{d}u = (t+\alpha)\cdot e_{pp}(\mathrm{d}t+\mathrm{d}\alpha)-(t+\beta)\cdot r_{pp}(\mathrm{d}t+\mathrm{d}\beta)+(t+\alpha)\cdot e_{pu}\,\mathrm{d}u$$

合并同类项得

$$e_u = e_{0u}+(P+t+\alpha)\cdot e_{pu}$$

代入上式有

$$(e_{0u}+P\cdot e_{pu})\,\mathrm{d}u = (t+\alpha)\cdot e_{pp}(\mathrm{d}t+\mathrm{d}\alpha)-(t+\beta)\cdot r_{pp}(\mathrm{d}t+\mathrm{d}\beta) \tag{40}$$

等式左边的系数是所有产品的收入效用之和，用世界价格来衡量。可以证明，该系数在均衡的稳定条件下为正；参见 Hatta（1976）或 Dixit（1975）。在这种情况下，政策改变很容易导致效用变化。这里有几个直接的结论。

首先，所有扭曲等比例下降会提高福利。令 $\mathrm{d}t =- t\mathrm{d}k$，$\mathrm{d}\alpha =- \alpha\mathrm{d}k$，$\mathrm{d}\beta =-\beta\mathrm{d}k$，其中 $\mathrm{d}k$ 为正值。那么（40）式中的等式右边可写为

$$\{-(t+\alpha)\cdot e_{pp}(t+\alpha)+(t+\beta)\cdot r_{pp}(t+\beta)\}\mathrm{d}k$$

由于 e 是凹的，r 是凸的，其二次型为半正定，因此 $\mathrm{d}u\geqslant 0$。这就证明了此结论。这个结论是福利经济学中最普通的理论之一。

其次，假设 α、β 固定不变，在没有关税时，一个微小变动 $\mathrm{d}t$ 将使得等式（40）的右边等于

$$(\alpha\cdot e_{pp}-\beta\cdot r_{pp})\mathrm{d}t$$

系数一般为非 0 向量，那么，当直接的最优庇古政策不能消除扭曲时，关税将发挥作用。我们可以计算关税次优政策。由于效用最大化，$\mathrm{d}u=0$，因此（40）式右边 $\mathrm{d}t$ 的系数一定为 0。
即

$$(t+\alpha)^T e_{pp}-(t+\beta)^T r_{pp} = 0$$

或

$$t^T =-(\alpha^T e_{pp}-\beta^T r_{pp})(e_{pp}-r_{pp})^{-1} \tag{41}$$

但我们怀疑以此来安慰关税的拥护者是不是有点太复杂了。

要素市场扭曲

在讨论要素市场中的扭曲时，不能运用该经济体的总收入函数。它假设生产有效率，而要素分配扭曲时市场无效。为处理这种情况，我们必须分解生产，假设有两个生产部门，在这两个部门中要素回报率不同。我们还假设只有一个消费者的经济，总要素供给固定为 v，世界价格不变 $(1, P)$，关税为 t，非计价物产品的国内价格为 $p = P + t$。这样就建立了 p 和 P 的一一对应关系，简化一下，把 p 作为选择变量，关税 t 就变成 $(p - P)$。

令两部门的收入函数分别为 $r^1(1, p, v^1)$、$r^2(1, p, v^2)$；要素分配 v^1、v^2 之和必为 v。在这个约束下，有效分配将最大化总收入，这可通过使边际产品价值 r_v^1、r_v^2 相等来实现。那么我们可以把收入之和视为 p 和 v 的函数，这样不仅得到一个单独的收入函数，同时还将现在的方法与前面的方法结合起来。由于指明边际产品向量之间的差异存在扭曲，所以以上方法不一定有效。我们用一个例子来检验均衡问题，其中 θ 为固定值，表示扭曲，也就是，分配必须满足

$$r_v^2(1, p, v^2) = r_v^1(1, p, v^1) + \theta \tag{42}$$

给定 p，上式与 $v^1 + v^2 = v$ 联立求解，可得到要素的均衡分配。既然我们已经选定了一个计价物商品，θ 的选取就不是任意的。对要素市场扭曲的通常处理表明两种边际产品之间的差异具有可乘性而不是可加性。最后我们再对此做评论。

我们借用国民收入恒等式来决定 u 以求出均衡解

$$e(1, p, u) = r^1(1, p, v^1) + r^2(1, p, v^2) + (p - P) \cdot m \tag{43}$$

式中的净进口 m 由下式给出

$$m = e_p(1, p, u) - r_p^1(1, p, v^1) - r_p^2(1, p, v^2) \tag{44}$$

即需求减去两部门的总供给。

通过改变 p 来扰动均衡，我们来看关税变动的比较静态效果。首先，我们从 (42) 式看到要素分配的引致变化

$$r_{vv}^2 \mathrm{d}v^2 + r_{vp}^2 \mathrm{d}p = r_{vv}^1 \mathrm{d}v^1 + r_{vp}^1 \mathrm{d}p$$

由于 $\mathrm{d}v^2 = -\mathrm{d}v^1$，得

$$(r_{vv}^2 + r_{vv}^1) \mathrm{d}v^2 = -(r_{vp}^2 - r_{vp}^1) \mathrm{d}p$$

r_{vv}^1、r_{vv}^2 的矩阵都是半负定的，但在规模报酬不变的条件下，二者是奇异矩阵，因为 v^1, v^2 各自的产品都是 0。即使如此，除非 v^2 恰好与 v^1 成比例，否则这两个矩阵之和将是负定的，因而为非奇异矩阵。根据以上假定，求解得

$$\mathrm{d}v^2 = -(r_{vv}^2 + r_{vv}^1)^{-1} (r_{vp}^2 - r_{vp}^1) \mathrm{d}p \tag{45}$$

我们用几个简单的例子来说明上式。首先，考虑有两种产品、一种可变要素的李嘉图-维纳模型。假设 θ 为正，即部门 2 的边际产品价值高于部门 1。可变要素从部门 1 转到部门 2，总收入增加，即相对于有效分配来说部门 2 太小。现在考虑非计价物产品的价格 p 提高的情况，若这些产品由部门 2 生产，那么边际产品的提高量在部门 2 比部门 1 多，即 $r_{vp}^2 > r_{vp}^1 = 0$。这样 (42) 式将发生变化，

其左边将会很大。为恢复均衡，左边必须减小而右边增加；既然两部门要素报酬都递减，（45）式表明 $(r_{vv}^2 + r_{vv}^1) < 0$，所以可以通过把要素从部门 1 转到部门 2 来实现。另外，我们看到在刚才提到的情况中，p 上升会导致要素分配向有效率的方向转移，即扩大开始我们认为太小的部门的规模。因此，当存在庇古政策不能纠正的扭曲时，关税的作用就显而易见。

接下来我们看 2×2 的赫克歇尔-俄林模型。假设非计价产品在部门 2 生产，其价格变化对部门 1 的边际产品没影响，即 $r_{vp}^1 = 0$。r_{vp}^2 有正的分量。由于（45）式需要求逆，我们先写出任何 2×2 矩阵 $A = (a_{ij})$ 的逆

$$\begin{pmatrix} a_{11} & a_{12} \\ a_{21} & a_{22} \end{pmatrix}^{-1} = \frac{1}{a_{11}a_{22} - a_{21}a_{12}} \begin{pmatrix} a_{22} & -a_{12} \\ -a_{21} & a_{11} \end{pmatrix}$$

现在每一个 r_{vv}' 在对角线上都是负项而其他位置上为正项。因此，加总后符号不变，行列式为正。因此，其逆的所有项均为负值。虽然（45）式中 dv^2 的表达式前面是负号，但它是一个矩阵和一个正项的乘积，也就是一个有正分量的向量，那么可以说 dv^2 是一个正向量。

因此，非计价物产品的价格升高吸引要素流向该部门，但这也取决于扭曲向量 θ 的符号。若为正，两部门的要素都转向部门 2 是值得的，且提高非计价产品价格的政策也是合意的。

要明确效用的作用，我们先对（43）取全微分

$$e_p \cdot dp + e_u du = r_p^1 \cdot dp + r_v^1 \cdot dv^1 + r_p^2 \cdot dp + r_v^2 \cdot dv^2$$
$$+ m \cdot dp + (p - P) \cdot dm$$

联立（43）、（42）式，化简得

$$e_u du = \theta \cdot dv^2 + (p - P) \cdot dm \tag{46}$$

如果我们要考虑稍微偏离自由贸易的影响，就有初始均衡 $p = P$，（46）式表明要素重新分配的作用非常重要。把（45）代入（46）式得

$$e_u du = -\theta \cdot (r_{vv}^2 + r_{vv}^1)^{-1}(r_{vp}^2 - r_{vp}^1)dp \tag{47}$$

我们把这个问题留给读者作为练习，检验如何对李嘉图-维纳和赫克歇尔-俄林模型进行规范的证明。

对于偏离自由贸易比较大的情况，我们必须把（46）式中贸易量的作用考虑进来。对（44）式求微分，有

$$dm = e_{pp}dp + e_{pu}du - r_{pp}^1dp - r_{pv}^1dv^1 - r_{pp}^2dp - r_{pv}^2dv^2$$
$$= (e_{pp} - r_{pp}^1 - r_{pp}^2)dp + e_{pu}du - (r_{pv}^2 - r_{pv}^1)dv^2 \tag{48}$$

若选择一个合适的 p 满足 θ 给定时的次优政策，则任何微小变化 dp 必有 $du = 0$。把其代入（47）、（48）中，并根据（45）式求出 dv^2，一阶条件写做

$$(p - P)^T \{e_{pp} - r_{pp}^1 - r_{pp}^2 + (r_{pv}^2 - r_{pv}^1)(r_{vv}^2 + r_{vv}^1)^{-1}(r_{vp}^2 - r_{vp}^1)\}$$
$$= \theta^T (r_{vv}^2 + r_{vv}^1)^{-1}(r_{vp}^2 - r_{vp}^1) \tag{49}$$

从表面看上式很像公共财政理论中的最优税收公式。左边的矩阵是一个一般

替代矩阵，考虑了要素再分配中价格变化的影响。因此，可以用关税收入的替代效应来解释，其与相应的福利效应成比例。

用乘法形式处理扭曲的传统方法引起了几个问题。左边的对应矩阵不是对称的，也不是负定的，这是由于两种不同的要素密度概念之间可能存在冲突，一个是基于实物比例，另一个是基于价值份额。这导致了一些"悖论"，Jones（1971b）对此做过检验，也可参见 Schweinberger（1979）。

6.4　关税联盟

这一节我们从一组国家而非一个国家的角度来考虑政策问题。考虑两个准备在对外贸易上采取协调政策的国家，这足以引出所有相关的问题。但事实上，不管是从原理还是技术的角度看，并没有多少新内容。

我们用加注了上标 1、2 的小写字母来表示与两个国家有关的变量。世界其他国家的净供给函数是 $-M(P)$。两国政策未协调时的初始均衡可能包含关税和国内税的任意组合。假设 P 为均衡的世界价格向量；那么两国的净进口向量 m^1、m^2 满足 $m^1 + m^2 = -M(P)$。

现在假设两国准备协调政策。先考虑一种极端的情况，它们有一个协议的目标函数，此函数通过两国所有消费者的效用来定义，可以求得最大值，约束条件只有每个国家的生产可行性及要素在两国间的不可流动性。然后，我们在一个拥有多个消费者和一次性转移的国家构建一个推导出米德效用函数的最优问题。这些国家如何最好地利用给定的总净进口向量 m 呢？这将使所有消费者和生产者面临同样的价格，最优的个人间分配通过一次性转移来实现。从某种意义上讲，我们可以把这种初始的非协调均衡——其中两个国家的消费者和生产者将面对不同的价格——看做遍布着消费或生产扭曲，而新的最优解可以消除这些问题。通过协作，即使对外贸易的价格保持不变，这两个国家仍可以改善现状。这是 Ohyama（1972）提出的关税补偿的关税同盟思想，他所定义的同盟涉及设立共同的对外关税，以保持同盟形成前后两国对外净贸易量和组成水平相同；并充分协调同盟内的分配政策。若 P 改变则可能获益更多；而这对于作为整体的同盟来说是最优关税问题。

但在制定协议福利函数和允许一次性转移方面协作的范围都是有限的。若通过国际转移使一国消费者境况变好而另一国变坏，那么可以预见到会存在严重问题。因此，我们会问，两国是否可以单独通过关税和商品税达到帕累托更优呢？沿着第 3 章对一国自给自足和自由贸易进行比较的分析框架，我们发现答案是肯定的。

假设初始状态，i 国的消费者面对的产品价格为 p^i，要素价格是 w^i，选择的商品和要素数量为 $\bar{c}^i$、$\bar{v}^i$；假设产品的净产量为 $\bar{x}^i$，P 为世界价格，净供给为 $-M(P)$，因此有

$$\bar{c}^1 + \bar{c}^2 - \bar{x}^1 - \bar{x}^2 = -M(P) \tag{50}$$

现在两国协调税收政策，用合成价格向量表示。（两国将会有一个共同的合成关税以及各自不同的商品税，这可由价格向量来决定）：

令世界价格为 P，消费者价格为（p^i, w^i），没有一次性转移，因此消费者的预算线不发生改变。消费者作出相同的选择（$\bar{c}^i$、$\bar{v}^i$）。

但我们将改变生产模式，即把净产出的总可行集 S 定义为

$\{ x \mid$ 存在 x^1 和 x^2，i 国的每一个（$x^i, \bar{v}^i$）在技术上都是可行的，并且

$x = x^1 + x^2 \}$

很明显，$\bar{x}^1 + \bar{x}^2$ 也在这个集合中，但不在这个集合的有效边界上。既然我们假设两国有凸技术，则 S 也是凸的，因此在其边界的任一点上都有一个支撑超平面。也就是说，如果 x^* 在边界上，价格向量为 p^*，那么 x^* 将最大化 $p^* \cdot x$ 值，比 S 集合中选择任意 x 时的值都大。如果 $x^* = x^{*1} + x^{*2}$，x^{*i} 在 i 国可行，那么每一个 x^{*i} 必然使 $p^* \cdot x^i$ 最大化，否则 $p^* \cdot x^i$ 还可以改进。这说明，如果总产出有效率，产品的生产者价格在两国必然相同。因此，就两国的生产者价格不同，以及各自的生产边界允许转换来说，两国可以提高所有产品的产出。

在 S 边界上任取一点 x^*，它在 $\bar{x}^1 + \bar{x}^2$ 的东北方向。令 p^* 是两国共同的生产者价格，为支撑价格。每个国家默认的要素价格是 w^{*i}。那么通过共同关税（$p^* - P$）、对产品征收的消费税（$p^i - p^*$）以及 i 国对要素的税收（$w^{*i} - w^i$）就可以改进现状。

与（50）相比较，我们发现每一种产品在私人部门都有剩余。根据瓦尔拉斯法则，就会有足够的来自所有税收和关税的总净收入剩余，让政府可以全部买断这些剩余，从而实现一般均衡，届时便可以放弃政府购买。此合力均衡实际上相当于旧均衡。同前面一样，改变生产模式可以获得纯收益，在这个意义上来说，两个国家降低产品的消费者价格是可能的。用光产品剩余使得新均衡事实上成为帕累托更优。

熟悉关税同盟文献（比如 Lipsey（1970））的读者可能奇怪我们没有用到贸易创造和贸易转移的概念。这主要是因为我们是从福利的角度而不是从比较静态的角度来研究关税同盟问题。通常会将现状和有外生、任意给定水平的外部关税的同盟进行比较，这里有可能存在由于外部关税水平不合适，而通过贸易转移产生有害影响的情况。在我们的分析中，选择外部关税是为寻求改进。我们的结果是：综合的有害影响可以通过选择适当的外部关税而避免。此外，就只有同盟内的专门化生产的益处问题了，这与通过贸易创造获益的传统思想类似。获益越大，联盟之前的各成员国的生产者价格差别就越大。文献中对此也有回应。

对于一个权力有限并有帕累托改进目标的关税互补的关税同盟，对其可能收益的实证分析还有很多地方需要进一步完善。比如点 x^* 可以从边界的一段中选取；P 改变带来的收益还有待探索；允许要素流动可能会获得更多收益，除非要素价格相同。最后，我们可以扩大同盟国的数量，以至整个世界，分析中假定 $M(P)$ 一律等于 0 只是一个特殊例子。

注 释

在我们所引用的课本中，对贸易和福利问题有所研究，参见 Samuelson (1976, ch. 35)，Caves 和 Jones (1976, chs. 2, 3, 11, 12)，Södersten (1971, chs. 2, 19, 21)，Takayama (1972, chs. 15, 17)，数学方面的分析增多。Caves 和 Jones (1968) 也是一篇重要的经典论文。

我们对最优关税的分析归因于现代税收理论。特别地，Diamond 和 Mirrlees (1971) 有显著影响。一次性总付税中关于最优关税的结论也可看做 Guesnerie (1975) 的改编，如果他的"不可控企业"被理解为世界的其余部分；我们感谢 Peter Wagstaff 指明了这一点。

对于 Meade (1955) 中精髓的分析，参见 Smith (1979)。

对于扭曲和约束的政策反应的标准几何学的研究，参见 Bhagwati (1971)，还有一些经典论文，参见 Gorden (1957)，Bhagwati and Ramaswami (1963)。要素市场扭曲理论的相关研究参见 Magee (1973)。几个次优问题的研究参见 Ohyama (1972)，这篇论文影响了我们的许多分析，尽管我们使用了许多不同的方法。次优反应问题和部分政策改革首先由 Haberler (1950) 提出。我们的方法参考了 Dixit (1975)，Hatta (1976) 以及一些有关公共财政的著作。

第 7 章 货币和国际收支平衡表

在初级教科书中一般引入国际收支平衡调节来表现实际不均衡。如果相对价格与所有商品市场出清价格不一致，正如在名义价格和汇率具有足够黏性条件下发生的情况，那么实际不均衡就会体现在国际收支不平衡中。给定竞争性假设——可在当前的市场价格下进行交易，各国均打算保持其预算约束，但是由于在非均衡中，并非所有这些交易都能互容，因此各国事实上最终都违反了预算约束。

举个例子来证明上述情况。假设在一个纯商品交易情况下，英国和日本之间的均衡价格比率是每台电视机兑换 62.5 瓶威士忌。现在假设英国威士忌价格具有黏性，每瓶 4 英镑，日本电视机的价格是每台 100 000 日元。这将与汇率是400 日元/英镑时的均衡状态相一致。但是假定汇率同样具有黏性，为 450 日元/英镑，那么日本每台电视机只能换回 55 瓶威士忌，而英国只需要提供 55 瓶威士忌就可换回一台电视机。在稳定状态，即马歇尔-勒纳（Marshall-Lerner）条件下，世界将会出现对电视机的超额需求和对威士忌的超额供给。如果交易在这些价格下进行，那么我们将会看到英国出现国际收支赤字：如果能售完全部威士忌，那么它能在其预算约束上运营，但在实际不均衡状态下，这一计划并不能实现。相应地，日本销售比计划更多的电视机，因此将会减少其库存，并在国际收支平衡表中出现盈余。

然而，这种情形并不能令人信服。人们很难接受这样一种情况，即国际收支失衡必定伴随或反映真实交易中的不平衡。即使在该模型逻辑下，仍差强人意的是，要达到实际不均衡状态必须结合不是原始交易情形中的属性即存货。而且，这一情形并没有考虑存货的长远影响，既包括对生产计划进而对供给和金融结算的影响，也包括对收入和财富进而对需求的影响。如果我们要研究跨时期方面的现象，那么我们应该在明确包括适当的跨时期联系的模型中来进行。当完成那些工作后，我们就具备更多的优势，即国际收支失衡就能从逻辑上区别于实际不均衡。各国之间现金花费与产出之间的不均衡将会成为将来债权和债务一般可能性的一部分，并且这种情况在每一个即期世界商品市场出清时始终会发生。

换言之，收支失衡也不必反映实际不均衡，它们仅能反映对未来的需求相对于当前消费的国际差别。例如，假设日本消费者在边际上比英国消费者愿意放弃更多的当前消费以增加未来消费。那么双方均可从"今天消费"商品和"明天消费"商品的交易中获益，正如当两个国家的两种标准商品在封闭条件下的国内价格比率不同时，它们能从交易中获益一样。因此，竞争性均衡涉及当前消费和未来消费之间的交易。产生这种结果的方式是日本当前出现出口盈余，来交换对英国未来生产的商品的索取权。那样的话，出现在贸易差额上的顺差和逆差可以被简单地视为一种商品贸易到不同时期生产的商品索取权贸易的延伸。

这并不是说国际收支理论不过是旨在交换未来索取权的标准贸易理论的延伸。由于国际收支失衡伴随实际不均衡而发生，或者作为实际不均衡的结果，从而引发大量问题。例如，如果缺乏价格弹性而导致国内失业和有效需求不足，结果可能产生对未来索取权的过度有效需求，因此产生国际收支盈余。纠正这种现象的政策能产生相反的结果——国内失业将会减少，但贸易盈余将变成贸易赤字。从某种意义上说，此类问题比由贸易不平衡引发的问题更有趣，这种贸易不平衡反映了当前生产相对于未来生产的索取权的均衡贸易。下一章我们将在这样的背景下研究国际收支问题。重要的是国际收支不平衡同样有均衡的一面；与复杂的实际不均衡分离开来，该均衡能得到更好的研究。这也是本章的目的所在。

正如在第3章所描述的，我们在重新诠释包括跨时期贸易的基本贸易模型时并没有涉及一些形式问题，因此在基本贸易模型中与均衡特征、比较静态和福利相关的所有论点均适用于跨时期贸易以及任何特定时期的贸易。我们把不同时期可得的商品简单视做不同的商品。它们的价格以一种可以比较的形式来表现，如果所有合约包括远期销售和购买的合约均在起始日期订立，情况也如此。如果我们坚持上述解释，那么所有价格均应是当天价格的现值；也仅有一个预算约束，即关于当前和未来销售的合同价值应该至少与关于当前和未来购买的合同价值一样大。在这样一个背景下，母国的价格向量 p 代表一组现值的价格向量（p_t），此处 p_t 指合同在交货日期 t 时的价格向量。支出函数和收入函数应该包括跨时期的消费和生产计划，并且在起始日期订立的购销合同也应由这些计划给出。令 $m = (m_t)$，表示一组计划好的进口向量，例如对于交货日期 t 时的购买合同减去销售合同，预算约束意味着 $p \cdot m = \sum_t p_t \cdot m_t \leqslant 0$。单个条件 $p_t \cdot m_t$ 指不同时期贸易逆差的现值。这样，第3章阐明的一般理论可体现国际贸易平衡模型。

然而，即使上述提供了贸易平衡的一种解释，但它仍不是讨论国际收支特别令人满意的框架。特别地，尽管提及时间因素，但这一模式认为期货市场（futures market）是完美的，因此提供了过于静态的分析框架：贸易不平衡仅是开始制定的完全而一致的计划的一部分。另外，在这一模型中没有普通意义上的支付。有索取权，但这些是在特定时期对特定商品的索取权，而不是一般意义上的金融资产。作为一个国际收支理论，更要求具有这样的资产，这些资产具有广泛的购买力，并且与我们所知的国内和国际支付实践相关。

因此，比简单说明完美远期市场（forward market）下模型的含义更好的是，我们应该在希克斯短期均衡背景下考查国际收支。在每一个短期，交易商均能进入即期商品和资产市场。拥有资产是为了以后能在即期市场购买商品，因此对资产的需求受对将来商品价格预期的影响。不必是所有消费者的预期都一致，并且一些或全部预期在将来可能被证明是错的。这一模型比完美期货市场下的模型能产生更大范围的可能性。而且，在完美预见（或不确定性条件下的理性预期）情况下，一系列希克斯短期均衡与完美远期市场下能达到的均衡相一致，因此后者在某种意义上在我们即将考虑的模型中有所体现。

很明显，能够获得的资产的种类在希克斯均衡中起重要作用。在不确定性条件下，资产的可获得性和特征尤其重要，正如大量有关股票市场均衡的文献所示。恰当处理不确定性超出我们的研究范围，因此我们至少假设主观确定性。（如上所述，在其主观确定性预期下，代理商可能被证明是错的。这具有经济意义，但分析起来并不困难。）如果是那样的话，唯一的区别是金融资产和实际资产的区别。为简单起见，我们只考虑前者，因此唯一的资产是金融资产，称货币。

在国际收支的古典分析中，只有一种两国均通用的货币，即黄金。贸易盈余的一国获得对另一国的债权，并且以黄金的形式持有。换言之，该国将有与其贸易顺差额相等的黄金流入。相应地，贸易逆差国有黄金流出。继续分析的结果是顺差国的价格和成本升高，而逆差国的价格和成本下降。这将提高对后者产品的需求，降低对前者产品的需求，直到确立贸易平衡。这就是由休谟（Hume）首先提出的金币流动机制。

根据所谓的国际收支的货币法，在各国均有其法定货币且各国居民只允许拥有本国货币作为资产的这样一个世界中，也有一个相似的机制在起作用。假设政府固定汇率即两国货币的相对价格，除非是在贸易均衡水平上，否则一国居民将希望获得另一国的债权。然而，他们必须以本国货币的形式拥有这些资产。本国当局将提供这些货币来交换外国货币，并且他们自己以外汇储备的形式持有另一国相等的债权。现在，在该国将有一个与其贸易顺差额相等的货币供给流入，或（从代数上看是一回事）其贸易赤字的等额减少。这导致与金币流动机制十分相似的调整过程。

金币流动机制的影响能由政府通过积极的货币供给政策来调整。事实上，我们可以想象出政府有意地进一步改变货币供给，以抵消或杜绝贸易不平衡的影响。一些人可能认为完全杜绝在实践上是不可能的。然而，原则上没有理由排除杜绝。但是，抵消性货币政策的可能性并没有使自动调整机制变得不再那么重要。对调整机制如何起作用的一种理解从其自身来看相当有趣，且在决定是否能达到杜绝这一目的时很明显是十分重要的。因此，本章大部分内容致力于在一般均衡框架下讨论这一货币法。特别地，我们将关注自动调整机制是否能达到稳定的长期均衡这一问题。

货币法只是研究国际收支的几种方法中的一种。另一种是所谓的弹性法，这一方法主要关注汇率变化的效应。这与马歇尔-勒纳条件相关。该条件指出，当两国进口的价格弹性之和大于单位 1 时，贬值是有效的。这可能看起来与货币法所提出的问题和提供的回答毫不相关。但事实并非如此。在本章结尾，我们指出如果实际决策和金融决策能够分开的话，例如，消费者效用函数在当前消费和未来消费上是可分的，那么金币流动机制如果要实现稳定的长期均衡，就必须满足马歇尔-勒纳条件。因此，事实上国际收支的货币法和弹性法是紧密相关的。

7.1　小国情形

我们首先描述所研究的国家，即母国的消费者和生产者行为。存在与计价货币相关的 n 种即期商品，其价格向量为 p。我们不考虑生产者的储备及其拥有的财富，因此它们具有相似的收入函数 $r(p, v)$ 和供给 $r_p(p, v)$。

消费者需要即期商品和货币。货币标记为 0。重要的是要记住拥有货币的目的不是为了货币本身，而是为了在将来能购买商品。通过将需求视为价格 p_0 下的实际余额 c_0，处理这个问题就比较方便了。为了解在什么环境下这种分解是可能的，我们考虑一个典型消费者的两阶段最大化问题。他有一个效用函数 $u(c^1, c^2)$，这个函数定义在当前消费向量 c^1 和未来消费向量 c^2 的基础上。他面对当前既定的即期价格 p^1。假设他有将来即期价格的预期，并将这些预期以现值的形式表示为 p^2。y^1 代表他的原始财产加上其即期收入，y^2 代表以现值表示的他在第 2 期的预期收入。假设他的收入预期固定在不变价格上，因此 y^2 是预期未来价格向量 p^2 的线性齐次函数。那么他将在其预算约束 $p^1 \cdot c^1 + p^2 \cdot c^2 = y^1 + y^2$ 下，最大化其效用。那么，通过在 p^1、p^2 和 u 的基础上形成支出函数，并令支出等于收入，就能得到当前需要的数量和将来计划消费的数量

$$e(p^1, p^2, u) = y^1 + y^2(p^2)$$

式中，e 对 p^1 的偏导给出当前需要的商品数量，对 p^2 的偏导给出未来的计划消费量。

为了解如何通过上述公式导出对实际收支余额的需求，方程两边同时减去 $y^2(p^2)$，并定义新方程 $e^*(p^1, p^2, u) = e(p^1, p^2, u) - y^2(p^2)$。那么我们有

$$e^*(p^1, p^2, u) = y_1 \quad ①$$

e^* 对 p^1 的偏导仍是当前的消费需求。对 p^2 求导得

$$\partial e^* / \partial p_i^2 = \partial e / \partial p_i^2 - \partial y^2 / \partial p_i^2$$

也就是对商品 i 的计划未来消费量减去商品 i 的预期名义收入对预期价格的导数。

---

① y_1 疑为 y^1。——译者注

如果消费者具有理性预期，后者应该等于第 2 期商品 i 预期生产中的消费者份额。因此，在仅有一个消费者的经济中，e^* 对第 2 期价格的偏导应该是第 2 期计划的（或预期的）对商品的超额需求。

我们知道，支出函数是价格向量的线性齐次函数，因此必须有 $e_1^* \cdot p^1 + e_2^* \cdot p^2 = e^* = y^1$，其中 e_1^* 和 e_2^* 是 e^* 对第 1 期和第 2 期价格的偏导数的简化符号。相应地，$e_2^* \cdot p^2 = y^1 - p^1 \cdot c^1$，因此 $e_2^* \cdot p^2$ 是转到下一期的收入（货币）的数量。因此，货币需求是否能分解为实际收支余额需求和实际收支余额价格的问题就等同于 $e_2^* \cdot p^2$ 是否能分解的问题。

要使这些成为可能，e^* 必须能分为两个价格向量。特别地，我们必须能将 e^* 写成 p^1、u 和一些第 2 期预期价格标量集合的函数。这些标量集合记为 $\zeta(p^2)$，此处可以很自然地得出 ζ 是 p^2 的线性齐次函数。如果是这样的话，也就是说，如果 $e^* = e^*(p^1, \zeta(p^2), u)$，那么我们发现

$$e_2^* \cdot p^2 = e_\zeta^* \zeta_p \cdot p^2 = e_\zeta^* \zeta(p^2)$$

式中 e_ζ^* 和 ζ 是标量，因此 e_ζ^* 可被认为是对实际现金余额的需求，$\zeta(p^2)$ 可被认为是实际余额的价格。

里昂惕夫加总定理给出我们能在支出函数中加总 p^2 的确切条件。在本文中，这一条件指出，对任何一对未来商品的计划超额需求的比率必须独立于当前的价格和效用水平。这实际上是一个非常严格的条件。我们注意到这与消费者关于未来价格的主观确定的点预期相一致，而不是与这些价格的可能性分布的假设相一致，这意味着在实践中要维持实际收支余额和货币价格几乎是不可能的。既因为这些概念被广泛用于各种国际收支理论中，也因为虽然它简化了我们的分析，但是我们要假定加总条件得到满足。

因此，我们假设将来预期价格可以由实际收支余额价格来表示，记为 p_0（它等于 $\zeta(p^2)$）。因而对实际现金余额的需求是一个含义十分丰富的概念，记为 c_0。我们令 c_0 包含所有未来计划的商品需求，并令 p_0 能反映所有相关价格预期。那么我们能控制时间符号，令 p（没有上标）代表当前的即期商品价格，令 c（没有上标）代表当前的商品需求。为避免货币幻觉，我们假设将来价格预期能以线性齐次的形式反映当前的现货价格；也就是说 p_0 是 p 的某种函数

$$p_0 = \psi(p) \tag{1}$$

式中 ψ 是 p 的一次齐次函数。

于是，在这些假设下，消费者将具有定义在实际支出余额价格、商品的当前即期价格和效用水平上的支出函数。这将是上述 e^* 类型支出函数的简化形式，但为简化符号，我们将它简单表示为 $e(p_0, p, u)$。它具有所有支出函数的标准属性，因此对 p_0 求导得出实际现金余额的补偿性需求函数，对 p 求偏导得出商品的补偿性需求函数。

在整个经济中只有一个消费者，因此他的当前收入将是当前的生产价值，即 $r(p, v)$。另外，我们假设他有初始的货币禀赋，记为 l。他的全部支出，包括将转入下期的现金余额，必须等于当前收入加上初始的货币拥有量，因此我们有

$$e(p_0, p, u) = l + r(p, v) \qquad (2)$$

其中 $c_0 = e_o$，$c = e_p$。公式（2）左边是在给定的预期函数（1）情况下，以当前价格表示的一次齐次函数，但由于固定的名义货币禀赋，右边不是这种情况，这使得价格大小在该模型中得以确定。

均衡

现在考虑一个小国面对由大国货币控制的固定价格 P。令 ε 为以外币的本国价格表示的汇率（因此本币贬值 ε 将增加）。那么 $p = \varepsilon P$ 也是固定的。假设本国面对具有完全弹性的外国净供给，因此它能完成所有它想要达成的商品交易。以本国货币表示的贸易顺差额，记为 b，它仅仅是商品净超额供给的价值。因此

$$b = p \cdot (r_p - e_p)$$

但是通过齐次方程 $r_p \cdot p = r$ 和 $e_0 p_0 + e_p \cdot p = e$。因此我们可将 b 记为

$$b = r - (e - p_0 e_0)$$

因此，利用（2）和 $c_0 = e_o$，我们可以得到

$$b = p_0 \cdot c_o - l \qquad (3)$$

为了理解这一等式，我们回顾 $p_0 c_0$ 是消费者愿意转入下期的货币储备。他的初始储备是 l，因此 $(p_0 \cdot c_o - l)$ 是当期他希望积累的货币数量。传统的货币法将初始的对货币的超额需求称为"储备"，因此 $(p_0 \cdot c_o - l)$ 是令人满意的储备。在缺乏其他国内部门的情况下，消费者只能通过积累其对外国人的债权来增加其货币拥有量。因此，在均衡情况下，合意储备必须等于对世界其他国家的净债权，也就是贸易顺差。也就是公式（3）所要表达的。

但是，如果不允许国内消费者直接持有外国货币，那么公式（3）所暗含的货币持有量的增加就不能以外国货币的形式存在。取而代之的是，政府必须以本国货币来交换外国货币，因此政府必须超额发行与本国消费者增加的合意债权相等的本国货币。因此，我们必须假设政府超额发行的货币量为

$$\Delta l = b \qquad (4)$$

式中前缀 Δ 表示增加量。

我们在这里需要停顿一下来回顾交易的时间维数。货币是存量，而生产、消费和贸易余额是流量，因此必须慎重考虑时间。考虑时间因素的最好方式是要依据三种情况，即交易（生产和消费）在被讨论的时间段内发生、生产和消费决策在时间段开始时发生、金融结算在时间段结束时进行。如果是这样的话，所有实际交易将在金融结算之前发生，因此任何贸易余额顺差只有在时间段结束时才有货币含义。换言之，公式（4）暗含的国内货币供给的增加在起始阶段对实际交易而言是没有意义的；它只影响转入下期的货币持有量、下期和以后时期的实际交易量。这种解释允许我们将 Δl 理解为关于时间的增量，因此从中可以看出一些动态含义。在这样做时，除非明确指出，我们考虑的汇率均是固定汇率。

货币动态学

下一期或下一轮的交易从货币供应（$l + \Delta l$）开始。这将产生新的价值 b，

且这一过程将持续下去。在逆差的情况下，必须假设政府的外汇储备没有用完；我们也正是这样做的。定义在货币供给保持不变时达到长期均衡，特征是 $b = 0$，即贸易平衡。如果 b 是 l 的减函数，则该进程将收敛于其长期均衡点处，因此那时，当 l 在偏向均衡点左边时将增加；偏向右边时将减少。为研究这种情况，令 y 表示当期消费者能自由支配的货币总量，即他的初始货币储备加上当期收入。换句话说，我们令 $y = (l + r)$。那么我们利用方程（2）定义 u 为 p_0、p 和 y 的函数，并且当 $c_0 = c_0(p_0, p, y)$ 时，利用它来解决实际余额需求。它指出实际余额需求是实际余额价格、所有当期消费品的价格和消费者可自由支配的货币总量的函数。如果我们令 c_{0y} 代表 c_0 对 y 的偏导，对（3）式求微分可得

$$\partial b / \partial l = p_0 c_{0y} - 1 \tag{5}$$

为理解这个公式，我们先来理解 $p_0 c_{0y}$。它是将货币转入下期的边际倾向，因此它是当期获得的货币量中，消费者愿意转入下期以购买消费品的份额。因此，$p_0 c_{0y}$ 与我们的边际储蓄倾向相似。合理假设它的值小于1，这与整个当期商品是正常品的假设相一致，（5）式表明 $\partial b / \partial l$ 是负的，这正是我们对于长期均衡的稳定所需要的。换句话说，在这个模型中有一个自动调节机制来实现贸易平衡。

政策效应

我们很容易利用这个模型来检验一些政策变化的结果。积极的货币政策，如 l 变化，能影响短期均衡，这从公式（5）中可以看出。这样一个政策并不需要等到调节机制自己起作用就能用来纠正贸易不平衡。另一方面，假设 l 从起始的长期均衡点处增加。它的短期影响将导致贸易赤字，如（5）式所示，但随着外国对本国居民的债权由储备所填补，l 递减，并且随之出现国内货币等额减少。最终重新回到初始的 l 水平，从而又实现贸易平衡。

我们同样能通过政府购买的商品向量 g 的形式来引入政府支出，这仅使贸易赤字增加一个 $p \cdot g$ 的量。l 受到的影响是双重的。正如上面的解释，贸易赤字使 l 下降；另一方面，在没有引入税收，且政府没有其他资产出售给本国消费者的情况下，只有通过印刷货币来负担支出。这两方面影响正好抵消。净效应就好像是政府在外国用其外汇储备购买外国商品，而绕过了国内经济。

最后，考虑汇率变化。利用上面定义的变量 y 可将（3）式写成

$$b = p_0 c_0(p_0, p, l + r(p, v)) - l$$

根据外国所表现的汇率和价格来写上述公式具有启发性。我们通过利用 εP 来替代 p，并通过假设价格预期是以当前价格表示的一次齐次函数，从而利用 $p_0 = \psi(p) = \psi(\varepsilon P) = \varepsilon \psi(P)$，可以得到

$$b = \varepsilon \psi(P) c_0(\varepsilon \psi(P), \varepsilon P, l + r(\varepsilon P, v)) - l$$

但是 r 是价格的线性齐次函数，需求是所有价格和收入的零次齐次函数，因此我们能将公式两边同时除以 ε 得

$$b / \varepsilon = \psi(P) c_0(\psi(P), P, l / \varepsilon + r(P, v)) - l / \varepsilon \tag{6}$$

公式左边是以外币表示的母国的贸易盈余。很明显，那是从母国角度度量贸易盈

余的相关方法，因为它度量了一国对另一国债权实际价值（根据商品购买力）的净增加。公式（6）右边仅包括比率 l/ε，即以外币单位度量的本币供给的价值。ε 的增加（即贬值）与国内货币供应减少对实际贸易盈余具有完全相同的效应。但我们已经发现国内货币供应的减少将导致 b 的增加，并且在 ε 固定的情况下，l 对 b/ε 和 b 具有相同的效应。因此，贬值将提高实际贸易余额。

然而，这种效应仅仅是冲击效应。它能使我们利用适度的贬值来消除最初的贸易赤字，而不必等到货币供应调整机制自动发生效应。它还意味着如果我们从最初的长期均衡点开始，那么贬值会导致贸易盈余的产生，然而，如果汇率可以变动，并达到一个新的水平，那么货币供应会随着贸易盈余的增加相应增加，从而产生新的平衡贸易下的长期均衡。此时，新旧长期均衡一定有相同的 l/ε，因此货币供应增加的比例与贬值的比例相同。换句话说，当我们从一个长期均衡移向另一个时，以外币单位表示的国内货币供应的价值将保持不变。

由于我们的模型包括消费者效用的精确度量，因此它也试图观察汇率变化对效用的影响。利用齐次性，我们可将（2）写成以下形式

$$e(\psi(P),P,u)= l/\varepsilon + r(P,v) \tag{7}$$

由于外国价格向量 P 是固定的，我们发现 u 是 l/ε 的增函数，因此从短期看，重新估值看起来会提高效用，而贬值会降低效用。然而，这个结果具有欺骗性。对于重新估值对效用的正效应的简单解释是，重新估值恶化了贸易平衡，因此使消费者能购买更多的商品。但是恶化的贸易平衡包括损耗外汇储备（或减缓外汇储备积累），并且在度量消费者的效用时并没有考虑这些储备的价值。如果我们假设外汇储备由消费者直接（或间接）拥有，那么我们发现重新估值的效用影响甚至在短期也消失了。原因是重新估值仅仅是将未来消费转移到当前消费；并且从边际上看，消费者并不关心将额外收入分配到当前消费还是未来消费。因此，我们应该避免基于上述模型进行福利评价。

非贸易商品

到目前为止，我们假设所有商品都是可贸易的。我们可以将上述模型重新理解为一个更完整的包括非贸易品的模型的简化形式，其中非贸易品市场在该环境下将会出清。然而，这种做法可能具有欺骗性，是很危险的。简化形式派生出来的价格和收入可能是完全模型派生出的基本行为的复杂结合，并且即使是理性行为其符号也很容易是不明确的。因此，特别地，如果采取模型的简化形式，那么不能预先保证贸易盈余是货币供应的减函数，或贬值将对贸易余额起正的冲击效应（impact effect）。

为了解决所涉及的问题，我们来考虑将模型简单扩展到包括非贸易品。令 q 为国内非贸易品的价格向量。它们进入收入函数和支出函数。然而，在理性预期下，它们却不进入价格预期函数 $\psi(p)$：我们记得简化的支出函数对将来价格的导数是在将来对商品的预期（或计划）超额需求。由于非贸易品市场在均衡时将会出清，理性预期的消费者将不会预期对将来这些商品的超额需求，因此，有关非贸易品价格的预期是不相关的。而且，由于是小型经济，因而没有依据预期非贸易品的现价可决定可贸易品的未来价格。因此，理性消费者不会让 p_0 受到非

贸易品价格的影响。

因此我们有预算约束

$$e(p_0,p,q,u)=l+r(p,q,v) \tag{8}$$

式中，p_0 和 p 由给定的国际价格和汇率决定，而非贸易品价格向量由国内市场出清条件决定

$$e_q = r_q \tag{9}$$

为得到国内货币供应增加的效应，我们从（8）可得 $e_u\,du = dl$。利用它和微分方程（9），我们得到对非贸易品价格的影响

$$dq = -(e_{qq}-r_{qq})^{-1}(e_{qu}/e_u)dl \tag{10}$$

式中，(e_{qu}/e_u) 是非贸易品的收入需求导数向量，记为 z_y，$(e_{qq}-r_{qq})$ 是非贸易品的替代矩阵，记为 z_q。

通过对（3）取微分，我们可得到对贸易余额的效应。然而，利用直接定义贸易盈余的方法更方便。利用 $b = p \cdot (r_p - e_p)$，我们得到

$$db = p \cdot \{(r_{pq}-e_{pq})dq - (e_{pu}/e_u)dl\}$$

式中，(e_{qu}/e_u) 是贸易品的收入需求导数，等于 c_y。它还等于进口对货币收入 m_y 的导数。接下来，$(e_{pq}-r_{pq})$ 是贸易品和非贸易品之间的补偿性交叉价格导数矩阵，记为 m_q。利用缩写符号并在（10）式中进行替换，我们得到

$$db/dl = p \cdot m_q(z_q^{-1})z_y - p \cdot c_y \tag{11}$$

（11）式中的第二项是在当前贸易品上花费金钱的边际倾向，并且与（5）式中的 $(1-p_0 c_{0y})$ 相一致。非贸易品的引入已加入复杂的第一项，这一项包括补偿性的交叉价格导数 m_q。为了理解这是如何产生问题的，我们来考虑两种商品的情形：一种是贸易品，一种是非贸易品。在这种情况下，（11）式中的所有条件均是标量。很明显，z_q 是负的。在正常情况下，z_y 是正的，因此，假定 m_q 是正的，则第一项是负的；也就是说，假设贸易品和非贸易品是替代品。假设两种商品是替代品，因此，db/dl 是负的，因为如果货币调整过程要产生稳定的长期均衡的话，它必须是负的。

不幸的是，没有理由来指望两种商品是替代品。回忆一下 $m_q = (e_{pq}-r_{pq})$。在只有两种商品的情况下，r_{pq} 必须是负的——这基于 $r_{pp}>0$ 和供给函数的齐次性。然而，e_{pq} 也有可能是负的，因为向消费者提供的商品不只两种——他不仅可以在当前，也可在以后时期消费贸易品和非贸易品。因此，在极端情况下，当前的贸易品和非贸易品会如此互补以至于 m_q 变成负的并在（11）式中起主导作用。那种情况与非贸易品和实际现金余额呈强替代关系相一致，因而有可能使 (db/dl) 变成正的；暗含着贬值的冲击效应可能会恶化贸易平衡，并且价格调整过程将导致经济偏离其长期均衡。

在两种商品的情形中，通过假设所有商品均是替代品——通过假设 $e_{pq}>0$，我们能排除出现不稳定的长期均衡的可能性。这同样也可被证明是一般情形中稳定性的充分条件。为理解这一点，我们注意到（11）式中 $(db/dl)<0$ 的充分条件

是 $m_q(z_q^{-1})z_y$ 向量是非正的。如果所有商品均是正常商品，则 z_q 是正的。如果所有商品都是替代品，则 m_q 同样是正的——任何非贸易品价格的上升将导致对贸易品需求的增加。最后，逆矩阵 z_q^{-1} 将包含所有非正元素。利用下面的转置引理，就像 Mirrlees（1969）中所提到的一样，可看到这种情况：

"如果一个方阵 A 有如下属性：1）非对角线元素均是非负的，2）存在一个非负向量 u 使 Au 严格为负，那么矩阵 A 是非奇异的，且它的逆矩阵所有元素均是非正的。"

矩阵 z_q 满足这些条件。它是一个方阵。通过假设所有商品均是替代品，它的非对角线元素均是非负的——一种非贸易品价格的上升将增加对所有其他非贸易品的需求。最后，非贸易品的补偿性超额需求函数，$z(p_0, p, q, u)$，是所有价格的零次齐次函数，因此

$$z_0 p_0 + z_p p + z_q q = 0$$

这意味着

$$z_q q = -z_0 p_0 - z_p p \ll 0$$

只要贸易品和其他商品的替代弹性严格为正，并且所有商品均是替代品。由于价格向量 q 是非负的，因此 z_q 满足转置引理条件。

因此，在替代品条件下，矩阵 m_q 的所有元素是非负的，z_q^{-1} 中的所有元素均是非正的。另外，在正常情况下，向量 z_y 中的所有元素均是正的。基于 $m_q(z_q^{-1})z_y$ 是非正的，因此（11）式的第一项是负的。那么很明显，(db/dl) 是负的，因此确保了稳定性。

当然，所有商品均是替代品的假设过于严格。这一条件是稳定性的充分非必要条件，这一事实因而令人安心。尽管如此，当提到货币调整过程将导致长期均衡这一假设时，可替代性的重要性将使我们更加谨慎。

扩展到许多资产

正如在导言中提到的，在一个主观确定性的世界里，很难按照多于一种金融资产的方式来思考问题。然而，如果我们允许不确定性存在，那么通过让消费者有权直接定义所拥有的不同资产（如具有不同状态依存报酬（state-contingent payoffs）的资产）的数量，我们将能用一个简化的模型来取代它，就像 Sandmo（1977）所描述的。那么在世界范围内按照参数价格交易的各种资产就像交易的商品一样，并且这些资产的净进口将与自愿的净资本流出相一致。非贸易资产就像相应的商品一样能实现均衡，但在长期稳定性上也是不确定的。这个模型的扩展形式可以留给读者自己思考。

7.2　一般均衡和比较静态分析

现在我们转向讨论对应于一个具有两个可比国家的世界的完全国际均衡。与

前一节不同的是，现在价格是内生的，因此货币供应或汇率的变化将会对价格水平和相对价格产生影响。为讨论这种均衡，我们转向讨论所有商品均是可贸易品的简单情况。唯一的非贸易品是要素投入，并且假定供给无弹性。那么，利用小写和大写字母相应表示母国和外国，我们有两个预算条件

$$e(p_0, p, u) = l + r(p, v) \qquad (12)$$
$$E(P_0, P, U) = L + R(P, V) \qquad (13)$$

期望函数为

$$p_0 = \psi(p) \qquad (14)$$
$$P_0 = \Psi(P) \qquad (15)$$

价格向量和汇率之间的关系为

$$p = \varepsilon P \qquad (16)$$

并且，最后，世界商品市场出清条件为

$$e_p + E_P = r_p + R_P \qquad (17)$$

我们可以将（12）～（17）式当做在描述固定汇率下的短期均衡。在这种情况下，ε、l 和 L 是给定的。总共有 $(2n+4)$ 个方程，其中从（12）～（15）式各得一个，从（16）～（17）各得 n 个。还有 $(2n+4)$ 个未知数，也就是 $(2n+2)$ 个价格 p_0、p、P_0、P 和两个效用水平 u、U。已经选择好两国的货币单位（即当地货币），并且由于我们还没有引入货币市场均衡条件，因此也没有多余的方程。

以各国货币计量的贸易盈余是其商品净超额供给的价值。正如前一节描述的，我们能根据最佳储备水平，利用支出函数和收入函数的齐次特征来表示之：

$$b = p_0 e_0(p_0, p, u) - l \qquad (18)$$
$$B = P_0 E_0(P_0, P, U) - L \qquad (19)$$

事实上，我们能在两个盈余中的一个给定时，计算另一个，因为

$$
\begin{aligned}
b + \varepsilon B &= p \cdot (r_p - e_p) + \varepsilon P \cdot (R_P - E_P) \quad （通过定义）\\
&= p \cdot (r_p - e_p + R_P - E_P) \quad （利用(16)式）\\
&= 0 \quad （利用(17)式）
\end{aligned}
$$

得出这个结论并不奇怪，因为 b 是本国对货币的超额需求，而 εB 是以本国货币单位表示的对外国货币的超额需求。因此 $(b + \varepsilon B)$ 是世界对货币的超额需求。但是，如果其他市场均出清，我们知道通过瓦尔拉斯定理，货币市场也应出清，因此结果仅仅是瓦尔拉斯定理在整个世界经济中的反映。我们重新阐述这一点供以后参考：

$$b + \varepsilon B = 0 \qquad (20)$$

然而，正如前一节谈到的，一国货币市场不能通过消费者积累对世界其他国家的债权而实现出清。给定的假设是只允许消费者拥有本国货币，源自于各国贸易不平衡的债权和债务由其政府所拥有或通过外汇储备来冲抵，而该国居民获得或放

弃相应的货币索取权，或他们自己政府的债务。这导致货币供应的变化，由下式给出

$$\Delta l = b \quad (= p_0 c_0 - l) \tag{21}$$

$$\Delta L = B \quad (= P_0 C_0 - L) \tag{22}$$

因此，在即期交易结束时，货币供应是 $(l + \Delta l)$ 和 $(L + \Delta L)$，我们发现这正好是各国居民希望转入到下期的货币数量 $p_0 c_0$ 和 $P_0 C_0$。因此也保证了国内货币市场的均衡。

齐次性的含义

通过简单变形就能立即发现固定汇率下短期均衡的一些属性。利用齐次性，我们将外国预算和需求函数乘以 ε，将均衡条件写成

$$e(\psi(p), p, u) = l + r(p, v) \tag{23}$$

$$E(\Psi(p), p, u) = \varepsilon L + R(p, V) \tag{24}$$

$$e_p(\psi(p), p, u) + E_P(\Psi(p), p, U) = r_p(p, v) + R_P(p, V) \tag{25}$$

在 l 和 εL 给定的情况下，这个方程决定了 p、u 和 U。请注意，如果同时将 l 和 εL 变动相同的比例，p 将按相同比例变动，而 u 和 U 却保持不变，这一齐次特征使方程仍保持均衡。相应地从（18）式中，我们可得 b 是 l 和 εL 的一次齐次函数。我们可以类似地写出以外国价格 P 表示的均衡体系；那么这些将由 l/ε 和 L 的齐次性决定，并且 B 将是这些参数的一次齐次函数。

为了以后参考，可以很方便地将贸易盈余直接写做货币供应的函数——直接写出 b 和 B 的简化形式

$$b = b(l, \varepsilon L) \tag{26}$$

$$B = B(l/\varepsilon, L) \tag{27}$$

正如我们刚才提到的，两式均是其参数的一次齐次函数。

从这些观察中，我们得到的并不是比较静态特性，而是比较静态效应之间的一些关系。例如，在货币供应不变的情况下贬值对母国贸易余额的短期效应，与在本国货币供应和汇率不变时外国货币供应增加的短期效应相同。特别地，当且仅当外国货币供应增加也能改善贸易余额时，贬值才能改善贸易余额。同理，ε 增加而 l 和 L 不变对 B 的效应，与 l 增加而 ε 和 L 不变对 B 的效应相同。但从 （20）式中可以看出，它的符号与 l 减少而 ε 和 L 不变对 b 的效应的符号相反。换句话说，当且仅当本国货币供应增加恶化贸易余额时，贬值才能改善母国贸易余额。这种结果直观上看很吸引人，但是我们还没有肯定或驳斥关于任何一个这些效应的实际符号的简单假设。这些与稳定性有关。

货币供应调整

由于两国货币供应从一期到下一期都在变化之中，因此我们转向一个有关其自身价格和贸易盈余的新的短期均衡，并且该过程一直继续下去。两国货币供应的变化是相关联的，因为由（20）式可得 $(\Delta l + \varepsilon \Delta L) = 0$，因此 $l + \varepsilon L$ 固定不变。这正是以母国货币度量的世界货币供应量：记为 l^*。我们将其描述为以下形式，以供将来参考

$$l + \varepsilon L = l^* \tag{28}$$

为了母国货币供应方面的确定性，我们现在考虑调整过程。贸易盈余 b 在其短期均衡水平由 (26) 式给出。另外，这两种论点是相互关联的，因为当 l^* 固定时，(28) 式成立。因此，我们有

$$\Delta l = b(l, l^* - l) \tag{29}$$

如果公式右边在均衡点即 $b=0$ 时是 l 的减函数，那么该点在调整过程中将是局部稳定的。另外，由于这一过程是一维的，因此如果有多重均衡的话，那么它们必须要么是稳定的（（29）式右边通过均衡而减少），要么是不稳定的（（29）式右边通过均衡而增加）。因此，$b=0$ 时这个表达式是递减的，那么我们可以得到这样的结论，即在我们的调整过程中，长期均衡唯一且在全世界范围均稳定。公式右边对 l 求导得 $b_1 - b_2$，这些是函数 b 关于其两个参数的偏导。但是 b 的齐次特征又能使我们将欧拉定理运用到下式：

$$lb_1(l, \varepsilon L) + \varepsilon L b_2(l, \varepsilon L) = b(l, \varepsilon L)$$

特别地，当 $b=0$ 时，我们发现偏导 b_1 和 b_2 必须具有相反的符号。那么只有令 b_1 为负而 b_2 为正，那么 $b_1 - b_2$ 才能是负的。换句话说，我们的稳定条件是母国货币供应增加会恶化贸易余额，而外国货币供应增加会改善贸易余额。

当把这些与以前观察到的结合在一起时，我们能得到结合比较静态和动态分析的相应结论：当且仅当贬值在短期能改善贸易余额时，货币供应调整过程在收敛于长期均衡点的过程中是稳定的。同之前一样，我们事实上没有说明这些情况是否正确，或在什么情况下正确；我们将在下一节讨论这个问题。

长期均衡

目前，我们假设状态稳定并在固定汇率下讨论长期均衡的属性。现在 ε 和世界总货币供应量 l^* 是给定的，但是单个国家的货币供应量 l 和 L 是变量。从 (12) 到 (17) 的方程组是两个未知数和两个方程的推广，一个方程是 (28)，另一个方程是任一国的贸易平衡条件，$b=0$ 或 $B=0$。如果短期均衡的演进过程是稳定的，那么它将收敛于一个长期均衡点。我们总能定义长期均衡，但如果没有稳态特征，那么它也就失去了大部分意义。

假设我们从这样一个均衡位置开始，即汇率为 ε，母国货币供应为 l 和外国货币供应为 $\bar{L}$。假设现在相关政府改变其中一个变量。例如，本国货币供应增加，在其冲击效应下会产生贸易赤字，随着时间推移，这将减少本国货币供应，增加外国货币供应，直到建立新的长期均衡。我们想知道这些新的长期均衡价值 l 和 L 是如何依赖于政策变化 l、$\bar{L}$ 和 ε 的。首先我们观察到这些政策变化根据下述关系来改变世界货币供应量 l^*

$$l^* = \bar{l} + \varepsilon \bar{L} \tag{30}$$

所有其他变化均可根据 l^* 表示出来。l 和 L 的调整通过 (28) 相联系，并且在每一个短期，我们均将 b 表示为 l 和 εL 的函数。特别地，新的 l 的长期水平必须满足贸易平衡条件，因此

$$b(l, l^* - l) = 0 \qquad\qquad (31)$$

我们的稳定性假设使公式左边是 l 的减函数，因此在给定 l^* 下可以定义唯一的均衡价值。事实上，均衡 l 和 l^* 成比例，这是因为凭借 b 的齐次特性，l 和 l^* 扩大一倍后仍能保持均衡。相应地，εL 也将与 l^* 成比例。因此，l^* 增加 1% 将使长期均衡 l 和 εL 各增加 1%。现在，正如在短期一样，（23）到（25）式在长期也应成立，并且这一关系表明这样一个变化将使 p 的所有组成部分均提高 1%，而 u 和 U 却不受影响。换句话说，世界货币储备增加仅能以一种中性的方式导致均衡的通货膨胀的发生。由于每一国的货币供应均构成世界货币供应的一部分，因此每一国均有一个通货膨胀的影响，只不过影响要小一些。我们从（30）式中可以看出，母国货币供应增加 1% 将使世界货币供应增加 $(\bar{l}/l^*)$%，而外国货币供应相应增加 $(\varepsilon\bar{L}/l^*)$%。

母国货币贬值 1% 将提高以母国货币度量的世界货币供应的 $(\varepsilon\bar{L}/l^*)$%，而这又将以相同的比例提高以该国货币度量的价格 p。然而，以外国货币度量的价格是 $P = p/\varepsilon$，因此它们将增加 $(\varepsilon\bar{L}/l^*) - 1$%，也即下降 $(\bar{l}/l^*)$。这可看做是以外国货币度量的世界货币供应量 $(\bar{l}/\varepsilon + \bar{L})$ 下降了这个比例的这一事实的反映。

弹性汇率

还有可能利用弹性汇率来重新诠释我们的模型。在每一期当我们变化 ε 以保持贸易平衡时，货币供应量却不随时间变化。因此 l 和 L 都是给定的。我们仅仅需要给方程组（12）到（17）增加一个未知变量，称 ε，以及一个贸易平衡方程，这可令（18）或（19）式等于 0。在这种情况下，短期和长期没有区别，至少在货币动态的意义上是这样的。

最后，考虑弹性汇率下的比较静态分析。这里 l 和 L 都是给定的，只有 ε 待定。利用以前根据货币供应量计算贸易余额的表达式（26）和（27），我们可以将均衡条件写成

$$b(l, \varepsilon L) = 0 = B(l/\varepsilon, L) \qquad\qquad (32)$$

从式中可以很明显地看出，母国货币供应增加将会导致本币贬值相同比例，而外国货币供应增加将导致本币升值这一变化的比例。

为了本节的分析，我们所需要的需求的唯一属性是齐次性。原因是即使价格能够变化，这一变化与实际发生的变化一样，也均是成比例的。由于齐次性以简化的形式存在，因此我们能将这一部分推广到包括非贸易品，正如读者在本章第 1 节能通过写出有关非贸易品的两个国家模型来进行检验一样。此外，当考虑稳定性条件时，我们将发现这些条件不容易一般化。

7.3 长期均衡的稳定性

贸易不平衡和货币供应变化的一系列短期均衡是否能演化到贸易平衡的长期

均衡这一难题，再也不能耽搁了。我们在前一节看到，一些短期比较静态效应是相互联系的——贸易平衡对贬值、母国货币供应减少和外国货币供应增加的反应具有相同的性质特征——并且所有这些反过来均与长期均衡的稳定性问题相联系。这里，我们通过研究在固定汇率下，贸易平衡对货币供应变化的反应来检验整个问题。我们对以下两种情形分别予以考察，因为它们涉及不同的经济假设和数学特征。

一种商品的情形

在我们的第一种情形中，只有一种可贸易品。现在 p 和 P 是标量，通过 $p = \varepsilon P$ 与固定的 ε 相联系。期望函数可写成

$$p_0 = kp \qquad\qquad P_0 = KP \tag{33}$$

式中 k 和 K 是正的常数。收入函数是

$$r(p,v) = pf(v) \qquad\qquad R(P,V) = PF(V) \tag{34}$$

式中 f 和 F 是生产函数。通过将需求写成价格和包括货币捐赠总收入的函数，可将贸易余额写为

$$b = p_0 c_0(p_0, p, l + pf(v)) - l \tag{35}$$
$$B = P_0 C_0(P_0, P, L + PF(V)) - L \tag{36}$$

最后，对于一种贸易品，世界市场出清条件是

$$c(p_0, p, l + pf(v)) + C(P_0, P, L + PF(V)) = f(v) + F(V) \tag{37}$$

由于货币供给发生变化，因此均衡价格也发生变化，并且我们能通过对 (37) 式取全微分来计算整体反应。例如，c 的整体变化为

$$\mathrm{d}c = (\partial c/\partial p_0)k\mathrm{d}p + c_p\mathrm{d}p + c_y(\mathrm{d}l + f(v)\mathrm{d}p)$$

然而，由于 c 是其参数的零次齐次函数，因此

$$(\partial c/\partial p_0)kp + c_p p + c_y(l + pf(v)) = 0$$

通过替代，我们得到

$$\mathrm{d}c = c_y(\mathrm{d}l - \mathrm{d}p(l/p))$$

对外国用相似的表达式，对 (37) 式取全微分得

$$c_y(\mathrm{d}l - \mathrm{d}p(l/p)) + C_Y(\mathrm{d}L - \mathrm{d}P(L/P)) = 0 \tag{38}$$

假设只有 c_y 和 C_Y 是正的，也就是两国商品均是正常品，我们发现如果任何一个国家的货币供应增加，那么两国价格均增加。另外，增加量均是一个更小的比例，即弹性均在 0 和 1 之间。例如

$$\frac{l}{p}\frac{\partial p}{\partial l} = \frac{lc_y}{lc_y + LC_Y}$$

现在令只有母国货币供应发生变化，并且我们能发现从贸易收支平衡开始，母国货币供应变化对贸易余额顺差的影响。对 (35) 式取全微分，我们得到

$$db = c_0 k dp + p_0 (c_{00} k dp + c_{0p} dp + c_{0y} dl + c_{0y} f(v) dp) - dl$$

由 c_0 的齐次性，得

$$c_{00} kp + c_{0p} p + c_{0y} (l + pf(v)) = 0$$

因此

$$db = c_0 k dp + p_0 (c_{0y} dl - l c_{0y} dp/p) - dl$$

在起始点，$b = 0$，因此 $c_0 kp = l$，并且

$$db = (1 - p_0 c_{0y})(l dp/p - dl)$$

那么

$$\frac{db}{dl} = -(1 - p_0 c_{0y})\left(1 - \frac{1}{p}\frac{\partial p}{\partial l}\right) \tag{39}$$

在可贸易品在需求上是正常商品的这个给定假设下，居民持有货币的边际倾向必定小于 1，这使（39）式右边第一个括号内的表达式为正。相同的假设导致第二个括号内表达式中的弹性小于 1，因此该表达式也是正的。这使 db/dl 为负，证明了长期均衡的令人满意的稳定性和短期内所有伴随的比较静态结果。

总替代品情况

在小国非贸易品的情况中，我们以前发现关于所有商品均是可替代品的假设足以确保货币调整机制的稳定性。一般而言，在微观经济理论中很著名的是，比较静态的复杂性和不确定性以及一般均衡的稳定性可以通过做出所有商品均是总替代品这一强假设来避免。这要求每一种商品的超额需求与其自身的价格负相关，与所有其他价格非负相关。这一假设在本文也是很有用的。当然，我们还必须假设每一国的商品和货币也是总替代品。

对母国商品的超额需求被写成是价格和货币供应的向量函数，因而包括单个供给和需求决定因素

$$m(p,l) = c(\psi(p), p, l + r(p,v)) - r_p(p,v)$$

我们假设导数 $m_p = (\partial m_j / \partial p_k)$ 矩阵的对角线元素为负，非对角线元素全为非负。同样地，$m_l = c_y$ 是商品需求对收入的导数向量。我们假设所有商品均是正常品，因此这个向量严格为正。最后，m 是其参数的零次齐次函数，因此

$$m_p p + m_l l = 0$$

或者

$$m_p p = -m_l l \ll 0 \tag{40}$$

外国具有相似的超额需求结构。

现在考虑世界商品市场出清情况。我们可以不失一般性地在两国选择货币单位以使固定汇率一致，那么 $p = P$ 并且一些表达式得以简化。我们有

$$m(p,l) + M(p,L) = 0 \tag{41}$$

取全微分并利用 $m_l = c_y$ 等，我们发现

$$-(m_p + M_P)\mathrm{d}p = c_y\mathrm{d}l + C_Y\mathrm{d}L \tag{42}$$

此处我们可以利用先前适用于小国非贸易品的转置引理。

在总替代品情况下，任一个 m_p 和 M_P 的对角线元素均为负，非对角线元素均为正，因此它们的和也是如此。此外，利用（40）式及外国的相似性，得

$$(m_p + M_P)p = -c_yl - C_YL \ll 0$$

因此从转置引理可知，$(m_p + M_P)^{-1}$ 的所有元素均为非正。

因此我们可以将（42）式写成

$$\mathrm{d}p = -(m_p + M_P)^{-1}(c_y\mathrm{d}l + C_y^{①}\mathrm{d}L) \tag{43}$$

并且注意到公式右边 $\mathrm{d}l$ 和 $\mathrm{d}L$ 的系数均是非奇异且非负矩阵与正向量的乘积，因此均为正。换句话说，任一国货币供应的增加将提高两国的所有价格。这是总替代品这一假设的结果，并且在其他情况下均不能成立。

正如我们以前所看到的，任一国的贸易盈余等于对货币的超额需求（这由供给调整过程来满足）。我们将两国名义货币的超额需求函数写成 $h(p, l)$ 和 $H(P, L)$，包含预期效应。总替代品假设是超额需求与其他价格呈非负相关性，因此向量 h_p 和 H_P 也是非负的。将这些函数与像（35）和（36）式这样的表达式相对比，我们同样发现 $h_l = -(1 - p_0c_{0y})$ 和 $H_L = -(1 - P_0C_{0Y})$ 在我们的常态假设下是负的。最后，每个均是其参数的一次齐次函数。

那么很容易看到贸易余额将发生什么样的变化。对 $b = h(p, l)$ 取全微分，利用（43）式我们有

$$\begin{aligned} \mathrm{d}b &= h_p\mathrm{d}p + h_l\mathrm{d}l \\ &= -h_p(m_p + M_P)^{-1}(c_y\mathrm{d}l + C_Y\mathrm{d}L) + h_l\mathrm{d}l \end{aligned} \tag{44}$$

因此，如果我们仅考虑外国货币供应变化，我们发现

$$\mathrm{d}b/\mathrm{d}L = -h_p(m_p + M_P)^{-1}C_Y \tag{45}$$

上式很容易就能看出是正的。但是我们记得在贸易平衡点 $b_1l + b_2\varepsilon L = b = 0$ 处，可以写成 $b = b(l, \varepsilon L)$。因此在贸易平衡点，（45）式暗含着 $\mathrm{d}b/\mathrm{d}l$ 是负的，从而是稳定的。

因此总替代品情况能产生令人满意的结果。在总替代品情况下，如果我们乐于假设所有商品——贸易品、非贸易品和货币——是总替代品的话，那么还能将非贸易品包括进来。在已经说明小国情况的一般程序后，我们能很放心地将这种情况的一般化留给读者。

然而，正如以前所指出的，总替代品假设很难在任何情况下被证明是正确的，因此上述结果仅有有限的意义。这表明如果长期均衡是不稳定的，那么一定是由于互补品的缘故。除此之外，它并不能真正清楚地表明货币调整过程有使贸

---

① C_y 疑为 C_Y。——译者注

易收支实现平衡所必须满足的条件，或者贬值对贸易盈余有正冲击效应所必须满足的条件。

因此，在一般情况下，我们不能确定长期均衡是稳定的。另外，我们不能利用简单的经济解释推导出稳定性的必要条件。当然，我们注意到长期稳定的充分必要条件是（45）式右边必须是正的，但那种情况几乎没有意义。为了获得稳定性更精确的充分必要条件，我们必须着眼于更严格的模型。现在我们转而讨论这样一个模型，即一般模型的特殊情况，在这种情况下实际决策和金融决策是可分的。这给了我们一个传统的用弹性法调整国际收支的框架，并且因此具有实际意义。另外，它表明在这样一种情况下，对稳定性的充要条件可予以简要说明。

7.4 弹性法

很明显，所谓收支平衡的弹性法从本质上是区别于货币法的。弹性法的实质是贬值的效应，这一效应依赖于商品的进口需求函数和出口供给函数的价格导数。特别地，弹性法认为当且仅当两种商品的进口需求弹性之和大于 1 时，贬值才能成功。这是马歇尔－勒纳条件，它对货币调整机制下长期均衡的稳定性具有明显的意义。在上述的一般均衡框架下，贬值等同于国内货币供应减少。因此，在我们的一般均衡模型中，马歇尔－勒纳条件是贬值能成功的充分必要条件，它也是贸易是国内货币供应的减函数的充分必要条件，因而也是长期均衡稳定性的充分必要条件。因此本部分的任务是了解弹性法是否与一般均衡相一致，以及马歇尔-勒纳条件是否在长期与这样一个均衡相关。

那么我们应该首先注意弹性法所暗含的我们能区分实际决策和金融决策的假设。如果不能区分，那么汇率或货币供应变化效应的任何情况均将至少包括对商品的需求和对资产的需求的交叉价格效应，因此仅包括商品价格导数的简化形式一般是不可能的。因此，我们应该在一个更严格的模型中来讨论弹性法，在这一模型中有可能做出这样的区分。那意味着需求必须由效用函数来产生，这一效用函数一方面在真实现金余额上是可分的，另一方面在当前消费向量上也是可分的；也就是说，存在单个函数 u^0 和 u^1 满足

$$u = u^0(c_0, u^1(c))$$

我们注意到这一条件比首先定义真实现金余额所需的可分条件更严格。那个条件要求在将来计划的超额需求独立于当前价格。现在我们另外要求当前消费的任何一对商品的边际替代率独立于带入下一期的真实现金余额，并且因而独立于将来的消费。换句话说，为形成像上述一样的效用函数，我们必须不仅能够将所有将来消费向量集结成一个标量集合——我们还必须能对当前消费向量做相同的处理。

可分的效用函数在以下预算约束下达到最大化

$$p_0 c_0 + p.c = l + r(p, v)$$

这一问题可以分两个阶段来解决：给定 c_0，我们能选择 c，以使 $u^1(c)$ 在 $p \cdot c = l - p_0 c_0 + r(p, v)$ 下实现最大化。结果选择了 $(p, l - p_0 c_0)$ 的函数，以及参数的零次齐次函数。接下来，子效用函数 u^1 将是这些的函数，并且它将选择 c_0 以最大化 $u^0(c_0, u^1)$。

使用以前章节用过的米德效用函数的更简短的途径可以方便地完成这些工作。我们注意到 u^1 仅是消费品的函数，从而也是生产加进口的函数，因此 $u^1 = u^1(x+m)$。正如以前章节中的一样，所以我们定义米德效用函数为

$$\phi^1(m) = \max_x u^1(x+m) \quad （对于可行的 x）$$

那么在给定进口需求函数 $m = m(p, l - p_0 c_0)$ 时，通过在 $p \cdot m = l - p_0 c_0$ 下最大化 $\phi^1(m)$，可得到商品的进口需求。那么通过最大化 $u^0(c_0, \phi^1)$ 便可得到实际余额的需求。

通过这样做，并且由于 $l - p_0 c_0 = -b$（贸易盈余），我们可将进口的需求函数表达成商品价格和贸易盈余的函数，并且将令人满意的贸易盈余（合意储备）表达为价格和初始现金余额的函数。换句话说，我们有 $m = m(p, b)$ ——m 是其参数的零次齐次函数——以及 $b = h(p, l)$ ——由于 h 属于名义数量，因而是其参数的一次齐次函数。需要强调的是我们允许 h 以任意方式依赖于价格，并且不限制它成为商品的标量价格指数的函数。那要求 u^1 是 c 的齐次函数，而这一限制对我们的目的而言是毫无必要的。

超额需求函数的属性

我们需要一些进口和净债权函数的特殊属性。首先像以前一样我们会有

$$h_l = p_0 c_{0y} - 1 \tag{46}$$

因此在商品的名义需求下，h_l 是负的。接下来，基于齐次性，将 h_p 写成 $\partial h / \partial p$，我们有

$$h_p p + h_l l = b \tag{47}$$

至于商品的超额需求函数，我们必须有 $p \cdot m = -b$，因此

$$p \cdot m_b = -1 \tag{48}$$

公式左边的条件是分配在两种商品上的预算所花费在商品 1 上的负边际倾向。因此它们将根据以下关系理解基本倾向

$$p_i c_{iy} = -p_i m_{ib}(1 - p_0 c_{0y})$$

那么当所有商品均是正常品时，所有的 m_{ib} 均将是负的。最后，从齐次性可知

$$m_p p + m_b b = 0 \tag{49}$$

均衡和货币扩张效应

利用进口需求方程并将合意的债权积累代入方程，我们发现世界商品市场均衡由下式给定

$$m(p, h(p, l)) + M(p, H(p, L)) = 0 \tag{50}$$

现在由于我们希望集中研究货币供应变化的效应，因此设汇率等于1。（50）式给出 n 个方程来决定 n 种商品价格以作为国内和外国货币供应的函数。像以前一样，我们只在 $b=0=B$ 的长期均衡的环境下来关心货币供应变化的效应，因此当考察 l 或 L 的变化效应时，我们应当估计（50）式的导数 $h=0=H$。

我们能立即得到国内货币供应增加会减少国内贸易盈余的充分条件，并且因此能得到长期均衡稳定性的充分条件：对（50）式取全微分，我们得到

$$(m_p+M_P)\mathrm{d}p+m_b\mathrm{d}h+M_B\mathrm{d}H=0$$

但是均衡中 $h=b=-B=-H$，因此 $\mathrm{d}H=-\mathrm{d}h$，因此上式可写成

$$(m_p+M_P)\mathrm{d}p+(m_b-M_B)\mathrm{d}h=0$$

如果对于分配在两种商品上的预算，两国花费在商品1上的边际倾向相同，也就是说如果 $(m_b=M_B)$，那么我们必须有

$$(m_p+M_P)\mathrm{d}p=0 \tag{51}$$

但是在贸易平衡点，也就是 $b=0$ 处估值，我们从（49）式知道 $m_pp=0$，同理，在外国 $M_Pp=0$，因此条件（51）在 v 是某些标量时得到满足，有 $\mathrm{d}p=vp$。那意味着相对价格将保持不变——货币供应变化的唯一效应将是价格水平的变化。但是这从本质上将我们带回本章第3节讨论的一种商品的情况，在那部分我们表明长期均衡是稳定的。因此长期稳定性的充分条件是对于分配在两种商品上的预算，两国花费在商品1上的边际倾向相同。

更有趣的是两国边际倾向不同时的情况。在那种情况下，国内货币供应的变化影响相对价格，并且因此影响贸易条件。弹性法可以被看做试图发现必须施加在进口需求对价格的导数上的实际限制条件，以使这种贸易条件效应不会抵消货币扩张对国际收支的直接效应。在一般情况下，有许多这种类型的限制条件，但是只有在两种商品的情况下它们才有直接的经济解释。因此我们集中研究两种商品的情况。

从（50）式可以看出，国内货币供应扩张对价格的一般效应由下式给出

$$(m_p+m_bh_p+M_P+M_BH_P)\mathrm{d}p=-m_bh_l\mathrm{d}l$$

要完整地写出两种商品的情形，用 m_i 代表对商品的进口需求，m_{ij} 代表 m_i 对商品 j 价格的导数；并利用相似的方法来表示 M、h 和 H，我们得到

$$\begin{bmatrix} m_{11}+M_{11}+m_{1b}h_1+M_{1B}H_1 & m_{12}+M_{12}+m_{1b}h_2+M_{1B}H_2 \\ m_{21}+M_{21}+m_{2b}h_1+M_{2B}H_1 & m_{22}+M_{22}+m_{2b}h_2+M_{2B}H_2 \end{bmatrix}\begin{bmatrix} \mathrm{d}p_1 \\ \mathrm{d}p_2 \end{bmatrix}$$
$$=\begin{bmatrix} -m_{1b}h_l\mathrm{d}l \\ -m_{2b}h_l\mathrm{d}l \end{bmatrix} \tag{52}$$

矩阵左边相当杂乱。耐心的读者可以对它进行计算，来发现均衡贸易的起点，当且仅当花费 m_{ib} 和 M_{iB} 的边际倾向在两国不同时，它是非奇异的（也就是说有一个非零的行列式）。正如我们已经看到的，它们必须不同以允许相对价格变化，这不足为奇。我们假设事实就是这样，因此该矩阵是非奇异的。

除此之外，我们其实不必担心该矩阵。它是商品市场超额需求导数的矩阵。如果令这些市场出清的短期均衡要通过稳定的试误过程来达到的话，那么其行列式必须是正的。（见 Arrow and Hahn （1971，ch. 12，section 5））。熟悉相图（phase diagrams）的读者能通过将两种商品的自动试误过程当做下式来检验这一结论：$\Delta p_i = \zeta_i (p_1, p_2)$，其中 $\zeta_i (p_1, p_2)$ 是商品 i 的超额需求函数。通过画出相图，他将会发现稳定的一个条件是 $\zeta_{11} \zeta_{22} > \zeta_{21} \zeta_{12}$，也就是说超额需求价格导数的行列式是正的。如果商品市场是不稳定的，那么我们的整个分析将很明显是毫无意义的，因此我们可以大胆地假设该行列式是正的。我们将它记为 D，并因此有 $D > 0$。

利用由 （46）～（49）式给出的需求函数的属性可以更进一步解释（52）式。将它们写成两种商品形式，并通过选择商品单位来简化符号，以使初始价格一致，我们有初始点 $b = 0$，且

$$h_1 + h_2 = -h_l l \quad （h \text{ 的齐次函数}） \tag{53}$$

$$m_{1b} + m_{2b} = -1 \quad （\text{收入导数之和}） \tag{54}$$

$$m_{11} + m_{12} = 0 = m_{21} + m_{22} \quad （m \text{ 的齐次函数}） \tag{55}$$

$$m_1 + m_2 = 0 \quad （\text{均衡贸易}） \tag{56}$$

另外，我们知道 $p_1 m_1 + p_2 m_2 = -b$，因此 $m_1 + p_1 m_{11} + p_2 m_{21} = 0$，并且对 p_2 的导数也相类似。因此，再一次选择单位以使价格为1，我们有

$$m_1 + m_{11} + m_{21} = 0 = m_2 + m_{12} + m_{22} \tag{57}$$

这一条件同样适用于外国。

我们可以从弹性方面利用这些来简化（52）式。假设在起始均衡的贸易平衡处，母国进口商品1，因此 $m_1 > 0$，那么进口需求对进口价格的弹性的数值是 $-p_1 m_{11}/m_1$，将其简写为 λ。那么利用（55）、（56）和（57）式，我们有

$$m_{11} = -\lambda m_1 \qquad m_{12} = \lambda m_1$$
$$m_{21} = (\lambda - 1) m_1 \qquad m_{22} = -(\lambda - 1) m_1$$

同理，对进口商品2的外国而言，令 Λ 为进口需求的价格弹性，也就是说，令 $\Lambda = -P_2 M_{22}/M_2$。那么我们得到相应的表达式

$$M_{11} = -(\Lambda - 1) M_2 \qquad M_{12} = (\Lambda - 1) \dot{M}_2$$
$$M_{21} = \Lambda M_2 \qquad M_{22} = -\Lambda M_2$$

同样地，由母国的平衡贸易有 $m_1 = -m_2$，并且由商品 2 市场的平衡条件有 $-m_2 = M_2$，因此 $m_1 = M_2$。令 τ 为 m_1 和 M_2 的一般水平，因此 τ 是正的，并且度量了贸易量。那么利用这一符号，我们有

$$m_{11} + M_{11} = m_{22} + M_{22} = -\tau(\lambda + \Lambda - 1)$$
$$m_{12} + M_{12} = m_{21} + M_{21} = \tau(\lambda + \Lambda - 1)$$

我们可以将这些代入（52）式，并且利用得出的一组方程来将 $\mathrm{d} p_i$ 作为母国货币供应 $\mathrm{d} l$ 的函数。那样做很麻烦，但是并不困难，因此这一工作可以很放心地留给读者，如果他不愿意不加考察地接受这一结果的话。我们得到

$$\begin{bmatrix} \mathrm{d}p_1 \\ \mathrm{d}p_2 \end{bmatrix} = -\left(\frac{h_l}{D}\right)\begin{bmatrix} \tau(\lambda+\Lambda-1) + H_2(m_{1b}M_{2B}-m_{2b}M_{1B}) \\ \tau(\lambda+\Lambda-1) - H_1(m_{1b}M_{2B}-m_{2b}M_{1B}) \end{bmatrix}\mathrm{d}l \qquad (58)$$

式中我们记得 D 是超额需求价格导数矩阵的（正的）行列式。

为找到对贸易余额的影响，我们可以利用 $\mathrm{d}b = -\mathrm{d}B$，因此

$$\mathrm{d}b = -H_1\mathrm{d}p_1 - H_2\mathrm{d}p_2$$

利用（58）式并观察到当各乘以 H_1 和 H_2 时，价格效应的第二项消失了，因此我们有

$$\mathrm{d}b = (1/D)h_1(H_1+H_2)\tau(\lambda+\Lambda-1)\mathrm{d}l$$

或者利用（53）式，也就是 $H_1+H_2 = -H_L L$

$$\mathrm{d}b = -(1/D)h_l H_L L\tau(\lambda+\Lambda-1)\mathrm{d}l \qquad (59)$$

正常情况下 h_l 和 H_L 均为负。D 由于商品市场稳定性而为正。τ 由定义知为正。相应地，（59）式指出当且仅当 $\lambda+\Lambda>1$，即当且仅当两国进口弹性之和大于 1 时，$\mathrm{d}b/\mathrm{d}l$ 为负。换句话说，如果要使国内货币扩张对贸易盈余的影响效应为负的话，必须满足马歇尔-勒纳条件。暗含着要使贬值的影响效应为正，并且要使货币调整机制能导致稳定的长期均衡的话，必须满足马歇尔-勒纳条件。

从（58）式我们还能发现贬值或国内货币供应扩张的相对价格效应：它由下式给出

$$\begin{aligned} \mathrm{d}(p_1/p_2) &= \mathrm{d}p_1 - \mathrm{d}p_2 \quad （因为最初 p_1=p_2=1） \\ &= -(h_l/D)(H_1+H_2)(m_{1b}M_{2B}-m_{2b}M_{1B})\mathrm{d}l \\ &= Lh_l H_L(m_{1b}M_{2B}-m_{2b}M_{1b}{}^{①})\mathrm{d}l/D \end{aligned}$$

注意到 $m_{2b} = -(1+m_{1b})$ 并且 M_{2B} 的情况也类似，因此我们得到以下结果

$$\mathrm{d}(p_1/p_2)/\mathrm{d}l < 0 \quad （当且仅当 m_{1b} > M_{1B}）$$

由于母国进口商品 1，并且贬值的效应就像减少国内货币供应的效应，因此当且仅当分配在两种商品上的预算所花费在商品 1 上的边际倾向在母国小于在外国时，贬值将恶化母国的贸易条件。这与第 5 章中不包括货币因素的模型中商品的贸易条件转换效应非常相似。

如果我们将结果与包括实际非均衡的结果相比较，正如本章导言部分所描述的，我们将发现一个重要的区别。在那些模型中，贬值的作用是恶化商品的贸易条件，也就是说马歇尔-勒纳条件同样确保了贬值国的贸易条件恶化。在货币模型中，情况并不是这样。

扩展

马歇尔-勒纳条件是与两种商品相关的条件，因此不适用于多种商品的情况。一般也不可能得出适用于普遍情况的相似的简单条件——能得到包括弹性的条件，但并不能简化成简单的解释形式。也不可能推导出与之相似的从非均衡贸易

---

① M_{1b} 疑为 M_{1B}。——译者注

起点开始的货币扩张或汇率变化效应的简单条件。另外，即使一个人能得到包含弹性的条件，但它既不确切，也不能简单解释成马歇尔-勒纳条件。因此使马歇尔-勒纳条件适用的条件应被当成是相当特殊的情况。它之所以具有指导意义，是因为清楚明白地显示了普遍情况中所包含的定性意义。据我们认为，它之所以受欢迎，还因为它证明了在国际收支的货币法和强调价格弹性的新古典途径之间存在联系。

注　释

本章的优势之处在于，之前的理论很少有追溯到 Hume 的经典的黄金流动机制或者 Marshall 的弹性法。在 Samuelson（1976，ch. 33）中初步展示了金币流动机制；在 Frenkel 和 Johnson（eds.）（1976）中也可见到相关介绍。依赖于商品市场非均衡的机制可参见 Caves 和 Jones（1976，ch17）和 Södersten（1971，ch. 13）。Pearce（1970，chs. 2—4）利用了两种方法的属性。

早期 Hahn（1959）提出了一个在微观经济贸易背景下包括货币因素的模型，然而他只考虑短期均衡。货币调整过程的重要性由 Mundell 和 Johnson 等一些人认识到，并且这成为国际收支的新（或复兴的）货币法的基础。有关这一论题的学术文章收集在 Frenkel 和 Johnson（eds.）。虽然其支持者的一些主张受到严厉的批评，例如受到 Hahn（1977）的批评，但是其调整过程的至关重要性已得到广泛的接受。许多接受货币法的人同样信奉宏观经济的货币主义，他们相信货币需求函数具有特别简单的形式，或者依赖于少数几个战略变量。在 Kemp（1970），Takayama（1972），Anderson 和 Takayama（1977）中可以发现更一般的微观经济方法。

本章以所有上述文章为基础。小国模型从本质上是基于 Johnson 的文章，一种商品模型是基于 Dornbusch（均见于 Frenkel 和 Johnson）的文章，但是函数形式更具有一般性。其他基于 Anderson 和 Takayama 的文章，只有顺序和符号有所区别。

第 8 章　固定价格下的贸易与收支

上一章阐述的国际收支的货币法实质上是包括金融资产的国际贸易的瓦尔拉斯均衡理论。如果一国拥有贸易盈余，那是因为其当期的总消费计划少于总生产计划，而对世界其他国家而言则是相反的情况。因此，任何国际收支的不平衡实际是计划的不平衡——不是由中央机构做出的计划，而与所有消费者和生产者的最优计划相一致。并且在收支不平衡和商品贸易之间存在明显的类比关系。一国消费的一种产品多于其产出，可作为其消费较少的另一种商品的补偿。国际收支顺差使一国交易更多的当期储蓄以换取更多的后期消费，反之亦然。

考虑到货币法除了涉及交易当期商品外，还包括交易对将来生产的索取权，因此可以将其看做标准贸易模型的扩展；唯一的区别就是前者的索取权以金融资产的形式所拥有，而不是对特定商品的期货合约。同样地，该方法相当有用。例如，它指出贸易失衡并不意味着市场失灵——相反，这种失衡是一种从跨期交易中获益的证明。与任何贸易失衡均是需要采取某种行动的失衡这一普遍观点相反，这一模型实际上相当有用。

然而，我们应该认识到货币法给出一个涉及调整过程的极端观点。它假设商品和要素价格具有完全弹性，因此这些市场在瞬间即可达到均衡。有人认为这一假设特别不适合短期，因为在短期通常会出现贸易失衡。贸易失衡和汇率的相关问题经常与失业和通货膨胀问题相联系；两者均在瓦尔拉斯均衡理论研究范围之外。在价格黏性情况下，通过数量控制能实现短期市场出清的凯恩斯传统理论可能更多地与这些问题相关。即使没有完全说明这种情况，它提出的一些问题和指出的一些联系均值得考虑。这正是本章的目标。

为了解所涉及的内容，回顾第 7 章，我们发现有关贸易盈余的两个等价的表述方式，一个是本国对金融资产的拥有超过这些资产的（最初）供应，另一个是当期生产的价值超过当期消费的价值，因此

$$b = p_0 c_0 - l = p \cdot x - p \cdot c$$

两者相等来自于预算平衡的一致性，而独立于任何涉及均衡的假设。各种数量的实际价值和计划价值相等来自于瞬间价格弹性这一假设。例如，$p \cdot x$ 是给定要素数量时均衡价格下的最大产出值，并且它要求必须满足充分就业。将焦点集中在 b 的第一种表述方式，即货币需求超过其最初供给的部分上，经常但并不总是方便的。

如果价格固定在与短期市场出清价格不同的水平上，那么不是所有代理商的计划均能实现。如果市场不能出清，那么供给或需求的数量，不论哪一个更小一些，均必须对另一方在各代理商之间进行数量配置。这种数量约束将影响这些代理商在其他市场的选择。涉及一个市场的供给或需求、同时兼顾其他市场中遇到的任何数量约束的决策称做有效供给或有效需求，与只考虑平均价格和收入或生产可能性的抽象需求或抽象供给形成对比。当我们跨出瓦尔拉斯或弹性价格均衡范式时，有效需求和供给管理就显得非常重要。例如，如果失业现象严重，那么消费和持有货币的决策将受到影响。即使我们采取贸易盈余的第一种表述方式，我们仍需将 c_0 理解为实际余额的有效需求。更重要的是，当一些商品或要素市场无法出清影响到其他市场时，那么利用第二种，或真实的贸易余额表述方式更容易描绘这种连锁反应。承认拥有对将来的索取权的绝对可能性，并不是对金融部门重要性的否定，也不是对经济各部分之间普遍存在的联系作用的否定，而仅仅是利用一种而不用另一种分析方法的便利性问题。

失业仅是黏性价格世界中几种可能性中的一种。生产者可能面临销售约束，也就是在主导价格给定的情况下，它们的实际销售可能由需求决定，而这一需求又处在小于其期望的水平。这反过来又将影响它们对要素的需求，并因此影响它们对商品的需求。然而，其他可能性是有关消费者不能购买其计划的商品数量的情形。如果这种情况仅在非贸易品市场流行，那么它们可能将增加对贸易品的需求，因此实行国内产品市场定量供应将会产生贸易赤字。如果所有商品均面临供应短缺，那么将使消费者被迫储蓄，而这又将积累对世界其他国家的索取权。

应该很明显的是，一个人能列出固定价格下一长串可能性的目录。如果我们将自己限制在两个国家，每一个国家都有一个拥有一种要素和一种非贸易品的市场，并令该市场存在一种贸易品，那么我们将有 5 个市场，每个市场可能有弹性价格或固定价格，这样共有 32 种可能的组合方式。每一个不能出清的市场要么是有超额供给，要么有超额需求，这样又使固定价格下的种类倍增。很明显，研究所有这些结合方式超出了一章内容的范围。首先我们假设所有商

品均是可贸易品。在这种情况下，排除非贸易品并利用简化的模型形式来分析问题变得不起作用了，因为瓦尔拉斯均衡条件在非贸易品市场中不适用。Neary（1978）和 Steigum（1978）提出处理非贸易品的模型。除了非贸易品，我们有八种固定和弹性价格下的可能组合。我们只检验其中的两种：第一种是将黏性要素价格与弹性商品价格结合，第二种是两种均是黏性价格的情况。在第一种情况下，国内要素市场通过定量调整能实现出清，结果是对商品的有效超额需求通过价格调整而减少到零。在第二种情况下，即使在商品市场也存在数量调整。

我们提出的模型与 Barro 和 Grossman（1976）、Malinvaud（1977）的经典模型很相似。然而，由于我们希望集中研究国际收支问题，因此我们简化另外一些方面的问题。最重要的是要素供给无弹性假设：这意味着在决定商品和货币持有量的有效需求上，失业只有收入效应，而没有替代效应。另外，不像 Malinvaud 和 Dixit（1978）中所描绘的，我们假设利润立即分配给消费者。这些假设均与前章的分析框架相一致，且这正是它们具有吸引力的地方，因为它们提供了一种非常相似的处理方法。

考虑产品价格具有弹性的情况。对母国来说，我们仍能像上一章一样写成

$$e(p_0, p, u) = l + r(p, v) \tag{1}$$
$$p_0 = \psi(p) \tag{2}$$
$$m = e_p(p_0, p, u) - r_p(p, v) \tag{3}$$
$$b = p_0 e_0(p_0, p, u) - l \tag{4}$$

简要概括为，（1）式是支出和可支配收入间的等式，均包括货币，（2）式将未来的预期价格水平表示为当前价格的函数，（3）式给出商品的超额需求向量，以及（4）式是贸易盈余的金融表达式。世界其他国家相似的方程同样成立。

要素市场出现新的特征。前一章假设充分就业，那么 r 和它的导数将在固定的供应数量 v 下求值，并且均衡要素价格由 $w = r_v(p, v)$ 给出。现在不需要这样了。考虑一种要素的情况。如果 w 固定在使要素出现超额供给的水平上，那么实际就业水平由反要素需求方程 $w = r_v(p, v)$ 决定，并且（1）式中的收入函数由这一数量来估计。如果出现对要素的超额需求，那么 r 将由供给量来估计。价格固定在低于生产者愿意支付的水平上，但是这仅影响产品在不同收入类型的消费者之间的分配，并且与我们的一个消费者和利润立即分配的假设无关。

产品价格也是黏性的情况要更复杂。不太可能实现（1）式中所表达的最大产出值；从而我们不得不利用 $p \cdot x$，其中 x 由右边的需求来决定。根据各种固定价格的水平，可能会产生不同的情况。我们不会试图详尽阐述各种情况。相反，我们将情况限定在符合一般超额供给情况的要素和产品价格范围内——产品受实际收入的影响而劳动力的使用受需求影响——这常被称为凯恩斯失业情况。这种情况在简单的贸易乘数分析中受到极大关注，并且我们能将固定价格均衡模型的新发展与传统模型联系起来。这阐明了一些显而易见的理论的重要性。还希望读者能利用相同的方法来分析有趣的情况。

8.1 具有黏性工资的小国情况

我们从考虑小国在短期要素价格固定，并且面对瓦尔拉斯国际产品市场的情况开始。因此我们假设世界产品价格是给定的，并且没有数量约束来限制该国商品的销售和购买。本模型在某种程度上是 Dixit（1978）模型的简化形式；至于涉及非贸易品的相关扩展形式，参见 Neary（1978）。

贸易余额

无产品市场约束的国家的产品需求和供给由上述方程（1）~（4）式给出。另外，我们有

$$p = \varepsilon P \tag{5}$$

式中价格向量 P 在小国情况下是外生的。那么将（2）式和（5）式代入（1）式和（4）式，我们发现贸易平衡由以下两个方程来决定

$$e(\psi(\varepsilon P), \varepsilon P, u) = l + r(\varepsilon P, v)$$
$$b = \psi(\varepsilon P)e_0 - l \tag{6}$$

我们能利用（6）式的第一个方程来解决效用作为价格和可支配收入的函数的问题。将它代入第二个方程，我们得到以货币的非补偿性需求表示的贸易余额。那么利用齐次性，我们能——正如我们在第 7 章中所做的——将贸易余额写成

$$\frac{b}{\varepsilon} = \psi(P)c_0\left(\psi(P), P, \frac{l}{\varepsilon} + r(P, v)\right) - \frac{l}{\varepsilon} \tag{7}$$

这与第 7 章我们得出的表达式一模一样。然而，在解释上有一个重要区别：在第 7 章，是要素供给。这里它表示实际就业，当工资具有黏性时，它有可能小于供给。

劳动力市场

我们集中研究只有一种要素即劳动力的情况。劳动力总供给固定在 $\bar{v}$。工资率固定在 w。如果在 w 水平的劳动力需求小于 $\bar{v}$，那么实际就业由需求决定。如果需求超过 $\bar{v}$，那么企业将定量供给，并且实际就业将为 $\bar{v}$。至于劳动力需求，由于缺乏销售约束，使其等于名义劳动力需求，而这一定义上的劳动力需求在传统的分析中可以发现：$r_v(p, v)$ 给出以产出价格 p 和就业水平 v 表示的劳动力需求价格，因此它是反劳动力需求函数。假设 $r_v(p, v)$ 在 v 上严格递减，那么它能转化成将劳动力需求作为工资率的函数。

因此我们有两种可能。一种是工资—价格结构能产生失业的情况。那么实际就业水平由下式给出

$$r_v(p, v) = w \tag{8}$$

或者，工资和价格可以成为（8）式中给出的 $v > \bar{v}$ 的情况。那么劳动力将被定量

配给。为简单起见，我们假设劳动力以一种有效的方式被定量给——也就是说，它以能最大化 $p \cdot x$ 的方式被定量给。那么，在定量给的情况下，我们有 $p \cdot x = r_v(p, v)$，并且实际就业等于 $\bar{v}$。

将就业表示成国际产品价格的形式非常有用。记得 r_v 是 p 的一次齐次函数，我们有

$$r_v(\varepsilon P, v) = \varepsilon r_v(P, v)$$

因此如果存在失业，那么 v 将由下式给定

$$r_v(P, v) = w/\varepsilon \tag{9}$$

当 $r_v(P, v) \geqslant w/\varepsilon$ 时，$v = \bar{v}$。因此汇率会影响就业水平。因此，除了实际余额效应，汇率还将对生产有一个独立的影响。

外部和内部平衡

我们能利用这一简单模型来阐明在一个小型开放经济体中保持充分就业和均衡贸易的问题。为了这样做，我们在（w, ε）空间内来描述贸易余额和就业水平的关系。首先，利用方程（9）来描绘与充分就业相一致的（w, ε）组合——也就是将 w 和 ε 进行组合，以使劳动力需求等于劳动力供给。很明显它们由下式给出

$$w/\varepsilon = r_v(P, \bar{v}) \tag{10}$$

由于 P 和 $\bar{v}$ 是给定的，它决定了唯一的（w/ε）比率；因此与瓦尔拉斯劳动力市场均衡相一致的工资和汇率组合仅仅是通过原点的一条射线，如图 8.1 中的 FE 线。另外，由于 $r_{vv} < 0$，我们将有射线的右边是失业、左边是企业的劳动力定量配给情况。

接下来考虑使得贸易平衡的 w 和 ε 的组合。从（7）式知，这些情况由下式给出

$$\psi(P)c_0\left(\psi(P), P, \frac{l}{\varepsilon} + r(P, v)\right) = \frac{l}{\varepsilon} \tag{11}$$

在劳动力定量配给的情况下，$v = \bar{v}$。在这种情况下，贸易余额独立于 w，因此（11）式仅仅决定与均衡贸易相一致的特定汇率 ε^*。然而，在失业的情况下，v 依赖于 w 和 ε，因此使管理关系成为（9）式所示的情况。由于公式左边在 v 上是递减的，因此将 v 定义成（w/ε）的减函数。这样，在失业的情况下，$\partial v/\partial w < 0$ 并且 $\partial v/\partial \varepsilon > 0$。

为了看明白贸易差额依赖于 w 和 ε 的含义，我们对（7）式求导，写做

$$\frac{\partial(b/\varepsilon)}{\partial w} = \psi(P)c_{0y}r_v \frac{\partial v}{\partial w}$$

正如我们在第 7 章中看到的，$\psi(P)c_{0y}$ 仅仅是边际储蓄倾向，我们将其视为正的。另外，正如我们刚刚观察到的，$\partial v/\partial w < 0$。因此，工资率与贸易余额负相关。对于 ε，我们发现

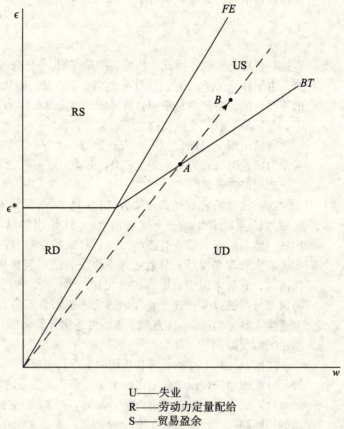

U——失业
R——劳动力定量配给
S——贸易盈余
D——贸易赤字

图 8.1

$$\frac{\partial (b/\varepsilon)}{\partial \varepsilon} = \frac{l}{\varepsilon^2}(1-\psi(P)c_{0y}) + \psi(P)c_{0y}r_v\frac{\partial v}{\partial \varepsilon}$$

由于边际储蓄倾向小于1，因此这里的第一项为正。另外，$\partial v/\partial \varepsilon > 0$，因此第二项同样为正；在给定 w 的情况下，贬值对贸易余额具有确定的正效应。

注意 ε 对贸易余额效应的两个方面非常有用。一种着眼于需求角度。在世界价格固定的情况下，贬值（ε 增加）同比例地提高所有国内价格。这导致实际余额供应的减少，并因此减少了需求，这从上式第一项可以看出，并且相同的效应在第 7 章瓦尔拉斯模型中也会出现。第二种效应着眼于产出角度：更高的国内价格易于扩大生产，而这将提高收入，并因此提高对货币的需求，这在第二项中可以看出，并且是可变就业模型所特有的效应。

现在，我们结合 w 和 ε 对贸易余额的效应来检验失业情况下贸易平衡的轨迹。如果我们从这一轨迹上的一点开始并提高 w，将发生贸易赤字，并且必须提高 ε 来重建均衡并回到曲线上。因此，在失业情况下与贸易平衡相一致的 w 和 ε 组合形成一条向上倾斜的曲线。另外，该曲线必须不如 FE 曲线陡峭。为了解原因所在，我们考虑同比例提高 w 和 ε 的情况。这种提高将令 (w/ε) 不变，因此对就

业没有影响。对贸易余额的唯一效应是实际余额效应

$$\frac{l}{\varepsilon}(1-\psi(P)c_{0y})\frac{\mathrm{d}\varepsilon}{\varepsilon}$$

而这一效应是正的，因此，从贸易平衡开始，同比例提高 w 和 ε 将会产生贸易盈余。由于在 A 点 $b=0$，并且在 B 点 $b>0$ 有，因此贸易平衡轨迹必定在 AB 线的下面。因而断定贸易平衡轨迹必定是如图 8.1 中 BT 这样的曲线。在该轨迹之上，有贸易盈余，在该轨迹之下，有贸易赤字。

这给出四个可能区域——失业和贸易赤字（UD），失业和贸易盈余（US），劳动力定量配给和贸易赤字（RD），劳动力定量配给和贸易盈余（RS）。

宏观经济政策

这一模型的宏观经济政策含义很明显，然而并不十分有趣。特别地，需求管理对就业没有影响——这在由（9）式给出的就业情况中可以很明显地看出——然而汇率对就业有影响。这看起来是在对利用汇率来实现外部均衡，而利用需求管理来保持充分就业这一传统的至理名言提出质疑。事实上，两者的反向结合看起来很吸引人：如果在其瓦尔拉斯均衡水平上没有弹性，那么一国可以充分贬值以实现充分就业。这会创造贸易盈余，可通过如扩张性的货币政策这类工具来消除。（注意到 l 增加将恶化贸易余额，正如在第 7 章瓦尔拉斯模型中所阐明的。）

然而，这并不意味着所有传统的至理名言促成的政策注定会失败。因此，假设允许汇率浮动，以使外汇市场平衡，那么在失业的情况下，v 和 ε 将由（9）式和（11）式给出。现在考虑 l 变化 $\mathrm{d}l$ 时，ε 和 v 相应的变化情况。令 s_y 为持有货币的边际倾向（$=\psi(P)c_{0y}$）的简化形式。那么我们有

$$(1-s_y)\frac{l}{\varepsilon}\frac{\mathrm{d}\varepsilon}{\varepsilon}+s_y r_v \mathrm{d}v=(1-s_y)\frac{l}{\varepsilon}\mathrm{d}l$$

$$\frac{w}{\varepsilon}\frac{\mathrm{d}\varepsilon}{\varepsilon}+r_{vv}\mathrm{d}v=0$$

对后式根据 $\mathrm{d}v$ 解出（$\mathrm{d}\varepsilon/\varepsilon$），并代入前式，我们得到

$$\left(s_y r_v -(1-s_y)\frac{l}{w}r_{vv}\right)\mathrm{d}v=(1-s_y)\frac{1}{\varepsilon}\mathrm{d}l$$

由于 $r_{vv}<0$，因此方程左边的系数是正的。因此扩张性的货币政策在弹性汇率下将会增加就业。

我们还没有提及使用财政政策的需求管理问题，因为这一模型不太适合于分析该问题。在所有商品均是可贸易品，并且世界价格不变的情况下，政府的任何需求均显示在贸易赤字上，而对国内经济却没有影响。如果非贸易品是政府需求的目标，那么情况将会不一样，参见 Neary（1978）。

贸易政策

许多国家在遇到失业和贸易赤字同时发生的情况时，经常使用贸易限制的政策。这些政策从来就不是最优的：正如我们即将看到的，可以同时操纵货币供应 l 和汇率 ε 以达到瓦尔拉斯均衡，而关税的效用也不会比这更大。然而，分析关

税效应还是具有指导意义的。我们通过令汇率固定，选择汇率单位使$\varepsilon=1$来分析关税效应。

关税使一国保持其国内价格p不同于世界其他国家的价格P。事实上，在小国情况下，P是固定的，并且关税选择立即等同于国内价格p的选择。那么就可能利用关税来重复汇率变化的效应。例如，同比例提高p的所有分量以超过P的相应分量，相当于将ε提高到大于1，也就是说贬值。这样一个政策意味着以相同比率对进口征税、对出口补贴。这是以下一般分析中的特殊情况。

均衡由方程（1）～（4）式和（8）式来描绘，唯一的新特征是国家收入方程（1）的右边包括关税收入。为了便于直接参考，我们将这些条件重新写出

$$e(p_0, p, u) = l + r(p, v) + (p - P) \cdot m \tag{12}$$

$$m = e_p(p_0, p, u) - r_p(p, v) \tag{13}$$

$$p_0 = \psi(p) \tag{14}$$

$$r_v(p, v) = w \tag{15}$$

这些方程在给定l、w和p的情况下，决定了u、v、m和p_0，那么计算贸易余额为

$$b = p_0 e_0(p_0, p, u) - l \tag{16}$$

在初始均衡处有$p = P$。通过取全微分可得知$\mathrm{d}p$的效应。同时，我们允许l变化$\mathrm{d}l$，因为它令一些有关关税效应的解释更加透明。

对（12）式求微分，我们有

$$e_0 \mathrm{d}p_0 + e_p \cdot \mathrm{d}p + e_u \mathrm{d}u = \mathrm{d}l + r_p \cdot \mathrm{d}p + r_v \mathrm{d}v + (p - P) \cdot \mathrm{d}m + m \cdot \mathrm{d}p$$

利用（13）式，其中的三个条件成为零。另外，根据有关p的初始条件，另一个条件也消失了。只剩下

$$e_u \mathrm{d}u = \mathrm{d}l - e_0 \mathrm{d}p_0 + r_v \mathrm{d}v \tag{17}$$

接下来，从（15）式中我们得到

$$r_{vp} \cdot \mathrm{d}p + r_{vv} \mathrm{d}v = 0$$

或者

$$\mathrm{d}v = (-1/r_{vv}) r_{vp} \cdot \mathrm{d}p \tag{18}$$

由于$r_{vv} < 0$，因此括号内的表达式为正。最后，

$$\mathrm{d}b = e_0 \mathrm{d}p_0 - \mathrm{d}l + p_0 (e_{00} \mathrm{d}p_0 + e_{0p} \mathrm{d}p + e_{0u} \mathrm{d}u)$$

用（17）式进行替换，我们有

$$\mathrm{d}b = e_0 \mathrm{d}p_0 - \mathrm{d}l + p_0 (e_{00} \mathrm{d}p_0 + e_{0p} \cdot \mathrm{d}p) + (p_0 (e_{0u}/e_u))(\mathrm{d}l - e_0 \mathrm{d}p_0 + r_v \mathrm{d}v)$$

由第2章中的等式（45），有$e_{0u}/e_u = c_{0y}$，因而，$p_0(e_{0u}/e_u)$就等于s_y，即持有货币的边际倾向。我们假定s_y在0到1之间，那么运用（18）式，可得到表达式

$$db = -(1-s_y)(dl - e_0 dp_0) + p_0(e_{00}dp_0 + e_{0p} \cdot dp) + s_y(-r_v/r_{vv})r_{vp} \cdot dp \qquad (19)$$

现在我们通过将这一表达式分成三组条件来检验关税对贸易余额的影响。首先，如果 $dl < e_0 dp_0$，则对贸易余额有正效应。这可以被看做实际余额效应，或者完全的价格效应。注意到 $dp_0 = \psi_p \cdot dp$。在 p 的所有部分均等比例增加的纯粹贬值的情况下，我们能确信当 $dl = 0$ 时，$dp_0 > 0$。有其他几种方法，在这些方法中，预期价格水平的上升比货币供应增加（如果有的话）得更快。实际余额的减少通过其自身的一部分 $(1-s_y)$ 降低了当前需求，从而产生贸易余额的相应改进。然而，这在实际政策领域基本看不见。没有人愿意在关税会减少总体购买力的基础上提倡关税的使用。纯粹贬值造成价格相应提高的效应常常遇到强烈的抑制；没有理由使人相信在这种情况下还会有人支持关税的使用。事实上，值得争论的是，通过假设消费者的实际余额上的完全效应得到补偿，也就是令 $dl = e_0 dp_0$，我们应该集中研究关税的相对价格效应。

第二组条件涉及需求的替代效应。这是一个普遍的不确定性问题。例如，在纯粹贬值的情况下，对于标量 $d\varepsilon$，我们有 $dp = p d\varepsilon$，从而由齐次性知 $dp_0 = p_0 d\varepsilon$。那么由 e_0 的齐次性有

$$p_0(e_{00}dp_0 + e_{0p} \cdot dp) = p_0(e_{00}p_0 + e_{0p} \cdot p)d\varepsilon = 0$$

相对价格变化的效应通过任意一种方法均可以产生。

第三组条件涉及生产和就业效应，很明显，它是最令人感兴趣的，并且它以人们经常提出的关于关税的实际争论的影响为依据。对比（18）式和（19）式，争论的焦点就很明显了。在固定的 w 下，一组增加就业的关税将增加收入，其中收入的一部分以货币的形式持有，从而有利于贸易余额的改善。贬值的效应很明显：在 $dp = p d\varepsilon$ 时，由 r_v 的齐次性，我们有

$$dv = (-1/r_{vv})r_{vp} \cdot p d\varepsilon = (-1/r_{vv})r_v d\varepsilon$$

此时 $d\varepsilon > 0$，它是正的。然而，如果我们要利用选择性关税，那么我们必须注意确保 $r_{vp}dp > 0$。这在像李嘉图-维纳模型的生产情况下相当简单。那么 r_{vp} 的每一个分量均是正的，也就是说可以任意比率对所有进口征税，对所有出口补贴。在赫克歇尔-俄林情况下，r_{vp} 对劳动密集程度相对较高的产品有正的效应，而对劳动密集程度相对较低的产品则有负的效应，那么可以使 dp 组成部分的符号与这些一致。

我们的结论是仔细计算选择性关税能有助于贸易平衡和就业，但纯粹贬值同样能做到甚至可做得更好。

顺便提一句，（17）式表明如果实际余额提高（$dl > e_0 dp_0$），或就业提高，那么效应将增加。然而，回顾到这是一个短期模型，因此第 7 章中所提到的告诫也适用于此：它没有考虑当前赤字的长期效应，并且由 ψ 产生的预期可能是错的。

8.2 国际均衡

现在我们来考查在产品价格具有弹性并且国内要素价格具有黏性的世界中完全国际均衡的状况。我们抛弃给定产出价格的假设，并以标准的市场出清条件来取代它。那么在两国情况下，我们得到下列熟悉的条件

$$e(p_0, p, u) = l + r(p, v) \tag{20}$$

$$E(P_0, P, U) = L + R(P, V) \tag{21}$$

$$p_0 = \psi(p) \tag{22}$$

$$P_0 = \Psi(P) \tag{23}$$

$$p = \varepsilon P \tag{24}$$

$$e_p + E_P = r_p + R_P \tag{25}$$

给定 v、V 和 ε，上述方程决定当前产出价格和未来价格预期。贸易余额是

$$b = p_0 e_0 - l \tag{26}$$

虽然我们一般视 ε 为固定的，但是通过令（26）式中的 $b = 0$ 并利用它来决定 ε，那么我们能立即得到弹性汇率的情况。

最后，我们决定了 v 和 V，并作为可得到的和需要的数量的最小值，即

$$v = \min(\bar{v}, v') \quad （此处 r_v(p, v') = w） \tag{27}$$

$$V = \min(\bar{V}, V') \quad （此处 R_V(P, V') = W） \tag{28}$$

不幸的是，这种一般方法并没有产生任何简单或清楚的指导意义。因此我们需要将情况限定为有一种商品，那么 p 和 P 是当前价格水平，并且（25）式是在只有一种商品的世界中的总的产品市场出清条件。

稳定性

由于我们只有单一市场，因此超额需求函数向下倾斜是使试误过程稳定的条件。为理解这意味着什么，我们利用（20）式和（25）式来解决将消费作为价格和可支配收入的函数的问题：

$$c = c(\psi(p), p, l + r(p, v)) \tag{29}$$

我们注意到在一种商品的情况下，ψ_p 是固定的。另外注意到我们能利用（27）式来解 v，其中 v 为 p 和 w 的函数：在一种商品的情况下，$r(p, v)$ 就是 $pf(v)$，因此名义劳动力需求由下式给定

$$f_v(v) = w/p$$

如果这能给出 $v > \bar{v}$，那么将会出现劳动力定量配给。否则，上述的边际生产率条件决定就业。因此，如果我们用 ε 表示在充分就业情况下的劳动边际产品

$$\omega \equiv f_v(\bar{v})$$

那么我们有

$$v(p,w) = \begin{cases} v & \text{对于} (w/p) \leqslant \omega \\ f_v^{-1}\left(\dfrac{w}{p}\right) & \text{对于} (w/p) \geqslant \omega \end{cases} \tag{30}$$

如图 8.2 所示。

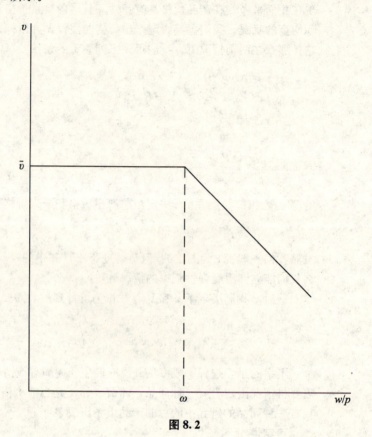

图 8.2

利用它，我们得知世界商品市场的超额需求函数。母国的进口需求函数是

$$m(p,l,w) = c(\psi(p),p,l + r(p,v(p,w))) - r_p(p,v(p,w)) \tag{31}$$

并与世界其他国家的情况相似。当存在以下情况时

$$m_w = c_y r_v v_w - r_{pv} v_w$$

我们观察到有以下等式

$$m_l = c_y \tag{32}$$

但是 r_{pv} 就是 $\partial x / \partial v$ ——$f_v(v)$。在失业情况下，它等于 (w/p)，因此我们有

$$m_w = \left(c_y w - \frac{w}{p}\right) v_w = -\frac{w}{p} v_w (1 - pc_y)$$

如果存在劳动力定量配给的情况，那么 $v_w = 0$。因此

$$m_w = \begin{cases} 0 & \text{若 } w \leqslant \omega p \\ -\dfrac{w}{p} v_w (1 - p c_y) & \text{若 } w > \omega p \end{cases} \tag{33}$$

最后，考查

$$m_p = (c_0 \psi_p + c_p + c_y r_p - r_{pp}) + (c_y r_v - r_{pv}) v_p$$

此处第一个括号表示完全的瓦尔拉斯均衡模型中常见的标准超额需求价格导数——称之为 m_p^*。当存在劳动力配给时第二项为零。当存在失业时，它可以被写做

$$(c_y r_v - r_{pv}) = -\frac{w}{p}(1 - p c_y)$$

因此

$$m_p = m_p^* - \begin{cases} 0 & \text{若 } w \leqslant \omega p \\ \dfrac{w}{p} v_p (1 - p c_y) & \text{若 } w > \omega p \end{cases} \tag{34}$$

假设 $0 < p c_y < 1$，那么这个模型中的进口需求函数起码和完全的瓦尔拉斯均衡模型中的一样，其斜率为负。

产品市场稳定要求超额需求曲线斜率为负。世界超额需求是国内外进口需求的总和。那么从（34）式可明显看出，稳定的充分条件是相应的瓦尔拉斯均衡是稳定的。我们假设情况就是这样。

那么产品市场均衡由下列条件给出

$$m(p, l, w) + M(P, L, W) = 0 \tag{35}$$
$$p = \varepsilon P \tag{36}$$

注意到进口需求函数同样是其参数的零次齐次函数。我们能利用这一点来将均衡条件写成下列形式

$$m(p, l, w) + M(p, \varepsilon L, \varepsilon W) = 0 \tag{37}$$

而这正是我们将要用到的。

失业体制

在本模型中，失业是黏性工资的产物。因此，为发现可能的失业和劳动力定量配给的组合，应该将均衡放在 (w, W)-空间内进行考查。我们应在汇率和货币供应价值给定的情况下进行这项工作。

首先考虑完全瓦尔拉斯均衡的情况。在这种均衡中，（37）式成立。另外，在国内劳动力市场中名义需求等于供给，因此 $w/p = f_v(\bar{v}) \equiv \omega$，从而 $w = \omega p$。外国劳动市场的情况与此相同，因此如果 Ω 是外国劳动力完全就业时的边际产品，那么我们必须有 $W = \Omega P$，或者 $\varepsilon W = \Omega \varepsilon P = \Omega p$。这样，完全瓦尔拉斯均衡下的价格水平由下式给出

$$m(p,l,\omega p) + M(p,\varepsilon L,\Omega p) = 0 \tag{38}$$

将这个表示为 $\hat{p}$，那么瓦尔拉斯工资率将是 $\hat{w}=\omega\hat{p}$，并且 $\hat{W}=\Omega\hat{p}/\varepsilon$。

接下来，考虑 $w<\hat{w}$ 的情形。对于给定的产出价格，较低的 w 只产生国内劳动力定量配给，而对产品需求和供给没有影响，因此进口需求曲线不发生移动，产品价格因而也不发生变化。结果，对于 $w\leqslant\hat{w}$，w 减少对外国劳动力市场出清价格没有影响。因此，对于 $w\leqslant\hat{w}$，外国劳动力市场在 $W=\hat{W}$ 时出清；$W<\hat{W}$ 将产生劳动力定量配给，而 $W>\hat{W}$ 将产生失业。这给出了图 8.3 中的边界线 AE。AE 上方表示外国失业，下方是劳动力定量配给。进行相似的推理能得出 BE 轨迹。BE 左边是本国的劳动力定量配给，右边是本国的失业。

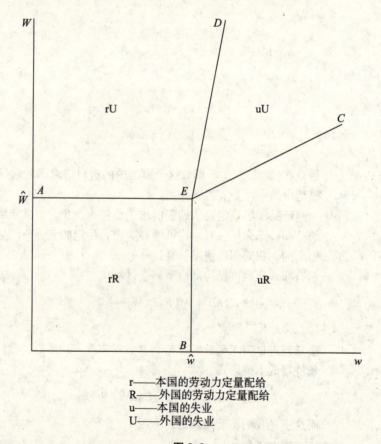

r——本国的劳动力定量配给
R——外国的劳动力定量配给
u——本国的失业
U——外国的失业

图 8.3

最后，考虑 $w>\hat{w}$ 的情况。这使我们在国内失业的情况下考虑问题。那么，为得知与外国劳动力市场出清相一致的外国工资水平，我们应该找出与母国失业和外国劳动力市场均衡相一致的产出价格水平。这由下式给出

$$m(p,l,w) + M(p,\varepsilon L,\Omega p) = 0 \tag{39}$$

因此，对上式求导，我们有

国际贸易理论：对偶和一般均衡方法

$$\left(m_p + M_P + M_W\Omega\right)\frac{dp}{dw} = -m_w$$

根据（33）和（34）式，我们发现这可以写成

$$\left(m_p + M_P^*\right)\frac{dp}{dw} = -m_w$$

式中，$m_p < m_P^* < 0$。如果完全的瓦尔拉斯均衡是稳定的，那么我们有 $dp/dw > 0$，因此母国较高的工资将提高世界价格水平。由于外国市场出清工资率是 $\Omega p/\varepsilon$，由此得出较高的国内工资将提高国外均衡工资水平。

然而，外国均衡工资对国内工资的弹性必须小于1。为理解这一点，考虑 w 和 p（因此外国均衡工资 $\Omega p/\varepsilon$）等比例变化的情况。由于进口需求函数是（p，l，w）的零次齐次函数，这样一个变化将等同于 l 和 L 的减少，并因此产生超额供给。由此，我们必然有 $dp/p < dw/w$；因此外国工资水平提高比例必然小于国内工资水平的提高。

因此，在 E 的右边，外国的均衡工资轨迹必然向上倾斜，但是其斜率必然小于从原点出发到该轨迹上任一点的连线的斜率。因此我们得到一条像 EC 一样的轨迹。此外，EC 上方表示外国失业，EC 下方表示劳动力定量配给。

此外，我们对母国也可以做同样的分析，并发现其均衡工资水平是外生给定的外国工资的函数。这将给出 ED 的轨迹。其向上倾斜的原因与 EC 向上倾斜的原因相同，并且由于其齐次性特征，它比从原点出发的相应射线要陡峭。在这些轨迹下，各种组合就十分清楚了：充分高的工资产生普遍的失业，而充分低的工资在国内和国外都产生劳动力定量配给。母国高工资且外国低工资将导致母国失业和外国劳动力定量配给，反之亦然。

贬值和贸易收支

在这个一种商品的模型中，母国的贸易余额仅仅是 $-pm$。我们也能将它放在（w，W）-空间内考察。为达到这个目的，我们必须将各种情况分开来考虑。首先考虑（u，U）情况。这里，价格由下式给出

$$m(p,l,w) + M(p,\varepsilon L,\varepsilon W) = 0 \tag{40}$$

然而贸易平衡要求

$$m(p,l,w) = 0 \tag{41}$$

为发现与均衡贸易相一致的国内和国外工资水平组合，我们只需对（40）和（41）式取微分。从（41）式可得出

$$dp = -\frac{m_w}{m_p}dw$$

然而注意（41）式，从（40）式可得

$$dp = -\frac{M_W}{M_P}\varepsilon dW$$

因此，贸易平衡要求 dw 和 dW 之间存在下列关系

$$\frac{m_w}{m_p}dw = \frac{M_W}{M_P}\varepsilon dW \tag{42}$$

因此当两国均存在失业时，贸易平衡轨迹在 (w, W)-空间内是向上倾斜的。因此我们得到图 8.4 中像 FG 这样的轨迹。在该轨迹的左边，母国将有贸易盈余，右边则是贸易赤字。

其他区域内 FG 轨迹的形状依赖于 G 点所在的位置。像图中所示的，我们从 (u, U) 区域移向 (u, R) 区域。在那一区域，价格由下式给定

$$m(p, l, w) + M(p, \varepsilon L, \Omega p) = 0 \tag{43}$$

然而贸易平衡要求 $m = 0$，因而 $M = 0$，也就是

$$M(p, \varepsilon L, \Omega p) = 0 \tag{44}$$

上式唯一地决定了 p，这意味着（43）决定与贸易收支相一致的唯一的 w。相应地，贸易平衡轨迹在 (u, R) 区域变成一条垂直线。如果 FG 移动到 (r, U) 区域——如 $F'G'$ 所示——我们应该在该区域有一条水平线。因此，一般来说，贸易平衡轨迹看起来像图 8.4 中的 FGH 或 $F'G'H'$。

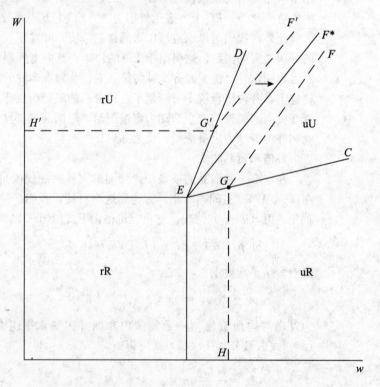

图 8.4

这一框架使我们能够考虑一些比较静态的问题。我们不打算列出各种情况的详细目录。相反，我们只考虑其中的一些情况，而将其他情况留给读者。

首先假设我们在两国均有劳动力市场均衡，因此工资由 E 点给定。还假设贸易平衡由轨迹 $F'G'H'$ 给出，因此母国在 E 点出现国际收支赤字。那么它可能

试图贬值。为了解这一贬值将有什么样的影响，我们考虑瓦尔拉斯均衡条件

$$m(\hat{p},l,\omega\hat{p})+M(\hat{p},\varepsilon L,\Omega\hat{p})=0$$

由于 $M_L>0$，较高的 ε 将导致超额需求，因此 $\hat{p}$ 将提高，从而 $\hat{w}=\omega\hat{p}$ 将提高。至于 $\hat{W}$，它等于 $\Omega\hat{p}/\varepsilon$，因此国外均衡工资的变化将依赖于

$$\mathrm{d}\hat{p}/\hat{p}-\mathrm{d}\varepsilon/\varepsilon$$

假设 $\mathrm{d}\hat{p}/\hat{p}=\mathrm{d}\varepsilon/\varepsilon$。那么，由于 M 是零次齐次函数，因此 $\mathrm{d}M=0$。然而，当 l 不变时，我们得到 $\mathrm{d}m<0$。相应地，我们应该能得到超额产品供给。由此得出

$$\mathrm{d}\hat{p}/\hat{p}<\mathrm{d}\varepsilon/\varepsilon$$

因而 $\mathrm{d}\hat{W}<0$。因此，母国贬值将提高国内均衡工资并降低外国均衡工资，因此它将使得完全的瓦尔拉斯均衡向东南方向移动，在图 8.5 中显示为从 E 向 E' 的移动。结果，贬值将产生母国劳动力市场的定量配给和世界其他国家的失业。

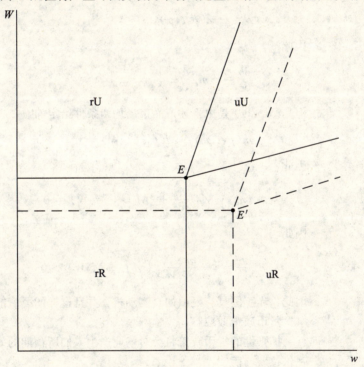

图 8.5

这可以很容易地推广为贬值使所有区域均向右下方向移动。这关于 (r,R) -区域是很明显的。至于 (u,U) -区域，它将由两个轨迹来详细说明：1）是与母国劳动力市场均衡和外国失业相对应的轨迹，2）是与母国失业和外国市场均衡相对应的轨迹。前者由下式定义

$$m(p,l,\varepsilon p)+M(p,\varepsilon L,\varepsilon W)=0$$

因此，对于给定的 W，我们有

$$(m_p^* + M_P)\mathrm{d}p + (M_L L + M_w W)\mathrm{d}\varepsilon = 0$$

由于 M_L、$M_w > 0$，因此可以得出 $\mathrm{d}p/\mathrm{d}\varepsilon > 0$。母国的均衡工资是 ωp，因此母国的均衡工资将上升。换句话说，图 8.3 中的 ED 轨迹将向右移动。

与此相类似，图 8.3 中的 EC 轨迹由下式给出

$$m(p,l,w) + M(p,\varepsilon L,\Omega p) = 0$$

这暗含着 $\mathrm{d}p/\mathrm{d}\varepsilon > 0$。然而，注意到 $\mathrm{d}p/p < \mathrm{d}\varepsilon/\varepsilon$：两者之间的等式将使 M 不变并降低 m，因此产生超额供给。由于国外均衡工资是 $\Omega p/\varepsilon$，因此可以得出 W 必然下降，因此 EC-轨迹将向下移动。

这意味着一般情况下，母国贬值扩大母国劳动力市场定量配给的区域和外国失业的区域。换句话说，贬值可以作为"出口"失业的手段。这一可能性是实际存在的——特别是因为贬值将（在失业的区域）很明确地改善贸易收支。为理解这一点，回顾以实际单位度量的国际收支是

$$b = -m(p,l,w)$$

因此

$$\frac{\mathrm{d}b}{\mathrm{d}\varepsilon} = -m_p \frac{\mathrm{d}p}{\mathrm{d}\varepsilon}$$

但是 $(\mathrm{d}p/\mathrm{d}\varepsilon)$ 是由下述产品市场均衡条件给定的

$$m(p,l,w) + M(p,\varepsilon L,\varepsilon W) = 0 \tag{45}$$

因此

$$(m_p + M_P)\frac{\mathrm{d}p}{\mathrm{d}\varepsilon} + (M_L L + M_w W) = 0$$

因此

$$\frac{\mathrm{d}b}{\mathrm{d}\varepsilon} = \left(\frac{m_p}{m_p + M_P}\right)(M_L L + M_w W) > 0$$

因此，赤字国具有贬值的真实动机，并且这样的贬值能导致国外的就业问题。

货币政策效应

扩张性的货币政策将会对就业产生人们所预期的效果。为理解这一点，考虑瓦尔拉斯均衡

$$m(p,l,\omega p) + M(p,\varepsilon L,\Omega p) = 0$$

很清楚，如果 l 或 L 增加，那么其效应将是提高 p，并且因此增加两国的均衡工资率。我们将表明 EC-轨迹向上移动、ED-轨迹向外移动的练习留给读者。结果，扩张性的货币政策将扩大在劳动力市场定量配给的情况下该区域的范围，并且减少失业的可能性。我们在本章第 1 节看到，只要汇率固定，小国就不能通过扩张性的货币政策来减轻失业；现在我们看到大国就能做到这一点。

然而，这样一种政策将恶化贸易收支。为理解这一点，我们考虑两国均存在失业的情况（其他情况也能很轻易地获得相似的结果）。从（45）式，我们有

$$(m_p + M_P)\frac{\mathrm{d}p}{\mathrm{d}l} + m_l = 0 \qquad (46)$$

因此

$$\frac{\mathrm{d}b}{\mathrm{d}l} = -m_l + \left(\frac{m_p}{m_p + M_P}\right)m_l$$

$$= -\left(\frac{m_p}{m_p + M_P}\right)m_l < 0 \qquad (47)$$

这样，母国扩张性的货币政策将增加就业，但是恶化贸易收支，然而世界其他国家将在就业和贸易收支方面同时获益。

货币流动和转移问题

从上面的分析中，我们可以发现购买力从一个国家向另一个国家转移的效应，就像货币流动机制将产生的效应一样。同样，我们只将注意力限制在两国均存在失业的情况，而将简单易懂的一般化推广留给读者。

因此考虑货币从母国向世界其他国家转移的情况。由于汇率固定，我们令它等于 1，在这种情况中我们得到 $\mathrm{d}L = -\mathrm{d}l$，其中 $\mathrm{d}L$ 是转移。由 (45) 式可知，这样一个转移将导致由下式给出的价格变化 $\mathrm{d}p$

$$(m_p + M_P)\mathrm{d}p + m_l\mathrm{d}l + M_L\mathrm{d}L = 0$$

也就是利用 $\mathrm{d}l = -\mathrm{d}L$，

$$(m_p + M_P)\mathrm{d}p = (m_l - M_L)\mathrm{d}L \qquad (48)$$

我们记得，由 (32) 式可知 $m_l = c_y$，$M_L = C_Y$，因此我们发现，当且仅当外国的边际消费倾向大于本国的边际消费倾向时，转换将提高世界价格水平。由于就业仅在 p 增加时才得到提高，这意味着只有在贸易顺差国的边际消费倾向高于贸易逆差国时，货币流动机制才将导致更多的就业。如果情况相反，那么该机制将导致额外的失业。

然而，该机制将消除本模型中的收支不平衡现象（尽管如果我们有许多种商品，第 7 章所考虑的那种不稳定问题将可能发生）。为了解这一点，我们从 (47) 式中注意到

$$\mathrm{d}b = -\left(\frac{M_P}{m_p + M_P}\right)m_l\mathrm{d}l + \left(\frac{m_p}{m_p + M_P}\right)M_L\mathrm{d}L$$

因此，对于 $\mathrm{d}l = -\mathrm{d}L$，我们有

$$\mathrm{d}b = -\left(\frac{M_P m_l + m_p M_L}{m_p + M_P}\right)\mathrm{d}L \qquad (49)$$

由于如果母国有贸易赤字，那么 $\mathrm{d}L > 0$，并且由于 (49) 式中括号内为正，因此可以断定当该机制起作用时，逆差国的贸易收支将得到改善。

为理解 (48) 式和 (49) 式的含义，我们考虑这样一个例子：假设我们处于一个完全的瓦尔拉斯均衡状态，在这样一种状态中，母国遇到贸易赤字。另外假设母国的边际消费倾向大于外国。那么，由 (48) 式知，由赤字带来的货币供应

的变化将使这些国家移向失业的区域。另一方面，由（49）式知，这些国家将向贸易平衡移动。换句话说，在这个例子中，金币流动机制会重建收支均衡，但会造成劳动力市场的失衡。

最后，我们注意到所有这些情况均同样适用于直接捐赠的情况。因此它是一种能被用来分析凯恩斯有关转移问题的方法。由（48）式知，当且仅当接受者有比捐赠者更高的消费倾向时，价格水平——从而就业水平——才得到提高。并且由（49）式知，它将改善捐赠者的贸易收支，并且恶化接受者的贸易收支。然而，我们注意到，捐赠将恶化捐赠者经常账户余额（贸易收支减去净赠品）。如果 g 是净捐赠的价值，那么经常账户余额是 $(b-g)$。从（49）式可以很清楚地看出 $db/dg < 1$。

8.3 所有价格均具有黏性的情况

迄今为止，我们一直假设产品价格具有弹性，因此国际产品市场无须定量配给就能达到出清。在本节，我们用固定的产品价格和商品市场定量配给的假设来取代它。这将使我们更接近熟悉的开放经济的收入—支出模型，并且使我们能够研究所谓的国际收支的吸收法的含义。我们直接关注这些定量调整的均衡中的固定价格，使得我们可分析被通常的凯恩斯模型所忽略的比较静态问题。

在同时具有黏性产品价格和黏性工资的国家，这种情况可能大量存在。例如，消费者被母国劳动力市场定量配给，生产者被外国劳动力市场定量配给，以及生产者被国际市场定量配给。还可能存在另外七种情况。我们不会研究所有的情况，也不会试图将它们放在价格空间中进行研究。相反，我们将挑出一种情况，进行稍微细致的研究。我们所挑选的是被马林沃德（Malinvaud）称做凯恩斯失业的情况——也就是消费者在劳动力市场受到定量配给（因此存在失业），以及生产者在产品市场受到定量配给（因此存在有效需求不足）的情况。

在贸易背景下存在一种对定量配给进行建模的特殊问题，也就是配给量如何在各国间进行分配的问题。当然，在封闭经济体中也存在相似的问题，在这些经济体中配给量必须在消费者或企业之间进行分配。然而，在封闭经济模型中，通过假设只存在一个消费者或企业，这一问题能够解决——至少从技术角度。这显然不是贸易背景下的解决办法，因此必须面对配给量如何分配的问题。

收入—支出模型通过引入进口需求函数这一概念"解决"了配给量分配的问题。这一定不能与我们一直用到的商品净超额需求函数，也就是 $m = e_p - r_p$ 相混淆。这仅仅是一个规则，它将在有效需求小于潜在产出时生效，并且规定了一国需求中的多少比例将被分配给母国企业。因此，它可以被看做与消费函数并列存在的、独立的特定的构建方法。这种进口需求函数没有理论基础，并且虽然它看起来有一些经验支持，但它仍应该被看做处理定量配给问题的权宜方法，而不应被看做解决配给量分配问题的令人满意的方法。

为简单起见，并且便于与传统模型相比较，我们利用相同的构建方法。特别地，我们假设对于国内需求，其中的 γ 部分进入国内企业，$(1-\gamma)$ 部分进入外国企业。这种分配对所有商品均适用；虽然允许不同的比例从原则上并不困难，但是只要这些是外生的，它在分析购买问题时就几乎没有作用。在这一假设下，传统的边际进口倾向，也就是收入增加一单位导致的进口花费的增加，仅仅是 $(1-\gamma)$ 乘以边际消费倾向。同理，外国需求的 Γ 部分进入外国企业，并且 $(1-\Gamma)$ 部分进入母国企业，因此外国边际进口倾向是 $(1-\Gamma)$ 乘以其边际消费倾向。

小国情况

像往常一样，从小国情况开始讨论比较方便。一般来说，"小国"指不能影响世界价格的国家。在固定价格和定量调整均衡的背景下，这还不够。我们必须要求该国对世界其他国家数量的影响可以忽略。特别地，在这一问题中，世界其他国家的消费需求 C 是外生变量。世界价格 P 也是外生变量，并且当汇率固定时，国内价格 $p=\varepsilon P$。

我们所关心的是总超额供给的均衡。因此我们假设生产者不能销售它们所希望的数量，然而消费者能买到他们想买的商品。另一方面，企业能得到它们想得到的所有劳动力，但是消费者不能提供所有他们希望提供的劳动力。那么，消费者对商品的需求和企业对劳动力的需求是有效需求，在任意一种情况中均有对另一市场数量加以约束的条件。

首先考虑生产一方。由于企业被定量配给，因此实际生产由实际需求决定。对国内商品的实际需求是两部分之和，γc 来自于母国消费者，$(1-\Gamma)C$ 来自于外国消费者。因此我们有

$$x = \gamma c + (1-\Gamma)C \tag{50}$$

这同样决定就业情况。商品 j 的产量是 $x_j = f_j(v^j)$，其中 v^j 是该部门的就业。取该生产函数的倒数并相加，我们得到总就业。事实上，我们对变化更感兴趣。在 j 部门，产出和就业变化通过 $dx_j = f_j'(v^j)\,dv^j$ 相联系。解出 dv^j 并相加，得

$$dv = \sum_j (1/f_j')dx_j \tag{51}$$

由于生产者不能销售它们希望的所有产品，因此我们必须有 $f_j'(v^j) \geqslant w/p_j$，其中仅当约束满足时，两者相等。在这种特殊情况下，可以将（51）式简化为

$$dv = (\sum_j p_j dx_j)/w = p \cdot dx/w \tag{52}$$

现在转向需求一方。我们注意到消费者在商品市场不受定量配给的影响。然而，他们的实际收入等于其实际工资收入加上实际利润收入（我们假设这一收入被立即分配掉），也就是实际产出的价值。因此经济的需求一方可以被描述成现在我们所熟悉的公式：

$$e(p_0, p, u) = l + p \cdot x \tag{53}$$
$$c = e_p(p_0, p, u) \tag{54}$$

像往常一样，令 y 代表（53）式的右边。现在就有可能利用（53）式来解出 u，并且代入（54）式来将 c 表示成 p_0、p 和 y 的函数。通过这样做，并且将（50）

式代入其中，我们可以将均衡条件简单地表示成

$$y = l + (1-\Gamma)p \cdot C + \gamma p \cdot c(p_0, p, y) \tag{55}$$

这与收入—支出模型中传统的国民收入均衡方程非常相似。然而，它们存在两点区别。首先，传统的加总由基于选择理论考虑的更详细的有效需求函数方法所取代，因此使价格在什么地方出现以及以什么方式出现均变得更清楚。其次，y 与通常的国民收入测量方法的不同之处在于，它包括了货币存量。如果希望利用排除货币存量的方法，那么我们将用 $(y-l)$，称之为 $\bar{y}$。这样我们可以将 (55) 式重新写为

$$\bar{y} = (1-\Gamma)p \cdot C + \gamma p \cdot c(p_0, p, \bar{y}+l) \tag{56}$$

我们可以将 $\bar{y}$ 当做国民产品的度量方法，并且它能与就业相联系。如果产品在固定价格下发生变化，那么我们有 $d\bar{y} = p \cdot dx$。如果初始点恰好满足销售约束，那么 (52) 式立即能给出

$$dv = d\bar{y}/w \tag{57}$$

如果初始点不是这种特殊情况，那么必须利用更一般的关系 (51) 式。记得 $(1/f_j') \leqslant p_j/w$，那么我们发现就业效应小于 (57) 式中所显示的情况。在下文中，我们只考虑收入效应，读者可以利用这些方法来考虑就业问题。

现在开始研究一些比较静态问题。首先假设世界其他国家的外生需求发生变化。对 (55) 式取全微分，我们得到

$$dy = (1-\Gamma)p \cdot dC + \gamma p \cdot c_y dy$$

或者

$$dy = (1-\Gamma)p \cdot dC/(1 - \gamma p \cdot c_y) \tag{58}$$

这是我们熟悉的出口乘数公式。分子是出口价值的变化。在传统的收入—支出形式下，分母将是边际储蓄倾向和边际进口倾向之和。用我们的符号表示的话，则前者是 $(1-p \cdot c_y)$，后者是 $(1-\gamma) p \cdot c_y$，并且两者之和是 $(1-\gamma p \cdot c_y)$，正好是 (58) 式中的分母。

我们同样能得到贸易收支效应。现在用实际条件来表述更方便，也就是用出口价格减去进口价值。因此

$$b = (1-\Gamma)p \cdot C - (1-\gamma)p \cdot c(p_0, p, y) \tag{59}$$

取微分得

$$db = (1-\Gamma)p \cdot dC - (1-\gamma)p \cdot c_y dy$$

$$= \frac{1-p \cdot c_y}{1-\gamma p \cdot c_y}(1-\Gamma)p \cdot dC \tag{60}$$

从而贸易收支得到改善，但是由于引致的进口需求的增加，因此它仅比出口增量多出一小部分。

同理读者可算出 l 增加的效应。我们用稍微不同的方法来分析，利用上述模

型中的新特征，即我们对价格的明确考虑，来与传统的收入—支出模型相比较。在明确地包括价格之后，我们就能系统地考虑价格变化效应。特别地，我们考察汇率变化。传统的收入—支出法以一种特殊方法将汇率作为出口和进口函数的参数来进行这项工作。与此相对比，我们利用关系 $p = \varepsilon P$，并利用需求函数和期望函数的齐次性，来用外国货币表示"国民收入" y 和贸易收支 b。该方法与以前第 7 章用到的方法类似；结果是

$$y/\varepsilon = l/\varepsilon + (1-\Gamma)P \cdot C + \gamma P \cdot c(\psi(P), P, y/\varepsilon) \tag{61}$$

$$b/\varepsilon = (1-\Gamma)P \cdot C - (1-\gamma)P \cdot c(\psi(P), P, y/\varepsilon) \tag{62}$$

这突出表明了一个事实，即在这种情况下，汇率变化从本质上讲是通过实际余额效应起作用。贬值，也就是 ε 增加，与关于收入和贸易收支的以外币度量的 l 的减少有相同效应。取全微分，我们得到

$$\mathrm{d}(y/\varepsilon) = \mathrm{d}(l/\varepsilon) + \gamma P \cdot c_y \mathrm{d}(y/\varepsilon)$$

也就是

$$\mathrm{d}(y/\varepsilon) = \mathrm{d}(l/\varepsilon)(1 - \gamma P \cdot c_y) \tag{63}$$

那么

$$\begin{aligned}\mathrm{d}(b/\varepsilon) &= -(1-\gamma)P \cdot c_y \mathrm{d}(y/\varepsilon) \\ &= -(1-\gamma)P \cdot c_y \mathrm{d}(l/\varepsilon)/(1 - \gamma P \cdot c_y)\end{aligned} \tag{64}$$

这样，在固定汇率下，货币供应的增加能增加收入并恶化贸易收支。相反，在固定的货币供应情况下，贬值能降低收入并且改善贸易收支，两者均以世界价格来度量。假设销售约束在初始点刚好是满足的，那么很容易得知就业效应。从 (52) 式中，我们有 $w\mathrm{d}v = p \cdot \mathrm{d}x$。那么 $(w/\varepsilon)\mathrm{d}v = P \cdot \mathrm{d}x = \mathrm{d}(\bar{y}/\varepsilon)$，而这又等于 $\mathrm{d}(y/\varepsilon) - \mathrm{d}(l/\varepsilon)$。利用 (63) 式我们得到

$$(w/\varepsilon)\mathrm{d}v = \mathrm{d}(\bar{y}/\varepsilon) = \gamma P \cdot c_y \mathrm{d}(l/\varepsilon)/(1 - \gamma P \cdot c_y) \tag{65}$$

货币供应增加提高就业，而贬值降低就业。最后这一结果是与众不同的，并且基于以下事实，即这一模型中贸易收支和国民收入之间严格相关，这在我们推导 (64) 式的过程中已经看到。人们可能认为本模型只允许支出减少的政策，并不允许支出转换的政策。在许多简单模型中，后者是通过一些特殊的方法提出的，如出口量依赖于汇率。在我们的分析中，这意味着使 Γ 成为 ε 的函数。这也许是一个现实的假设，但是却没有出现在选择理论中。我们更乐意让这一问题引起读者的注意，并将其留给读者。

我们在分析贬值的过程中考虑了一种特别的价格变化。但是更多世界价格的一般变化可通过 (61) 式和 (62) 式来研究。一般情况的代数式并不有趣，应用中出现的特殊情形留给读者来分析。

国际均衡

考查小国的国内均衡之后，我们直接来描绘两个国家的国际均衡情况。最简单的方法是利用 (55) 式，将 C 和外国条件相联系，并且为外国添加一个类似的方程。这导致一组方程

$$y = l + \gamma p \cdot c(p_0, p, y) + (1 - \Gamma) p \cdot C(P_0, P, Y) \qquad (66)$$
$$Y = L + \Gamma P \cdot C(P_0, P, Y) + (1 - \gamma) P \cdot c(p_0, p, y) \qquad (67)$$

所有价格均固定，当然是以 $p = \varepsilon P$ 的方式固定。这两个方程决定了 y 和 Y。

图 8.6 说明了这一结果。首先考虑由 (66) 式定义的母国均衡轨迹 ee。为找到其斜率，对该方程取全微分，得

$$dy = \gamma p \cdot c_y dy + (1 - \Gamma) p \cdot C_Y dY$$

或者

$$(1 - \gamma p \cdot c_y) dy = (1 - \Gamma) p \cdot C_Y dY \qquad (68)$$

因此 ee 轨迹向上倾斜。与此相类似，对 (67) 式取微分，我们得到外国均衡轨迹 EE，有

$$(1 - \gamma) P \cdot c_y dy = (1 - \Gamma P \cdot C_Y) dY \qquad (69)$$

很容易检验 EE 比 ee 更陡峭。为说明这一点，选择单位使 $\varepsilon = 1$ 并且 $p = P$。那么 (68) 式和 (69) 式右边括号内的表达式分别为 $(1 - \Gamma) P \cdot C_Y$ 和 $(1 - \Gamma P \cdot C_Y)$，其中只要边际消费倾向 $P \cdot C_Y$ 小于 1，那么后者将大于前者。相似地，(68) 式左边括号内的表达式比 (69) 式的大。因此，沿着 (68) 的轨迹的斜率 dy/dY 比 (69) 式的小。

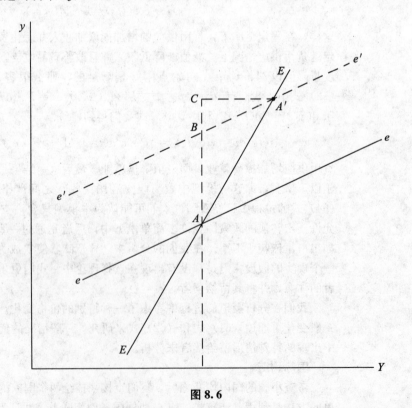

图 8.6

可以用图 8.6 来进行简单的比较静态分析。例如，考虑国内货币供应增加

国际贸易理论：对偶和一般均衡方法

的情况。对于每一个固定的 Y，由（66）式定义知，这将增加 y，也就是使 ee 向上移动。事实上，由于固定 Y 就固定了 C，因此我们能利用小国情况的结果（63）式来计算移动的大小，并且我们知道它超过 l 增加的数量。y 的初始增加量提高了对外国商品的需求，因此 Y 也增加，等等。最终均衡发生在 A' 点，即 EE 和母国新轨迹 $e'e'$ 的交点。扩张性的货币政策提高两国的收入水平。关于国内需求的次级效应 BC 增加了其初始效应 AB，而 AB 已经大于 l 的增加量。因此母国的实际产出增加。由于 L 保持不变，因此外国实际产出 $\bar{Y}$ 的变化等于 Y 的变化。因此，我们得到包括几个国家的收入—支出模型中需求激励政策的有名的反馈效应。

我们再一次研究价格效应。利用齐次性，我们能将（66）式和（67）式转变成根据 l/ε 和 L 来决定 y/ε 和 Y 的一对方程。现在贬值提高了 ε，因此降低了 l/ε，并且同时降低了均衡价值 y/ε 和 Y。

最后，我们研究金币流动机制如何在本模型中起作用。如果存在

$$(1-\Gamma)p \cdot C(P_0, P, Y) = (1-\gamma)p \cdot c(p_0, p, y) \tag{70}$$

那么贸易将达到均衡。这说明了在 (Y, y) 空间内向上倾斜的轨迹。假设确定轨迹穿过短期均衡点 A 以下的区域。那么在 A 点，母国将有贸易赤字，而外国将有贸易盈余。结果，货币开始从母国流向外国。让我们来检查均衡点 A 如何随之移动。对（66）式和（67）式取全微分，并选择单位使 $\varepsilon=1$，$p=P$，以及 $dl=-dL$，我们得到

$$\begin{pmatrix} 1-\gamma p \cdot c_y & -(1-\Gamma)P \cdot C_Y \\ -(1-\gamma)p \cdot c_y & 1-\Gamma P \cdot C_Y \end{pmatrix} \begin{pmatrix} dy \\ dY \end{pmatrix} = \begin{pmatrix} -1 \\ 1 \end{pmatrix} dL$$

将左边矩阵的行列式称做 D。EE 比 ee 更陡峭保证了 $D>0$。那么我们得到结果

$$dy = -\{(1-P \cdot C_Y)/D\}dL$$
$$dY = \{(1-p \cdot c_y)/D\}dL \tag{71}$$

因此金币流动机制降低母国支出水平，并且提高外国支出水平。A 点向东南方向移动，也就是向贸易平衡轨迹移动。因此该机制是稳定的。另外，对世界总支出的影响由下式给出

$$dy + dY = \{(P \cdot C_Y - p \cdot c_y)/D\}dL$$

它依赖于两国的相对边际储蓄倾向。

我们将一个相似的比较静态分析留给读者。考虑 γ 由于外在原因而增加，例如起因于母国反对进口的活动。其效应是明显的：y 和 b 上升，而 Y 下降。因此，遭受失业和贸易赤字的国家能通过进口限制同时减轻这两个问题，但仅仅是通过恶化外国的这两个问题来实现的。至于竞争性贬值，它提高了各国对竞争性进口控制的恐惧。

这里的整个分析看起来比第 7 章要简单多了。在第 7 章的每一个短期均衡中，我们必须决定商品的市场出清价格。从一个均衡点到另一个均衡点的价格变化会导致金币流动机制稳定性证明中的大量困难，并且还必须运用诸如总替代品

这样的强假设。这里，整个问题通过假设价格固定而得到解决。然而，我们还没有考虑调整均衡所固有的各种困难，这一均衡决定了各种市场在规定价格下是否存在有效超额需求或有效超额供给。我们仅仅假设总超额供给盛行的情况。沿这些思路的更深一步的工作将不得不考虑到其他情况，以及在经济演进过程中从一种体制到另一种体制的可能的转变。

另外一种深入研究的方法涉及其他金融资产的并入。我们已经通过明确考虑选择和价格来扩展基本的收入—支出模型。另一方面，大量有关国际收支的文献已经结合利率和资金流动来扩展基本模型。将这些方面综合成一个逻辑上令人满意的固定价格均衡分析方法，必将成为将来发展进程中的重要课题。

注　释

关于凯恩斯贸易和收支问题的收入—支出模型的传统说明可参见 Södersten (1971，ch. 15) 或者 Caves and Jones (1977，ch. 18—20)。更高级的分析方法可见于 Mundell (1968，ch. 14—18) 和 Turnovsky (1977，PartⅡ)。我们已经批评了这些方法，因为它们没有对约束选择进行建模，其补偿性优势在于对利率和金融资本的流动予以了详细的考究。结合这些方面对固定价格均衡方法作更深入的研究必将成为将来研究的重要课题。

关于固定价格均衡模型的参考文献出现在文中相关内容中。

凯恩斯的多国乘数模型很明显与关于区域经济的文献相类似。

第 9 章 　 规模经济和不完全竞争

第 1～6 章考查的贸易模型均与比较优势理论及其衍生理论相关。在本章，我们回到贸易问题，但与前面不同的是，现在我们是在规模经济的背景下考查贸易问题。众所周知，规模经济能产生潜在贸易收益——这仅仅是亚当·斯密关于劳动分工受市场范围限制这一研究的反映。此外，规模经济在实践中也非常重要。特别地，大量的产业内贸易（据 Grubel 和 Lloyd（1975）估计占世界贸易的50%）只有放在产品差异和规模经济的背景下才能理解。因此，不论是从理论上还是从经验上，都很有必要仔细分析贸易的非凸性的重要性。

基于规模经济来给出贸易的准确分析并不容易。难点在于在什么市场结构下会发生这样的贸易。一般情况下，完全竞争与规模经济并不是兼容的，因此需要提出一些不完全竞争形式。为了进行说明，必须在大量可供选择的将不完全竞争模型化的方法中进行选择，得到的结论一般取决于所选择的特殊方法。因此，得出不完全竞争下的一般贸易理论是不可能的，研究者充其量得到一系列特定模型，福利评价的情况也是如此。由于不完全竞争，贸易的收益可能难以被物化，贸易中的损失甚至可能源于一定扭曲的增长。再次强调，是否能够从贸易中获益取决于贸易在何种市场结构下发生。因此，得出有关贸易收益的一般命题之外，还必须研究特殊情况。

在规模经济和不完全竞争的世界中，我们可以看到有三个与贸易有关的主要问题。第一个直接与市场结构有关：通过扩大总体市场容量，贸易能增加竞争并减少垄断扭曲吗？设定的答案是肯定的。这就意味着从贸易中可以获得双重收益：贸易可以对长期生产产生影响，由此降低平均成本，并且它将减少超过边际成本以上的溢价部分。在本章第1节，我们在允许自由进出的产业中建立了标准的纳什-古诺均衡模型。可以证明，在一系列更宽泛的假设下，预设答案是正确的。

第二个重要的问题与产品选择有关。人们一般断言贸易是有利的，因为市场扩大会引入产品，而在没有贸易的情况下，这些产品将不被生产。作为一个陈述性命题，这并不完全正确。在不完全市场中，虽然有产品总量增加的趋势，但有一些产品种类也很有可能在市场扩张的过程中消失了。作为一个标准命题，这一流行的观点可能是完全错误的，原因仍是不完全竞争。因此，在考察可选择商品盈利性时要考虑垄断。大体来说，就是忽略与产品有关的消费者剩余。因此，当大量消费者剩余有待获得时，关于产品种类选择的市场结果是存在偏差的。两个经济体通过贸易而进行的市场融合可能会增加这样的偏差，从而降低了部分或全部消费者的福利。本章第2节提供了有关这一方面的例证。特殊例证的选择是为了便于说明，但它对有关此类损失增加的一般条件也是很有启发的。

对于市场结构和产品选择，贸易仅仅是市场扩张的手段，一国会认为其无足轻重。因此，在本章第1节和第2节，我们并没有明确考查国际贸易，而在第3节，我们是在有规模经济、产品差异和不完全竞争的世界中，对国际贸易的决定因素和特征进行考查。特别地，我们考查两生产部门的模型。一个部门是完全竞争行业，生产同质产品。另一个是张伯伦垄断竞争（Chamberlinian monopolistic competition）行业，存在产品多样性，生产者面临的每种商品的需求曲线都是向下的，并试图发掘所有的垄断势力，该产业不存在进出管制。这一模型使我们能够同时研究基于产品多样性的贸易（产业内贸易）和两个产品类型的贸易（产业间贸易）。它也再次检验前面章节中研究的问题，如要素价格均等化问题。

9.1 贸易和竞争

即使没有任何形式的进入壁垒，规模经济也能产生自然垄断或寡头垄断。原因仅仅是，在存在规模经济的产业内，能够产生利润的企业的数量是有限的，因此即使在自由进入的情况下，我们也只能指望该产业存在寡头垄断均衡。然而，市场越大，容纳的企业就越多，并且由任一企业操纵的垄断权力就越小。因此，由国际贸易导致的市场扩张将使产业更具竞争性。

为验证事实，我们来考虑一个生产同质产品，但规模报酬递增的产业。该产业可以自由进入，并且每一个企业的产出量由纳什-古诺均衡条件给出。为了分析的简单起见，我们假设所有企业技术相同，并且均衡情况完全对称。在建立均衡后，我们来考查消费者数量的增加导致的经济扩张对价格、产出和企业数量的影响。因此，我们并不是直接考查贸易，而仅将贸易开放等同于经济中消费者数量的增加。相应地，我们暂时不用大写或小写字母代表外国和母国数量，而用大写字母代表总数量，用小写字母代表人均数量。

需求

有 H 个完全相同的消费者，每个消费者都消费两种产品————一种是所研究的产业生产的产品，另一种是基准产品。后者既可被用做消费品，也可被用做另一种产品生产的投入品。每个消费者均拥有该基准产品的禀赋，并且他对基准产品的消费等于他的禀赋量减去他在另一种产品上的支出，再加上其在垄断所产生的利润中所占的份额。由于消费者支出减去利润等于生产该产品的成本，这意味着在寡头垄断产业中，该基准产品的人均消费量是人均禀赋量减去生产的人均成本。不失一般性地，我们可以令人均禀赋等于零，在这种情况下，在寡头垄断产业中，基准产品的人均消费量仅仅是负的该产品的生产成本。

令 c_0 表示基准产品的人均消费量，c（没有下标）表示寡头垄断产业生产产品的人均消费量。我们采用特别简单的效用函数形式

$$u = g(c) + c_0 \tag{1}$$

消费者的预算约束是

$$c_0 + pc = y \tag{2}$$

其中，p 是非基准产品价格，y 是消费者得到的一次性总付收入。均衡时，y 等于人均利润，因此（$pc - y$）将是生产该非基准产品的人均成本。有时根据消费和成本来写效应函数比较方便，因此令 B 表示该寡头垄断产业的总生产成本，因此我们可以把效用写成

$$u = g(c) - B/H \tag{3}$$

从（1）和（2）式我们得到非基准产品的反需求函数

$$p = g'(c) \tag{4}$$

产业均衡

令 X_j 为 j 企业的产量。我们假设产品的生产成本由固定成本 f 和不变的边际成本 b 组成。因此，j 企业总生产成本是（$f + bX_j$）。用人均数量来表示会比较方便，因此我们将 x_j 定义为 j 企业的人均产量。那么它的产出水平是 Hx_j，成本是（$f + bHx_j$）。那么该产业的人均总产量是

$$c = \sum_k x_k \tag{5}$$

因此，j 企业的利润是

$$\prod_j = H\left\{ g'\left(\sum_k x_k \right) x_j - bx_j \right\} - f \tag{6}$$

如果生产是有利润的，那么在所有其他企业的产出水平给定的情况下，该企业将选择产出水平，以使（6）式中的利润最大化。这将给出我们熟悉的一阶条件

$$g' + x_j g'' - b = 0$$

我们可根据需求弹性，即令 ε 为反市场需求弹性，也就是

$$\varepsilon \equiv - cg''(c)/g'(c)$$

将上式重新写为

$$g'(c)(1-\varepsilon x_i/c)-b=0 \tag{7}$$

其二阶条件对我们的分析相当重要。我们不需要正式推导出它的形式，而只是简单地写成以下形式

$$2(c/x_i)-\varepsilon+\gamma-1>0 \tag{8}$$

其中 γ 是 ε 对 c 的弹性，也就是说，$\gamma=\varepsilon'c/\varepsilon$。

当像（7）式这样的方程对一个产业内的所有企业均同时成立时，将达到纳什-古诺均衡。很明显，当所有企业的生产量相同，也就是所有企业情况完全对称时有解。我们将人均产量的共同值称为 x。那么我们有 $(x_i/c)=(x/c)=(1/n)$，其中 n 是产业中进行经营的企业的数量。利用这一点，我们可以将（7）和（8）式的一阶条件和二阶条件重新写为

$$g'(nx)\left\{1-\frac{\varepsilon(nx)}{n}\right\}-b=0 \tag{9}$$

$$2n-\varepsilon+\gamma-1>0 \tag{10}$$

我们不需要关注这种均衡的存在性和唯一性问题，而是应关注其稳定性问题，因为如果均衡不稳定，那么对其进行比较静态分析是毫无意义的。正如 Seade（1978）中所表明的，上述均衡稳定的必要条件是

$$n-\varepsilon+\gamma>0 \tag{11}$$

我们假设这一条件成立。

假设稳定均衡存在，那么每个企业的人均产量由（9）式决定。然而，它仅仅由一定数量的经营企业所决定。因此，在自由进入情况下，我们需要另一个条件来确定均衡。我们所选择的条件是另一个企业的进入使该产业无利可图。换句话说，我们将均衡条件下每个企业的利润作为经营企业数量的函数。由于消费者数量与这一分析无关，我们不妨根据人均量来分析。我们将每个企业的人均利润称做 $\pi(n)$。要决定 n，我们需要

$$\pi(n)\geqslant 0 \qquad \pi(n+1)<0$$

为了达到长期稳定均衡，$\pi(n)$ 对 n 必须是单调递减的，如果满足上述条件，情况确实如此。推导过程太乏味就留给读者了。

由于 $\pi(n)$ 对 n 单调递减，因此我们可以通过寻找使利润等于零的实际企业数量，得到企业的均衡数量，也就是说，通过发现 n，使下式成立

$$\pi(n)=g'(nx)x-bx-f/H=0 \tag{12}$$

那么，该产业内经营企业的实际数量将由（12）式决定的 n 的整数部分给出。因此，（9）和（12）式共同决定 x 和 n。

市场扩大效应

市场扩张被视为等同于（相同的）消费者数量的增加即 H 的增加。考虑均衡条件（9）和（12）式，我们发现消费者数量只出现在后者中。除非市场扩大

影响经营企业的数量，否则它对价格或人均产量没有影响。另外，我们从（12）式中发现，市场规模通过人均固定成本起作用。通过降低人均固定成本，更多的人口产生更高的利润，因此鼓励企业进入该产业。那么有两种可能情况。一种情况是 H 的增加不影响由（12）式决定的 n 的整数部分，也就是说，市场扩张不足以使额外的企业进入。在这种情况下，经营企业的数量保持不变，因此从（9）式得知，人均产量和价格保持不变。另一种情况是由（12）式决定的 n 的整数部分发生变化，从而价格和人均产量水平均会受到影响。对于国际贸易来说，后一种情况有意思，因为贸易导致市场规模的重大改变。

为描绘出市场扩张的效应，我们将 n 视为由（12）式决定的实际数量。为了描述方便，由此带来的误差忽略不计。我们应该确定 H 的增加会带来 n 的增加以及 nx（$=c$）的增加，从而降低 p。所有这些结果在考虑整数约束时同样成立。然而，当我们考虑市场扩张的福利效应时，整数约束十分重要，因此我们不得不更谨慎处理。

让我们来考查消费者总体数量的变化 dH，并且考虑由（9）和（12）式定义的 x 和 n 的相应变化 dx 和 dn。对（9）式取对数并求微分，我们得到

$$-\varepsilon\frac{dn}{n}-\varepsilon\frac{dx}{x}-\frac{\varepsilon/n}{1-\varepsilon/n}\left\{\gamma\frac{dn}{n}+\gamma\frac{dx}{x}-\frac{dn}{n}\right\}=0$$

消项并重组得到

$$\frac{dx}{x}=\frac{1-(n-\varepsilon+\gamma)}{n-\varepsilon+\gamma}\frac{dn}{n} \tag{13}$$

我们看到，无论对经营企业数量的整数约束是否有效，该式均成立。然而，我们从（13）式不能判断（dx/dn）的符号。稳定性意味着分母是正的，但是分子可能为正，也可能为负。

为取微分方便，我们将（12）式重新写为

$$g'(nx)=b+\frac{f}{Hx}$$

将其取对数并求微分，我们得到

$$\varepsilon\frac{dn}{n}+\varepsilon\frac{dx}{x}=\frac{f/Hx}{b+f/Hx}\left\{\frac{dx}{x}+\frac{dH}{H}\right\}$$

但是 $f/Hx=(g'-b)$，并且 $(b+f/Hx)=g'$，因此利用（9）式并将其重新组合，我们得到

$$\frac{dn}{n}+\left(1-\frac{1}{n}\right)\frac{dx}{x}=\frac{1}{n}\frac{dH}{H} \tag{14}$$

将（13）式中的 $\dfrac{dx}{x}$ 代入，我们得到

$$\frac{dn}{n}=\frac{n-\varepsilon+\gamma}{2n-\varepsilon+\gamma-1}\frac{dH}{H} \tag{15}$$

根据稳定性条件（11）式可知分子为正，并且由二阶条件（10）式可知分母是正

的。因此，正如我们所期望的，当市场扩张时，该产业中经营企业的数量也增加。

我们注意到由于（15）式中的分母等于分子加上（$n-1$），因此 n 增加的百分比小于 H 增加的百分比。因此，零利润下的实际企业数量增加的比例小于经济规模增加的比例。因此，与两个经济体封闭情况下的均衡情况相比，它们的一体化将导致它们内部企业总数量的减少。这是个非常有吸引力的结论，并带有明显的福利含义（意味着降低了人均固定成本）。然而，企业数量必须是整数这一约束可能改变这种情况。例如，假设初始均衡包含 2 个企业，但是由零利润条件决定的实际企业数量是 2.99。那么，一个较小的经济扩张就能为一个额外的企业留出空间。在这种情况下，经营企业数量增加的比例将大于经济规模增加的比例。

人均消费是 $c=nx$。为理解经济扩张对它有什么影响，我们从（13）式中注意到

$$\frac{dn}{n} + \frac{dx}{x} = \left\{ 1 + \frac{1-(n-\varepsilon+\gamma)}{n-\varepsilon+\gamma} \right\} \frac{dn}{n}$$
$$= \frac{1}{n-\varepsilon+\gamma} \frac{dn}{n} \tag{16}$$

因此，假设纳什-古诺均衡稳定，那么市场扩张将增加非基准产品的人均消费量。由此可知，市场扩张将降低非基准产品的价格，也就是说它将减少超过边际成本的寡头垄断控制下的溢价。因此，市场扩张会降低垄断力。

福利含义

为理解市场扩大如何影响福利，我们必须考虑其对人均效用的影响。回顾一下，人均效用函数可以写成 $u=g(c)-pc+y=g(c)-B/H$，其中 y 是整个产业的人均利润，B 是总生产成本。很明显我们有 $y=n\pi$，以及 $B=nHbx+nf$。因此人均效用为

$$u = g(nx) - g'(nx)nx + n\pi \tag{17}$$

或者是

$$u = g(nx) - bnx - nf/H \tag{18}$$

从（17）式中我们看到，如果经济扩张时利润保持不变，那么效用影响依赖于对产业总产量的影响。如果产业人均产量增加，正如（16）式所述，那么人均效用也将增加。因此，如果零利润条件在市场扩张之前和之后均成立（也就是说，如果由零利润条件（12）式决定的 n 在 H 增加之前和之后均刚好是整数），那么市场扩张后将有很明确的福利收益。从（18）式中我们看到，如果市场扩张不足以导致新企业的进入，那么这一结果也是正确的。在那种情况下，n 是不变的。根据（9）式可以得知 x 仍保持不变，因此我们仅得到人均固定成本会减少这个效应分析。

通过检查（18）式，我们甚至能够发现一个更强的结果。已知，当市场扩张时，nx 将增加。由于（$g'-b$）>0，因此这是一种效用增加的来源。因此，假设条件（nf/H）不增加，那么当市场扩张时，人均效用将增加。换言之，市场扩

张有利的充分条件是 n/H 不增加，即厂商数目增加的比例小于消费者数量增加的比例。然而，如我们所见，我们没有理由期望这一条件得到满足。由于企业数量必须是整数，更可能的是当市场扩张时（n/H）也增加。如果是这种情况，那么就可能容易地构建一个当市场扩张时人均效用下降的例证。我们将这种情况留给读者分析。

9.2 产品选择

在已经检验贸易的竞争效应之后，现在我们转而研究贸易对产品选择的影响。当存在规模经济时，总是存在一些产品，这些产品的市场需求不足以使生产这种产品有利可图。通过市场扩张，贸易将降低规模经济的重要性，因此贸易将导致向消费者提供的产品种类增加。然而，一些产品在市场扩张时也可能消失了。如果我们从固定成本的角度来考查规模经济，就很容易理解这一点。在封闭经济中，生产者将生产固定成本相对低的产品。当市场通过贸易而扩大时，较高固定成本的产品也将得以生产。如果高固定成本的种类和低固定成本的种类是可以替代的，那么结果也可能是封闭情况下的产品种类的需求大幅下降，以至于这些产品从市场上消失。因此，即使市场扩张使产品种类的总量增加，但仍有某些产品会消失。

关于贸易是如何影响产品种类总量的问题将在下一节讨论。这里，我们将考查贸易对所生产的产品类型的影响。关于不完全竞争市场中与产品选择有关的一般问题，最近的研究见 Spence（1976）以及 Dixit and Stiglitz（1977），他们发现当生产者不能获取与其产品相关的消费者剩余时，就会出现偏差。市场的盈利性会检验出有较高消费者剩余收益比例的商品的相对劣势。这需要仔细进行分析，将完全一般均衡特征，如需求的相互作用，也考虑进来，但是总体思想很有力。最近 Dixit 和 Stiglitz（1979）检验了这些偏差如何依赖于市场规模，并发现它们之间没有必然联系。如果较大规模的经济选择了一种或一组消费者剩余较低的商品，那么该经济体内一些甚至全部消费者的效用将降低。

为理解这其中包括的内容，我们将考虑一个在完全垄断市场中的产品选择例子，这并不是在之前部分所看到的贸易背景下的本质假设。我们做这样的假设只是为了简单起见。我们能得到相似的结论，但在分析上存在更大的困难，因为在这种情况下，每一个产品种类由单一的生产者操纵，并且各种生产者决不是处在完全共谋的状态。

需求

现在除了非基准产品行业生产两种潜在产品之外，我们继续保留前一节所阐述的需求的重要特征。有 H 个相同的消费者，每一个消费者有一个效用函数，这一效用函数由消费该基准产品和分别标注为 1 和 2 的两种其他产品来定义。效用函数采用以下的简单形式

$$u = c_0 + g(c_1, c_2) \tag{19}$$

其中函数 g 是递增的凹函数，且 $g(0,0) = 0$。产品是可替代的，这种情况要求 $g_{12} < 0$。基准产品处理方法如以前一样，因此 c_0 就是其他两种产品的负生产成本。

由于只有一个生产者，因此特定产品的人均消费量就等于生产者对该产品的人均生产。为使标记一致，我们令 x_i 表示产品 i 的人均产量，然后用 x_i 替代 c_i。那么反需求函数变成

$$p_i = g_i(x_1, x_2) \quad (i = 1, 2) \tag{20}$$

生产

对每种产品 i，总生产成本根据下式取决于总产出 X_i，即

$$B_i = \delta_i f_i + b_i X_i \tag{21}$$

其中 f_i 是生产的固定成本，b_i 是固定的边际成本，并且当 X_i 为正时，δ_i 等于 1，当 X_i 为 0 时，δ_i 等于 0，因此，这提供了一种捷径来表明通过停产可以免除固定成本。

生产者会最大化其利润 $\prod$。由于 $X_i = H x_i$，这种情况由下式给出

$$\prod = H\{x_1 g_1(x_1, x_2) + x_2 g_2(x_1, x_2) - b_1 x_1 - b_2 x_2\} - \delta_1 f_1 - \delta_2 f_2 \tag{22}$$

我们注意到，通过最大化括号内的表达式，就可以很简单地得到这两种产品最优数量的生产决策。利用这些数量，我们就能检验生产是否能够获利。换句话说，首先，我们最大化超过可变成本的超额收入，然后验证这个剩余是否足以弥补固定成本。我们需要考虑四种独立的情况，即相应的两种产品均不生产、生产任一种产品或者两种产品均生产的情况，然后将这些结果进行对比，来检验哪一种政策对生产者最有利。对于每一种情况，我们都能计算每个消费者的效用。这与人均利润 π 相关，即

$$u = s + \pi \tag{23}$$

其中 s 是消费者剩余，由下式给定

$$s = g(x_1, x_2) - x_1 g_1(x_1, x_2) - x_2 g_2(x_1, x_2) \tag{24}$$

我们首先考查两种垄断产品开始均不生产的情况。在 $x_1 = x_2 = 0$ 的情况下，得到 $\pi = 0$，并且由于 $g(0,0) = 0$，$s = 0$，因此 $u = 0$。

接下来我们考虑只有产品 1 生产的情况。假设数量 $\overline{x}_1$ 由下列一阶条件决定

$$g_1(\overline{x}_1, 0) + \overline{x}_1 g_{11}(\overline{x}_1, 0) = b_1 \tag{25}$$

令 π_1 是人均利润，s_1 是消费者剩余，而 u_1 是该种情况下每个消费者的效用。将超过人均可变成本的超额收入记做 a_1。那么我们得到

$$a_1 = \overline{x}_1 (g_1(\overline{x}_1, 0) - b_1) \tag{26}$$
$$\pi_1 = a_1 - f_1/H \tag{27}$$
$$s_1 = g(\overline{x}_1, 0) - \overline{x}_1 g_1(\overline{x}_1, 0) \tag{28}$$

$$u_1 = \pi_1 + s_1 \tag{29}$$

在只有商品 2 生产的情况下，我们可以近似地定义相应的数量 $\bar{x}_2$、a_2、π_2、s_2 和 u_2。

最后，当两种产品均生产时，数量 $(\hat{x}_1, \hat{x}_2)$ 由下列一阶条件决定

$$g_1(\hat{x}_1, \hat{x}_2) + \hat{x}_1 g_{11}(\hat{x}_1, \hat{x}_2) + \hat{x}_2 g_{21}(\hat{x}_1, \hat{x}_2) = b_1$$
$$g_2(\hat{x}_1, \hat{x}_2) + \hat{x}_1 g_{12}(\hat{x}_1, \hat{x}_2) + \hat{x}_2 g_{22}(\hat{x}_1, \hat{x}_2) = b_2 \tag{30}$$

将超过可变成本的收益记做 $\hat{a}$，将利润记做 $\hat{\pi}$，消费者剩余记做 $\hat{s}$，以及效用记做 $\hat{u}$。在这种情况下，所有变量均为人均数量。我们得到

$$\hat{a} = \hat{x}_1(g_1(\hat{x}_1, \hat{x}_2) - b_1) + x_2(g_2(\hat{x}_1, \hat{x}_2) - b_2) \tag{31}$$
$$\hat{\pi} = \hat{a} - (f_1 + f_2)/H \tag{32}$$
$$\hat{s} = g(\hat{x}_1, \hat{x}_2) - \hat{x}_1 g_1(\hat{x}_1, \hat{x}_2) - \hat{x}_2 g_2(\hat{x}_1, \hat{x}_2) \tag{33}$$
$$\hat{u} = \hat{\pi} + \hat{s} \tag{34}$$

贸易效应

这一部分将完成对多样可能性的描述。现在，我们来检验对于任意指定的价值 H，哪一种情况将会实际发生，以及这一选择如何随 H 的变化而变化，随后考查对效用的影响。

将人均利润作为 $1/H$ 的函数进行分析最方便。对于每个个体，这是一个线性函数。对于每个固定的 H，将做出利润最大的选择。因此，人均实际利润将是单独利润函数的上包络线（upper envelope），并且在函数最高的每一点都是垄断的生产选择。

两种产品都不生产的情况即是零人均利润。在只有产品 1 生产时，函数有 a_1 的纵截距，并以 f_1 的斜率向下倾斜，横截距为 a_1/f_1。同理对应于只有产品 2 生产的情况，我们有横截距 a_2 和纵截距 a_2/f_2，对产品标记使 $f_1 < f_2$。当两种产品均有利润时，为了避免出现一种产品相对于另一种产品占绝对优势的情况，我们假设 $a_1 < a_2$，并且 $a_1/f_1 > a_2/f_2$。那么，如图 9.1 所示，在非常小的经济体中，也就是 $(1/H)$ 非常大，两种产品均不生产。对较大规模的经济体，将会生产产品 1，随后，它将让位于具有较高固定成本的商品类型。

两种产品同时生产依赖于 $\hat{a}$、a_1 和 a_2 的关系，利用目前为止做出的假设可以建立这一关系。首先 $\hat{a}$ 通过不加限制地最大化超过可变成本的所有超额收入而得到，而 a_1 和 a_2 均通过将其中一种产品的数量限制为零的同时最大化相同的表达式得到。因此单独取值时必须大于 a_1 和 a_2 中的每一个。另一方面，对于任何正的 x_1 和 x_2，利用 $g_{12} < 0$，我们有

$$x_1(g_1(x_1, x_2) - b_1) + x_2(g_2(x_1, x_2) - b_2)$$
$$< x_1(g_1(x_1, 0) - b_1) + x_2(g_2(0, x_2) - b_2)$$
$$< \max_{x_1}\{x_1(g_1(x_1, 0) - b_1)\} + \max_{x_2}\{x_2(g_2(0, x_2) - b_2)\}$$
$$= a_1 + a_2$$

特别地，利用最大化这一组不等式最左边表达式的数量 $(\hat{x}_1, \hat{x}_2)$，我们有

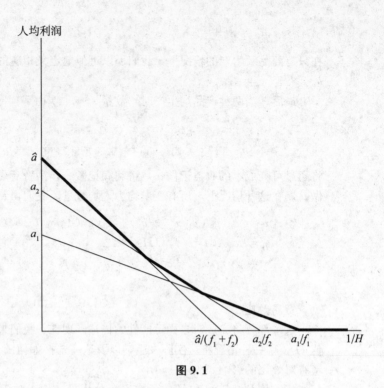

图 9.1

$$\hat{a} < a_1 + a_2 \tag{35}$$

这是两种产品是替代品这一事实的自然结果。

结果是，两种商品都生产时，产品 2 的利润边界按如图 9.1 所示的方式相交。那么当经济扩张时，首先生产产品 1，随后转向产品 2 的生产，最后到两种产品均生产的情况。

在任何情况下的人均效用均是相应的人均利润加上人均消费者剩余。在每一种情况下，人均消费者剩余不受 H 的约束。因此，根据每种体制下 H 的不同数量，人均效用（$1/H$ 的函数）可以通过向上平移利润包络线来描述。所以，体制转换点处的效用非连续。

尽管如此，s_1、s_2 和 $\hat{s}$ 之间没有必然的联系。很明显，s_1 和 s_2 不必有联系，从每个消费者角度来看，从产品 1 向产品 2 的转换可能是改善，也可能是恶化。更令人不安的是，$\hat{s}$ 可能小于 s_2，因此引入新的产品种类会导致帕累托恶化。关键点是，当在最后的转换中引入产品 1 时，产品 2 的产出会因为替代性而下降。如果这引起的产品 2 的消费者剩余损失大于产品 1 消费者剩余的收益，那么就存在净损失。

例证

为了清楚地阐明这些要点，举个例子，其中一种产品根本没有消费者剩余。假设效用函数是

$$u = x_0 + \beta \min(x_1 + x_2, \mu) + \alpha x_1^{\theta} \tag{36}$$

其中 α、β、μ 和 θ 是常数，$\theta < 1$，则反需求函数是

$$p_1 = \alpha\theta x_1^{\theta-1} + \beta \quad (\text{若 } x_1 + x_2 < \mu)$$
$$= \alpha\theta x_1^{\theta-1} \qquad (\text{若 } x_1 + x_2 > \mu) \tag{37}$$

以及

$$P_2 = \beta \quad (\text{若 } x_1 + x_2 < \mu)$$
$$= 0 \quad (\text{若 } x_1 + x_2 > \mu) \tag{38}$$

为使检验更加形象，把两种商品看做在初级用途上是完全替代的，其中总量 μ 可导致餍足，但在这点之上存在不变的边际收益。另外，产品 1 还有一种次要用途，称之为声望价值，从初级用途中得不到任何消费者剩余。因此，对产品 2 的需求是以预定的价格方式给出。产品 1 的需求包含这一方面的因素，也就是相对于其次级用途的普通需求。

考虑只有产品 1 生产的情况。边际收益是

$$MR_1 = \alpha\theta^2 x_1^{\theta-1} + \beta \quad (\text{若 } x_1 < \mu)$$
$$= \alpha\theta^2 x_1^{\theta-1} \qquad (\text{若 } x_1 > \mu)$$

假设 b_1 介于 $(\alpha\theta^2\mu^{\theta-1}, \alpha\theta^2\mu^{\theta-1}+\beta)$ 之间。那么利润最大化的产出将是 μ，有

$$a_1 = \alpha\theta\mu^{\theta} + (\beta - b_1)\mu \tag{39}$$
$$s_1 = \alpha(1-\theta)\mu^{\theta} \tag{40}$$

只有产品 2 生产的情况很简单。产出是 μ，价格是 β，并且

$$a_2 = (\beta - b_2)\mu \tag{41}$$
$$s_2 = 0 \tag{42}$$

在两种产品均生产的情况下，两种产品总产出是 μ。据此以及对第 1 种商品的利润最大化，我们发现其产出 $\hat{x}_1$ 由下式给出

$$\hat{x}_1 = (\alpha\theta^2/(b_1 - b_2))^{1/(1-\theta)} \tag{43}$$

为了得到可接受的解，x_1 必须严格定义且小于 μ，这就要求

$$b_1 - b_2 > \alpha\theta^2\mu^{\theta-1} \tag{44}$$

我们已经假设单独的 b_1 比右侧表达式大，因此如果 b_2 足够小，也可能满足 (44) 式。注意，我们的假设 $a_1 < a_2$ 已经能够自动确保满足 (44) 式。

在两种产品均生产的情况下，我们有

$$\hat{a} = (\alpha\theta\hat{x}_1^{\theta-1} + \beta - b_1)\hat{x}_1 + (\beta - b_2)(\mu - \hat{x}_1) \tag{45}$$
$$\hat{s} = \alpha(1-\theta)\hat{x}_1^{\theta} \tag{46}$$

现在很清楚的是，在 $f_1 < f_2$ 的情况下，从产品 1 向产品 2 的转换将使剩余价值从正减少到 0，这在经济扩张时将降低效用。当两种产品同时引入时，剩余恢复到 $\hat{s}$。然而由于 $\hat{x} < \mu$，从而 $\hat{s} < s_1$。因此，在同时引入两种产品时，效用是否会恢复到一个高水平，这取决于这一区别的大小以及向产品 2 转换过程中人均利润增加的多少。图 9.2 说明了一种不利的情况，边际利润如粗实线所示，并且人均效用如虚线所示。

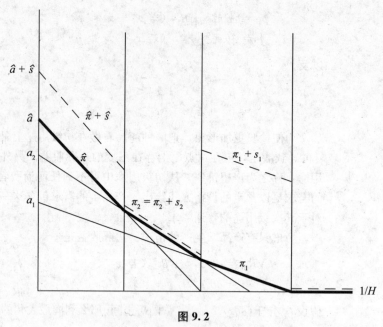

图 9.2

与此相类似，我们能构建一个产品 2 有大量消费者剩余，而产品 1 没有消费者剩余的例证。那么从产品 1 向产品 2 的转换能增加效用，但是当产品 1 重新被引入时，产品 2 的产出下降，这降低了剩余从而降低了转换点处的效用。详细情况与上述例证非常相似，我们将它留给读者分析。

我们回过来仔细检验以前的情况。在已经给出的解释中，产品 1 具有低固定成本、高产品剩余，然而产品 2 具有高固定成本、低产品剩余。在小经济体中，只有产品 1 可能生存，然而在一个规模稍大的经济体中，或者在贸易开放情况下，产品 2 会取代产品 1。产品 1 的剩余可以理解为来源于其声望价值，因此效用损失来自于大规模生产的实用产品（mass-produced utilitarian）对手工精品（hand-craft prestige product）的替代。对于相同的消费者，每个消费者均能感受到损失。当然，其他解释也是可能的，即只有一部分消费者重视声望方面的价值，那么这些人将会因贸易或经济增长而境况恶化，而那些认为声望没什么价值的消费者的境况就会改善。这样的结论虽然并不是建立在本章的模型上，而是基于 Scitovsky（1976）和 Hirsch（1976）的各种主观解释。Dixit 和 Stiglitz（1979）从消费者同质角度正式分析了这一问题。

9.3 产品差异和产业内贸易

在前两节，贸易仅仅是市场扩张的一个手段。对这一含义的分析，我们不需要仔细考虑贸易本身。然而出于多种目的，我们必须在规模经济和不完全竞争的背景下明确贸易模型。尤其当我们要研究产业内贸易的决定因素时，必须有确切

国际贸易理论：对偶和一般均衡方法

的贸易模型。如果我们要理解基于规模经济的贸易与基于比较优势的贸易如何联系，情况也一样。本部分阐述的模型是有关产品差异、规模经济和不完全竞争的贸易理论。

该模型的基础是 Norman（1976），与 Krugman（1978a，b）有若干相似之处。它试图解释在由密切的替代品组成，并具有相似技术的产业内部发生的贸易以及一产业的产品与其他产业产品之间的贸易。我们将这两种贸易的决定因素与潜在原因相联系，并表明当将传统解释应用于产业间贸易时，产业内贸易是如何用产品差异来解释的。基本模型相当简单，允许提出确切的解决办法，将这一方面带到最前沿。最后再对一些一般化问题进行讨论。

需求

通过国际贸易理论的一般假设来简化需求方，即两国的消费者相同且偏好同质。那么可以从相似的效用函数中推导出总商品需求。有两种产品进入效用函数。一种标记为 0，是基准产品，它包括该产业内除我们要集中研究的产品之外的所有产品，另一个是该产业的产品。假设它们具有差异性，那么任一对产品之间的替代弹性是有限定的。产品品种记为 1，2，…；我们假设它们是完全对称的，因此无论哪一个标记为特定的产品都不重要。我们采用一个特殊的效用函数形式，其中效用是基准产品数量的柯布-道格拉斯函数，并且用一个标量来度量差异产品的消费，这一标量度量在每一种产品的数量上是一个被替代弹性的生产函数。

由于两国的消费者总量是固定的，我们可以不失一般性地令世界人口为 1。在这种情况下，我们不需要区别总数量和人均数量，令 c_0 和 $c_k(k=1,2,\cdots)$ 分别代表基准产品和差异产品的（总或人均）数量。那么效用函数是

$$\mu = \left(\sum_k c_\kappa^\beta\right)^{\alpha/\beta} c_0^{1-\alpha} \tag{47}$$

其中我们可以将括号中的表达式看做是对差异产品消费量的度量。为了使不同产品种类是不完全替代的，有 $\beta_1 < 1$。另一方面，我们需要 $\beta > 0$，以使差异产品能够替代以保证标记"产品组"：任一组差异产品之间的替代弹性是 $1/(1-\beta)$。如果 $\beta < 0$，那么替代弹性小于 1。但是在给定柯布-道格拉斯细则的情况下，差异产品和基准产品之间的替代弹性是 1，如果 $\beta < 0$，那么差异产品和基准产品之间的替代关系比差异产品之间的替代关系要更紧密。因此我们要求 $0 < \beta < 1$，另外还要求 $0 < \alpha < 1$ 以保证效用函数是凹的。

通过最大化受预算约束的效用函数，我们能得到世界需求

$$c_0 + \sum_k p_k c_k = y \tag{48}$$

其中 p_k 是价格，y 是世界的总要素收入和利润。很容易找到差异产品的反需求函数

$$p_j = \alpha c_j^{\beta-1} y/z \tag{49}$$

其中

$$z = \sum_k c_k^{\beta} \tag{50}$$

基准产品的需求是

$$c_0 = (1-\alpha)y \tag{51}$$

我们注意到上述需求函数将世界作为一个整体，每个国家的需求量可以用该国占世界收入的比例乘以世界需求得到。

生产

在完全竞争市场中，基准产品是在规模报酬不变的情况下进行生产。在生产有差异产品时存在规模经济，并且市场结构是张伯伦垄断竞争中的一种。对所有产品，其生产函数均相同。假定产品种类的范围特别大，以至于实际生产的只占其中有限的一部分。因此，所生产的差异产品的种类将由该产业的进入条件决定，两国具有相同的生产技术。

基准产品的单位成本函数 $b(w)$ 是要素价格的函数。尽管我们将要考查通过贸易两国有要素价格均等化的可能性，但原则上，两国的要素价格是可以有差异的。回到我们以前对母国和外国的记号传统，令 w 为母国要素价格向量，W 为外国要素价格向量。暂时假设两国均生产基准产品，因此有零净利润条件

$$b(w) = 1 = b(W) \tag{52}$$

而对于差异产品，每种产品有一个总成本函数 $f(\cdot)h(\cdot)$，其中 f 依赖于要素价格，h 依赖于产出数量。因此，生产函数是位似的，尤其是要素比例与产出水平无关。这是限制性的，但有利于强调要素价格均等化问题并提供了进一步分析的分离点（the point of departure），并且存在显著的规模经济，即 $h(x)/x$ 在相应范围内对产出水平 x 是递减的。

在这样一个产业内每一个生产者只生产某一种产品，因为潜在进入者通过引入一种新产品种类，总能比分享现有产品种类的生产要更好。我们假设生产种类的数量足够大，以至于可以忽略寡头之间的相互作用，因此我们有了一个垄断竞争产业。每个生产者在给定反需求函数，并且将其他生产者的产量视为固定，以及世界收入超出它的控制范围的情况下，均试图最大化其利润。新的生产者不断进入，直到边际企业刚好收支相抵，在对称性情况下，这意味着所有厂商均是零利润。

从（49）和（50）式中，我们能得到产品生产者的反需求函数弹性。由（49）式我们有

$$\frac{c_j}{p_j}\frac{\partial p_j}{\partial c_j} = (\beta-1) - \frac{c_j}{z}\frac{\partial z}{\partial c_j}$$

此处的第二项是间接效应，即一种产品生产数量的增加对该种产品价格的影响。运用（50）式，可以看到该效应是

$$\frac{c_j}{z}\frac{\partial z}{\partial c_j} = \beta\frac{c_j^{\beta}}{z} = \beta\frac{c_j^{\beta}}{\sum_k c_k^{\beta}}$$

很明显这与现有产品种类负相关；事实上，在对称均衡中，它仅仅是 β 乘以产品种类数量的倒数。因此，在较大种类数目的假设下，该表达式可以忽略不记。而反需求弹性可以由 $(1-\beta)$ 的绝对值粗略估计出，那么产品 j 的生产者的边际收益就是 βp_j。为了利润最大化，该边际收益需等于边际成本。在本国，边际成本是 $f(w)h'(x_j)$，因此如果产品 j 在该国生产，那么我们将得到

$$\beta p_j = f(w)h'(x_j) \tag{53}$$

这里，我们只考虑长期均衡，即生产者均没有动机进入或退出该产业的均衡。如果所有差异产品都在本国生产，就意味着该产业的纯利润为零，即产品种类的数目必须使平均收益等于平均成本

$$p_j = f(w)h(x_j)/x_j \tag{54}$$

用 (54) 式去除 (53) 式，得

$$\beta = x_j h'(x_j)/h(x_j)$$

对于所有产品 j 都如此。特别地，只要差异产品在我们所考查的国家内生产，该式在忽略要素价格的情况下就成立。假设右侧表达式是 x_j 的单调函数，则该方程有唯一解，这意味着现存的所有产品种类将有相同的产出水平，共同值由下式决定

$$\beta = x h'(x)/h(x) \tag{55}$$

这一结论关键取决于生产的齐次性，效用函数的特殊形式就没那么重要了；对于更一般化的函数，上式左侧仍只是 x 的函数，没有其他影响。这一结论便于我们集中关注产业中产品的种类。

一般均衡

假设每一国在一产业内至少生产一种产品，那么每个国家至少对一种商品 j 有形如 (53) 和 (54) 式的方程。利用 (55) 式，可以将所有这些概括为以下形式

$$\beta p = f(w)h'(x) = f(W)h'(x) \tag{56}$$
$$px = f(w)h(x) = f(W)h(x) \tag{57}$$

我们注意到，(55)、(56) 和 (57) 式中只有一个可以被视为是独立的。例如，给定 (55) 和 (56) 式，可以推导出 (57) 式。

接下来，得到要素市场的均衡条件。我们知道要素投入的成本最小化是对应的成本函数对要素价格的导数。令 x_0 为本国基准产品的产量，n 为本国差异产品的产量；令 X_0 和 N 为外国相应的部分。严格来说，n 和 N 必须是整数，这在要素市场达到确切均衡的过程中易产生问题。假设产品品种总量非常大（也就是 $(n+N)$ 非常大）并不能解决这一问题。因而，我们将 n 和 N 均视为实数。我们将指出整数约束如何重要。两者都为实数时，我们有均衡条件

$$x_0 b_w(w) + n f_w(w)h(x) = v \tag{58}$$
$$X_0 b_w(W) + N f_w(W)h(x) = V \tag{59}$$

其中 v 和 V 是要素禀赋向量。

最后，我们需要世界产出水平与产品市场均衡相一致。我们注意到世界收入仅仅是要素收入，由于在张伯伦均衡情况下利润将消失，因此总收入是 $(w \cdot v + W \cdot V)$。代入 (49) 和 (51) 式，我们有

$$p = \alpha(w \cdot v + W \cdot V)/\{x(n + N)\} \tag{60}$$

$$x_0 + X_0 = (1 - \alpha)(w \cdot v + W \cdot V) \tag{61}$$

如果 m 是每国要素种类，那么我们在 (58)~(61) 式中有 $(2m + 2)$ 个方程，根据瓦尔拉斯法则，其中有一个方程是多余的。为了决定均衡，我们将 (52) 与 (55)~(57) 式连接起来，而这另外增加了 5 个独立方程，从而使方程总共达到 $(2m + 6)$ 个。这足以决定 $(2m + 6)$ 个未知数 p、x、n、N、x_0、X_0、w 和 W，它们一定存在且唯一。

以另一种方式来正式考虑均衡问题很具有指导意义。令 (55) 式固定住 x，然后将所考查的产业视做仅生产一种产品，也就是产品数量。这是在固定单位成本 $\phi(\ ) = f(\ )h(x)$ 下生产，在价格 $\rho = px$ 下竞争销售。那么均衡条件变成

$$b(w) = 1 = b(W) \tag{62}$$

$$\phi(w) = \rho = \phi(W) \tag{63}$$

$$x_0 b_w(w) + n\phi_w(w) = v \tag{64}$$

$$X_0 b_w(W) + N\phi_w(W) = V \tag{65}$$

$$x_0 + X_0 = (1 - \alpha)(w \cdot v + W \cdot V) \tag{66}$$

$$n + N = \alpha(w \cdot v + W \cdot V)/\rho \tag{67}$$

这在形式上与两国都生产每种商品的两商品经济的竞争均衡十分相似。当要评价贸易的福利效用时，我们必须谨慎对待，因为这实质上是一种把所有产品种类用加法简单处理的方式，而事实上这些产品种类间是不完全替代的。但就目前所涉及的方面，这种方法还是有一些直观含义的。我们从最重要的可以发现产业间和产业内贸易的区别的部分开始。

产业间贸易

本模型给出了基准产品和各差异产品的总数量之间的贸易解释。另外，在两国具有相同的技术和偏好的假设下，其机制与传统的要素丰裕模型完全相似。例如，如果差异产品是更加资本密集型的，根据第 3 章的研究，资本更加丰裕的国家将在这些产品上具有比较优势。那么，我们能建立关于要素禀赋变化导致差异产品供给变化的雷布津斯基命题，以及其他比较静态结果。我们可以将这些留给读者去思考。

产业内贸易

然而，这一模型的新特征是解释产业内贸易。假设每国收入占世界收入的份额为 λ。在偏好相似的情况下，它消费每一种产品占世界产出的份额为 λ 的那部分，从而 $c_0 = \lambda(x_0 + X_0)$，并且对于所生产的 $(n + N)$ 种差异产品中的每一种，$c = \lambda x$。它的生产是：基准产品产量为 x_0，n 种差异产品中每种的产量均为 x。我们不失一般性地假设本国是差异产品的净出口国。假设它生产以选择标记表示的这些产品中最初的 n 种。定义 $\sigma = n/(n + N)$，因此 σ 是本国在世界差异产品生产

中的份额。对母国来说，基准产品的净进口是 $c_0 - x_0 = \lambda X_0 - (1-\lambda)x_0$。1，2，…，$n$ 种差异产品中每种的出口量为 $(1-\lambda)x$，而 $(n+1)$，…，$(n+N)$ 种差异产品中每种的进口量为 λx。总贸易是平衡的，也就是说

$$\lambda X_0 - (1-\lambda)x_0 = np(1-\lambda)x - Np\lambda x$$

差异产品的总出口按价值计为

$$npx(1-\lambda) = (n+N)px\sigma(1-\lambda)$$

然而差异产品净出口为

$$npx(1-\lambda) - Npx\lambda = (n+N)px\{\sigma(1-\lambda) - (1-\sigma)\lambda\}$$
$$= (n+N)px(\sigma-\lambda)$$

记得我们已经标记本国是这些产品的净出口国，即 $\sigma > \lambda$。同理对于外国，差异产品的总出口是 $(n+N)px(1-\sigma)\lambda$。那么，当世界作为一个整体时，总贸易价值 T_G 为

$$T_G = (n+N)px\{\sigma(1-\lambda) + (1-\sigma)\lambda\} \tag{68}$$

并且净贸易价值 T_N 为

$$T_N = (n+N)px(\sigma-\lambda) \tag{69}$$

两者之间的差异就是产业内贸易 T_I，简化得到

$$T_I = 2(n+N)px\lambda(1-\sigma) \tag{70}$$

这些表达式对于贸易形式有直接的含义。其中最简单的含义是肯定了我们早期关于净贸易（也就是用差异产品交换基准产品的净值）由传统的比较优势来解释这一现象。在净贸易的公式中，这归结为这样一个事实，即本国在差异产品生产中的份额大于其在世界收入中的份额。如果这些国家是相同的，那么 $\lambda = \sigma = 1/2$，不产生净贸易。更一般地，如果两国完全一样，那么我们将有 $\lambda = \sigma$，没有净贸易。

接下来，总贸易与比较优势并不这样相联系，而是与比较优势和国家规模间的相关性相联系。将（68）式中的 $(n+N)px$ 固定，并且改变 λ 和 σ，我们发现当 $\lambda = 0$ 和 $\sigma = 1$，也就是当小国在生产差异产品上拥有非常大的比较优势时，括号内的表达式呈最大价值。

现在转向产业内贸易。我们从（70）式中发现，当 λ 很大，并且 σ 很小时更加重要。由于我们有 $\sigma > \lambda$，这意味着产业内贸易将达到最大，其中每一种均达到将近 $\frac{1}{2}$，换句话说，如果两国规模相近，并且产业之间没有明显的比较优势，那么我们将发现占优势的贸易方式是产业内贸易的一种。要素流动、技术传播和偏好收敛均能改善这种贸易状态。

把这一模型与 Grubel 和 Lloyd（1975）的研究相联系，可以把产业内贸易指数用 σ 和 λ 表示出来。由于这并不引发更深入的思考，因此我们将它作为练习留给读者。

有关差异产品具有对称性的假设还有更深一层的含义，即关于哪一个国家生产哪一种产品这一问题可以通过一种任意的方式来解决。总的贸易量是确定的，但贸易模式却不确定。这些涉及产业内贸易的观察可以被视为部分地肯定 Linder (1961) 的观点。

要素价格均等化

让我们转到要素价格问题。我们假设每一个国家均处在生产两种产品的均衡之中。如果按照第 2 章简要讨论的传统理论方式，我们可以问价格等于单位成本是否唯一决定要素价格，即，是否由（62）和（63）式，就一定能得到在给定 p 时 $w=W$。在只有两种要素，并且没有要素密集度逆转的情况下，情况将会是这样。更好的情况是，我们可能遵循第 4 章的一般均衡分析方法，使专业化问题和产业价格决定问题内生化。如果商品贸易存在均衡，要素价格相等，那么这必然是一个在要素和贸易商品的一体化世界里的均衡。相反，给定这样一种一体化均衡中的要素价格 $\hat{w}$，假设世界产出能被分解为可行的 x_0、X_0、n 和 N，并满足每一个国家单独的要素市场均衡条件（64）和（65）式，那么这些将被当做伴随商品贸易的均等化的要素价格。在两种要素情况下，我们可以用一个与第 4 章中相似的图表来分析这一点。在图 9.3 中，我们把一体化均衡的单位要素投入向量 $b_w(\hat{w})$ 和 $\phi_w(\hat{w})$ 的方向表示为 OA_1 和 OA_2。长度 OC_1 和 OC_2 划分出生产总产出所需要的数量，这些总产出中，(x_0+X_0) 是基准产品，$(n+N)$ 种差异产品中每种数量为 x。坐标 O' 相对于 O 给出总的要素禀赋。那么我们知道，如果以相对于 O 来衡量（同时外国的要素禀赋以相对于 O' 来衡量）的本国要素禀赋处于平行四边形 $OC_1O'C_2$ 之外，那么就不可能得到这样的分工。那么，关于完全非专业化生产的假设将不再正确，要素价格均等化也不会发生。在平行四边形之内，存在一个新的小问题。当给定差异产品的数量必须是整数，并且每一种必须生产固定的数量时，不是所有点均是可行的。因此，我们沿 OC_2 划分出 $\phi_w(\hat{w})$ 的整数倍，其中 $\phi_w(\hat{w})$ 是每一种品种所需要的要素数量。假设基准产品是完全可分的，我们从这些点画出平行于 OA_1 的线。由于本国要素禀赋位于这一平行线簇中的任一条上，因此我们能决定当要素市场刚好实现出清时，本国所承担的世界总生产中的部分。处于平行四边形内但不在这些线上的点不可能实现这种确切的均衡。然而，只要产品种类的数目足够大，平行四边形中的任意点就都相当接近于这些平行线上的点，我们也就可以粗略判定为有多样化生产和要素价格均等化的均衡。

把上述推论推广到 m 种要素和 $(n-1)$ 种生产差异产品的产业的情况在理论上是很清楚的。迄今为止，要素价格均等化的可能性依赖于商品和要素的相对数量，那么重要的是生产差异产品的产业数量，而不是可辨别的总产品数量。那些相信世界上的商品种类多于要素种类的人可能对这更感兴趣。

不均等的要素比例

正如以上所证明的，这一结果依赖于该产业所有产品种类均具有相同的要素比例这一假设。这一假设对一些产业来说可能是合理的，但是这一结果适用性到

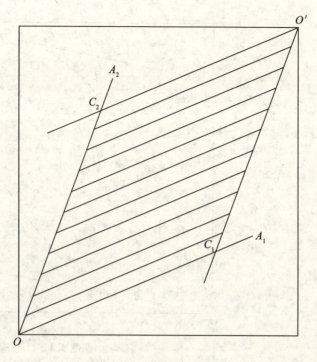

图 9.3

底有多强？为回答这一问题，我们考虑一个有关差异产品按要素密集程度划分条块等级的例子。假设为了清楚地说明有两种要素，并且基准产品比任何差异产品的要素 1 的密集程度都高。将世界要素禀赋做成图 9.4 所示的盒形状。像往常一样令 OA_1 为基准产品的要素比例的方向，并令 $O'A_1'$ 为从 O' 出发的平行方向。令 OB_1 为世界生产要素 2 最密集的差异产品在完全统一均衡中的要素需求的方向和大小。线段 B_1B_2 是下一个要素 2 最密集的差异产品的要素需求，依此类推。最后我们达到 $O'A_1'$ 线，交于点 C_2。对称性地从 O' 出发，我们到达 OA_1 上的 C_1 点。为与统一均衡一致，OC_1 必然是该均衡中基准产品的要素需求。像以前一样讨论，并且带有相同的限制性条件——差异产品生产的不可分性所必需的要素市场近似均衡，我们可以说，对于处在 $OC_1O'C_2$ 这一区域内的要素禀赋，将存在多样化生产和要素价格均等化，而处于这一区域之外的要素禀赋，不存在要素价格均等化。

普遍观点认为，虽然差异产品之间的多种要素比例带有大量的要素比例向量，以达到本国和外国要素禀赋量，但是每一种产品的产出在经济体中却相对较小，因此我们不能确定更大的要素禀赋盒是否与要素价格均等化相一致。因此，即使有大量的不同要素比例的产品种类，也不能自动保证要素价格均等。记得在第 4 章当我们增加产品数量，却没有将它们归类到产业中时，我们也得出过同样不确定的结论。尽管由于规模经济和不完全竞争引起了一些差异，但总的来说目前的结论与之相似。

其他不对称性

从一个方面离开正式模型的对称性假设之后，我们利用这个机会再发表一些

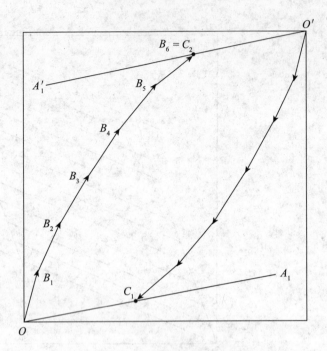

图 9.4

对差异产品并不以对称的方式进入偏好选择的这种情况的看法。我们很难对模型的精确形式进行详细说明，但的确存在一些可能的结论。不对称性可能与产品类型或国家相关。首先考虑产品能沿一条标记链 1，2，3…被定购。偏好沿该链条有组织地转移，并且依据标记离得较远的产品比邻近的产品替代性更差。对大量产业内贸易，以及对那些在贸易开放后生产模式向差异产品大量转移来说，最有利的情况是每一个国家沿该链条的偏好最强，而比较成本优势最弱。从封闭情况看，每一个国家均会发现花费太多的资源用于生产成本相对较高、对产品差异需求较弱的产品并不值得。然而当存在贸易的可能性时，每一国均能生产其他国家所需要的差异产品类型。另一方面，如果关于差异产品的偏好与成本比较优势一致，那么产业内贸易基本不存在，可能存在基于传统比较优势的差异产品和基准产品之间的净贸易。

上述讨论将人们对差异产品类型的偏好模式视为外生的。但它可能依赖于收入，因此引发对产业内贸易的内生性解释。例如，假设大批量生产的产品品种是相对资本密集型的；另一方面，一个资本丰裕的国家具有更高的人均实际收入，这从边际上看是更多地花费在手工制作的产品上。这是一种与大量产业内贸易相一致的例子。

产业内贸易的收益

我们来对这一节进行总结，转向对称性情况并检验贸易的福利方面。为集中研究产业内贸易的新特征，我们最好考虑只有这一种贸易方式的简单情况，正如我们之前所看到的，当世界上每个国家完全一样时会发生这种情况。假设本国人口份额和每种主要生产要素的份额均为 λ。那么与本部分开头利用的那些方法相类似，我们能决定本国的孤立均衡。每种差异产品的产量将由（53）和（54）式控制，并且根据（55）式，所有的差异产品的产量均将相同，为 x。那么，要素和产出市场条件将意味着基准产品产量和所生产的差异产品种类均与各国的经济规模成比例。当两个经济体允许贸易时，每一种类的产量不变，但是所生产的产品种类的数量将增加。贸易收益的来源就在于此。

假设在一个相互贸易的世界里，有 $\hat{n}$ 种差别产品，基准产品产量为 $\hat{x}_0$。选择单位以使世界人口等于 1。那么基准产品的人均消费水平是 $\hat{x}_0$，$\hat{n}$ 种差别产品中每一种的人均消费水平均是 x。代入（47）式，得每一个消费者的效用是

$$\hat{u} = (\hat{n}x^{\beta})^{\alpha/\beta}\,\hat{x}_0^{1-\alpha}$$

现在考虑各国在封闭下的情况。在本国，有 λ 个消费者，$\lambda\hat{x}_0$ 数量的基准产品，以及 $\lambda\hat{n}$ 种差异产品，每种差异产品的数量为 x。对基准产品的人均消费水平是 $\hat{x}_0$，$\lambda\hat{n}$ 种差异产品中每一种的人均消费水平为 x/λ。因此，在封闭情况下本国每一个消费者的效用是

$$u = (\lambda\hat{n}\,(x/\lambda)^{\beta})^{\alpha/\beta}\,\hat{x}_0^{1-\alpha}$$
$$= \lambda^{\alpha(1-\beta)/\beta}\,\hat{u}$$

与此相类似，外国每个消费者的效用为

$$U = (1-\lambda)^{\alpha(1-\beta)/\beta}\,\hat{u}$$

由于 $\beta < 1$，因此每一个 u 和 U 均小于 $\hat{u}$。我们可以发现差异产品的重要作用，差异产品的人均总消费在封闭情况下和在自由贸易情况下是相同的——在自由贸易下为 $\hat{n}x$，而在封闭情况下为 $(\lambda\hat{n})(x/\lambda) = \hat{n}x$。由于消费者得到更大量的产品品种，并且每一种的数量比例更小，因此其收益增加；在凸性偏好情况下，消费者更愿意如此。

9.4 结 论

本章可能使读者产生一种贸易不可知的看法。我们已经确定贸易可能提供更多的产品种类，并能减少垄断扭曲，这些均是有利的。另一方面，贸易可能增加产品选择的偏差，并且它可能鼓励在寡头垄断性产业内建立过多的企业。因此，很难断言在存在规模经济和不完全竞争的世界中，贸易能产生明确的收益。在规模经济下存在贸易的潜在收益，但是在不完全市场中不能保证这些潜在收益在实践中会实现。

以国际贸易理论的这样一个注解来结束这本书看起来有点唐突。然而，我们并不这样认为。最后一章的模型和结论表明，在我们得出一个令人满意的国际贸易理论之前，仍有大量的工作要做。同样，在以前的章节中指出了一些更深入研究的方向，并且本书还提出一些研究方法的潜在运用。从研究的角度看，这至少是一个鼓舞人的结论。如果我们已经成功地将所有成果联系在一起，那么努力研

究本书的读者会觉得更唐突，这也会使国际贸易理论家们变得多余。

注　释

关于不完全竞争下的国际贸易的文献特别少。Caves 和 Jones（1977，ch. 9）曾讨论过这一问题，但没有构建正式的模型。Melvin 和 Warne（1973）通过一个简单的模型来分析垄断下的贸易收益——明确指出在什么情况下贸易能完全消除垄断扭曲，以及在什么情况下国内垄断没有影响。我们在本章第 1 节的讨论中将市场结构视为该问题的内生因素，这一点可以看做他们工作的延伸。

国际贸易中对产品差异所做的工作更多。我们可以看到，Linder（1961），Grubel 和 Lloyd（1975，ch. 6）均讨论差异产品的贸易决定因素。可以说 Vernon（1966）也做了同样的工作，但是其关于产品生命周期的概念更窄一些。然而，我们的研究方法并不和他们的一样，而是近有关垄断竞争理论的文献联系更加紧密，如 Spence（1976），Dixit and Stiglitz（1977）。

数学附录

我们假定读者已经熟悉基本的向量和矩阵运算，也已经熟悉偏微分。下面我们给出一些基本定义，目的在于确定其符号。同时，我们也不加证明地给出一些相关的结论。在给出这些非常基础的知识之外，我们只给出证明的基本思路，或者直观的论证。一些读者可能有兴趣对其中的问题进行深入考察，因此我们把相关的参考文献标于章末。本章并不试图进行全面而详尽的说明，我们唯一的目的是让读者更容易理解本书中的论述。

1. 线性代数和几何学

集合论的符号

一个集合（set）是具有指定属性的事物（objects）或者元素（elements）的总和（collection）。如果 S 为集合，x 为一个典型事物（typical object），而 P 为属性，则这可用符号表示为

$$S=\{x \mid x \text{ 具有属性 } P\}$$

并且读做：S 是具有属性 P 的元素 x 的集合。比如，所有可以表示为实数的平方

的数的集合就是

$$S = \{x \mid x = y^2 \text{ 对于实数 } y \text{ 成立}\}$$

或者更加简洁地表示为

$$S = \{y^2 \mid y \text{ 为实数}\}$$

事物 x 在集合 S 中这一事实，用符号 $x \in S$ 表示，读做：x 在 S 中，或者 x 属于 S。

给定一实数集合，如果其中存在着最小元素或者最大元素的话，我们常常需要找出来。实数的平方中最小的是零，这写做

$$\min_y \{y^2 \mid y \text{ 为实数}\} = 0$$

并且读做：对于 y 而言，当 y 为实数时，y^2 的最小值是零。显然，当 $y=0$ 时得到该最小值。

如果 S 中的每一个元素也都在 T 中，则 S 是 T 的一个子集（subset），但反过来不一定成立；这写做 $S \subset T$。

向量和矩阵

我们下面讨论具有实分量的有限维向量。如果用一个符号，比如 x，来表示向量，则加上了下标的这一符号就表示其中的分量，如 $(x_1, x_2, \cdots, x_n)$。实数集是一维空间 R；n 维空间则写做 R^n。

向量表示的是这样的空间中的点。特别地，x 表示相对于原点的坐标 $(x_1, x_2, \cdots, x_n)$，原点是零向量 $(0, 0, \cdots, 0)$。如果 x 和 y 是 R^n 中的点，则 $\frac{1}{2}(x+y)$，也就是具有以下分量的向量

$$\left(\frac{1}{2}(x_1 + y_1), \frac{1}{2}(x_2 + y_2), \cdots, \frac{1}{2}(x_n + y_n)\right)$$

表示连接两点的线段的中点。更一般地，集合

$$\{\lambda x + (1-\lambda)y \mid 0 \leqslant \lambda \leqslant 1\}$$

就是连接 x 和 y 的整个线段（line-segment）。连接 y 和 x 的有向线段（directed line segment），就表示相对于一个位于 y 的新原点的 x 的向量，即 $x-y$。

在 R^n 中，$x=0$，意味着对于从 1 到 n 的所有 i，都有 $x_i = 0$；$x \geqslant 0$，意味着 $x_i \geqslant 0$ 对于所有 i 成立；$x > 0$ 意味着 $x \geqslant 0$，但 $x \neq 0$，即 x 的所有分量都大于或等于零，但至少有一个为正；$x \gg 0$ 意味着 $x_i > 0$ 对所有 i 都成立；$x \geqslant y$ 意味着 $x - y \geqslant 0$，等等。

矩阵的表示法一般都与此类似。一个 $m \times n$ 矩阵 A，在第 i 行第 j 列有元素 A_{ij}，$i=1, 2, \cdots, m$ 和 $j=1, 2, \cdots, n$。但有许多重要的矩阵通过对函数的微分而产生，这些矩阵需要一个经过简短解释的特殊符号。

矩阵的转置（transpose）由上标 T 表示。因此 $B = A^T$ 就是一个 $n \times m$ 矩阵，其中对于所有 i 和 j 都有 $B_{ji} = A_{ij}$。非奇异矩阵的逆阵由上标 -1 表示。因此，如果 A 是一个 $n \times n$ 矩阵并且是非奇异的，则 $AA^{-1} = A^{-1}A = I$，其中 I 为 $n \times n$ 的

单位矩阵，其对角线上的所有元素都为1，而其余的元素都为0。

几何学

向量可以理解为列，即一个 n 维向量就是一个 $n\times1$ 矩阵，其中第 i 行元素为 x_i。如果 x 和 y 为 R^n 中的向量，它们的内积（inner product），写做 $x\cdot y$，定义为矩阵乘积 x^Ty，即

$$x\cdot y=x^Ty=\sum_{i=1}^{n}x_iy_i \tag{1}$$

向量 x 的（欧几里得长度（Euclidean length））写做 $\|x\|$，定义为

$$\|x\|=(x\cdot x)^{1/2}=\{\sum_{i=1}^{n}x_i^2\}^{1/2} \tag{2}$$

点 x 和 y 之间的（欧几里得）距离（distance）就是连接 x 和 y 的有向线段的长度，即 $\|x-y\|$。

内积在几何学上的重要意义在于，两个向量当且仅当它们的内积为零时，是相互垂直的（perpendicular）（或者说是正交的（orthogonal））。

令 S 为 R^n 中的一个点集。其补集（complement），写做 S^c，是 R^n 中不在 S 中的点的集合。如果对于某一特定的正实数 ε，R^n 中与 x 的距离不超过 ε 的所有点都在 S 中，则 S 中的一点 x 称做一个内点（interior point）。S 的所有内点的总和称为它的内部（interior）。既不在 S 的内部，又不在它的补集中的点，称为 S 的（也是 S^c 的）边界点（boundary point）。因此，点 x 是一个边界点，如果对于任意的 $\varepsilon>0$，在与 x 的距离为 ε 的范围之内，存在着既属于 S 又属于 S^c 的点。S 的边界点的总和称为其边界。图 A.1 对这些概念进行了举例说明。

集合可以包括其边界，也可以不包括。在一维的情形中，集合 $S=\{x\mid 0\leqslant x<1\}$ 有边界点 0 和 1，而它只包括前一个边界点 0。如果集合包括了所有的边界点，就称其为闭的（closed）；而如果集合不包括其边界点，就称其为开的（open）。

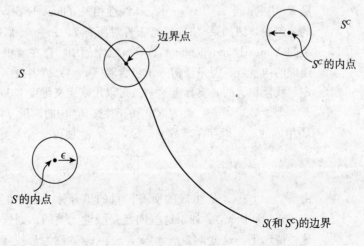

图 A.1

令 b 为 R^n 中的非零向量，c 为一实数（即标量（scalar））。集合 $\{x \mid b \cdot x = c\}$ 称为超平面（hyperplane）。如果 x 和 y 是超平面上的点，则 $b(x-y)=0$，即 b 垂直于该超平面上的任意有向直线。因此 b 表示出该超平面的垂直方向。图 A.2 对此举例加以说明。

集合 $\{x \mid b \cdot x \leqslant c\}$ 和 $\{x \mid b \cdot x \geqslant c\}$ 由该超平面所分割的 R^n 空间的两个部分组成，每一部分都包含着该超平面本身；它们被称为它的相伴闭半空间（associated closed half-spaces）。如果 c 为正，则原点位于前一个闭半空间中。

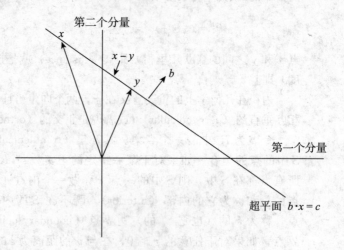

图 A.2

线性相关和生成

如果存在数 $\alpha_1, \alpha_2, \cdots, \alpha_k$ 不全为零，使得

$$\sum_{j=1}^{k} \alpha_j x^j = 0 \tag{3}$$

则 R^n 中的向量 $x^1, x^2, \cdots, x^k$ 线性相关（linearly dependent）。如果找不到这样的一组数，即如果（3）式意味着对所有 j，$\alpha_j = 0$，则这样的向量称为是线性无关的（linearly independent）。在 n 维空间中，存在着很多由 n 个线性无关的向量组成的向量组，但是任何一组包含着 $(n+1)$ 或者更多的向量组成的向量组，必定是线性相关的。实际上这一点可以用来定义维度（dimension）。

令 $x^1, x^2, \cdots, x^k$ 为 R^n 中的向量。R^n 中的向量 y 可以认为是由 $x^1, x^2, \cdots, x^k$ 生成的，如果存在着数 $\alpha_1, \alpha_2, \cdots, \alpha_k$ 使得

$$y = \sum_{j=1}^{k} \alpha_j x^j \tag{4}$$

由 $x^1, x^2, \cdots, x^k$ 生成的所有向量的集合称为由它们生成的子空间（subspace spanned by them）。如果这些向量是线性无关的，则这个子空间的维度为 k。在这种情形下，这些向量 $x^1, x^2, \cdots, x^k$ 被称为形成了该子空间的一个基（basis）；更进一步，对于该子空间中的任何向量 y，表达式（4）是唯一的，并且那

些标量 α_j 被称为是相对于这个基的 y 的分量。

凸集

如果只要 x 和 y 在 S 中，就有连接它们的线段，即集合 $\{\lambda x + (1-\lambda) y \mid 0 \leqslant \lambda \leqslant 1\}$ 完全包含在 S 中，那么 R^n 中的一个集合 A 被称做是凸的（convex）。如果该线段上除了端点之外的所有点，也就是 $\{\lambda x + (1-\lambda)y \mid 0 < \lambda < 1\}$ 都是 S 的内点，这个集合被称为是严格凸的（strictly convex）。图 A.3 说明了这一点。

凸但非严格凸　　　　严格凸　　　　非凸

图 A.3

如果集合 S 可能被包含在一个维度小于该整体空间的空间中的话，这一定义就可能会遇到麻烦。比如，一个三维空间中的圆盘根本没有内点——对圆盘上的任何一点，在圆盘之外都有点和它任意接近——但人们可能会希望称其为严格凸集。因为在我们的应用中不会遇到这样的情形，因此我们不在这个问题上纠缠。严格的论述，参见 Arrow 和 Hahn（1971，p.70）。

应该注意的是，非凸集不能称为凹集；凹集是不存在的东西。

关于凸集，我们会用到以下重要结论：支撑超平面（The supporting hyperplane）：如果 S 是一个凸集，而 p 是 S 的一个边界点（boundary point），则存在一个超平面（但不一定是唯一的），其中包含 p，并且使得 S 完全位于它的一个闭半空间中。图 A.4 说明了这一点，并且说明了在某一点比如 q 上，集合 S 有一个角（corner），因此其支撑超平面可能不唯一。

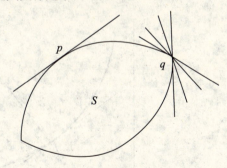

图 A.4

考虑到这一属性的明显的几何意义，我们省略了正式的证明。我们同样也省略了更进一步的结论和扩展，原因是，对于我们直接的目标而言，这些内容并非必要。

代数形式（algebra）则很容易说明。令超平面的方程为 $b \cdot x = c$。因为它包含 p，我们一定有 $c = b \cdot p$。因此其结果可以写成如下形式：如果 S 为一凸集，且 p 是它的边界点，则存在 $b \neq 0$，使得 $b \cdot x \leqslant b \cdot p$ 对于所有 S 中的 x 都成立。

2. 函数和微分

函数

定义在集合 S 上、并且在集合 T 上取值的函数 f 表示为 $f: S \rightarrow T$。它在 S 中的点 x 处的值写做 $f(x)$。集合 S 称为定义域（domain）；其中的标准元素（typical elements）称为 f 的自变数（arguments）或自变量（independent variables）。我们通常关注的情形是 S 是 R^n 的一部分或者全部，而 T 则是 R^m——通常就是 R——的一部分或者全部。

导数

令 $f: R^n \rightarrow R$，并令 x 为（向量）自变量。对第 j 个分量的偏导数表示为 $\partial f / \partial x_j$，或者更多的时候表示为 f_j。这有利于突出这一事实：每个偏导数本身就是一个 $R^n \rightarrow R$ 的函数。因此它在 $x = b$ 处的值可以用我们的符号表示为 $f_j(b)$。对 $j = 1, 2, \cdots, n$ 的全部偏微分形成一个向量值函数，写做 f_x。$f_x(b)$，即在 $x = b$ 处的值，称为 f 在 b 处的梯度向量（gradient vector），具有分量 $f_j(b)$。

f 在 b 附近的一阶泰勒近似（the First-order Taylor approximation）为

$$f(x) \approx f(b) + \sum_{j=1}^{n} \alpha_j x_j f_j(b)(x_j - b_j)$$
$$= f(b) + f_x(b) \cdot (x - b) \tag{5}$$

图 A.5 说的是当 $f(x) = f(b)$ 时的点 x 的集合；这称为 f 的一条等高线（contour）。令 x 为该等高线上接近 b 的一点。根据（5）式中的近似，有 $f_x(b) \cdot (x - b) = 0$，即该梯度向量指出了在 b 处与该等高线垂直的方向。

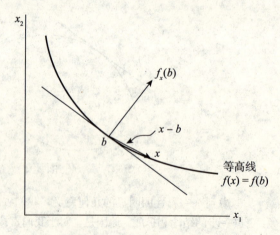

图 A.5

在很多应用中，因为 $(x - b)$ 为无穷小量，因此可以很方便地将（5）式中的近似看做是精确的。这可以给出严格的证明，但对于我们的目的而言，并无必要。在这里习惯上用 $\mathrm{d}x$ 表示（$x-b$），并且称之为 x 的微分变化（a differential change）。函数值的相应变化则写做 $\mathrm{d}f$，而（5）式则变成

$$\mathrm{d}f = f_x(b) \cdot \mathrm{d}x \tag{5'}$$

这称为函数 f 在被考虑的计值点的全微分（total differential）。这在逆运算时非常有用：如果我们发现对于向量 z 存在着关系 $\mathrm{d}f = z \cdot \mathrm{d}x$，则由（5'）式可知，$z$ 就是 f 在讨论的那一点的梯度向量。

如果 $f_j(b) \neq 0$，我们也能在 b 的某邻域中把 x_j 作为沿等高线的其余分量的函数来求解。只要在 b 点的梯度向量是非零向量，我们就可以挑选一个不为零的分量。假定我们选择某一编号方式使得其为第 n 个分量，并把 x_n 表示为（x_1, x_2, $\cdots$, x_{n-1}）的函数，则它在 b 处的偏微分由下式给出

$$\partial x_n / \partial x_j = -f_j(b) / f_n(b) \quad (\text{对 } j = 1, 2, 3, \cdots, (n-1)) \tag{6}$$

这就是隐函数定理（Implicit Function Theorem）——我们又一次严格地根据我们的要求限定了说明的深度。相应地，（6）式被称为隐函数的求导公式。

有时把函数的自变量分为两个或者更多的部分，比如生产函数中的不变投入和可变投入，能给我们带来很多方便。令 $f: R^{m+n} \rightarrow R$，并把自变量写成（x, y），其中 x 在 R^m 中，y 在 R^n 中。偏导数 $\partial f / \partial x_i$ 写做 f_{xi}，或者在不容易引起混淆时，干脆写作 f_i，而 $\partial x_n / \partial y_j$ 则写做 f_{yj}，或者在下标所表示的变量很清楚时，干脆写做 f_j。第一种总合成一个向量函数 $f_x: R^{m+n} \rightarrow R^m$，第二种总合成函数 $f_y: R^{m+n} \rightarrow R^n$。例如，在 $x = a$ 而 $y = b$ 处，梯度向量就是 $f_x(a, b)$, $f_y(a, b)$。如果一个自变量，比如 y，是一维的，则 f_y 是普通的偏导数 $\partial f / \partial y$。

一个向量值函数 $f: R^n \rightarrow R^m$ 的分量函数通常以上标表示为 $f^i: R^n \rightarrow R$；因此，对于 R^n 中的 x，$f^i(x)$ 是 $f(x)$ 的第 i 个分量。偏导数 f^i_j 沿 j 总合成向量函数 f^i_x，然后再沿 i 总合成向量函数 f_x。因此在 $x = b$ 点的值，$f_x(b)$，是一个 $m \times n$ 矩阵，其中第 i 行第 j 列元素为 $f^i_j(b)$。

假定函数 $f^i: R^n \rightarrow R$ 的自变量本身是函数 $g^j: R^m \rightarrow R$ 的值，再令 g 为分量函数 g^j 的向量值函数，并且形成复合函数 $h: R^m \rightarrow R$ 如下

$$h(y) = f(x) \quad (\text{其中 } y \text{ 在 } R^m \text{ 中并且 } x = g(y))$$

即 $h(y) = f(g(y))$。则 h 的偏导数可以通过微分的链式法则（chain rule）与 f 和 g 的偏导数相联系

$$\partial h / \partial y_i = \sum_{j=1}^{n} (\partial f / \partial x_j)(\partial g^j / \partial y_i)$$

它用我们的符号表示就是矩阵乘积

$$h_y(y)^T = f_x(g(y))^T g_y(y) \tag{7}$$

两边同时乘以 $\mathrm{d}y$ 就得到全微分的链式法则。

回到 $f: R^n \rightarrow R$。其二阶偏导数 $\partial^2 f / \partial x_i \partial x_j$ 写做 f_{ij}，并且形成一个 $n \times n$ 矩阵函数 f_{xx}。在 $x = b$ 处的值 $f_{xx}(b)$ 是一个矩阵，其中 $f_{ij}(b)$ 为其第 i 行第 j 列的元素。如果 f 是二阶连续可微的，则其交叉偏导数（cross-partial derivative）相

等，且该矩阵是对称的，即

$$f_{ij}(b)=f_{ji}(b) \quad \text{（对所有的 } i,j \text{ 都成立，或者说 } f_{xx}(b)^T=f_{xx}(b)\text{）} \tag{8}$$

在 $x=b$ 附近的二阶泰勒近似是

$$f(x) \approx f(b) + \sum_{j=1}^{n} f_j(b)(x_j-b_j) + \frac{1}{2}\sum_{i=1}^{n}\sum_{j=1}^{n} f_{ij}(b)(x_i-b_i)(x_j-b_j)$$

$$= f(b) + f_x(b) \cdot (x-b) + \frac{1}{2}(x-b)^T f_{xx}(b)(x-b) \tag{9}$$

将此和（5）式进行比较，该附加条件称为二阶条件。这一特殊结构在最大化问题中被证明是很重要的。接下来的这一小节即为此作铺垫。

二次型

令 M 为一个 $n \times n$ 对称矩阵，并令一函数 $q: R^n \to R$ 定义为内积 $y \cdot My$，或者说

$$q(y)=y^T M y \quad \text{（} y \text{ 在 } R^n \text{ 中）} \tag{10}$$

这样的函数称为二次型（quadratic form）。如果对于所有 y 在 R^n 中，都有 $q(y) \leq 0$，则称该二次型为负半定的（negative semi-definite）。如果对于 R^n 中的所有非零 y，有 $q(y) < 0$，则称之为负定的（negative definite）。

对这一属性的检验如下。从该矩阵中任意拿出 k 行，再拿出编号相同的 k 列，比如说 $k=3$，分别为第 1、3、6 行和列。这一由这些行和列的元素组成的 $k \times k$ 矩阵被称为大小为 k 的主子式（principal minor）。若 M 为负半定的，则当 $k=1$、3、5 时，每一个大小为 k 的主子式会有一个非正的行列式，而当 $k=2$、4、6 时，相应的主子式的行列式为非负。关于负定，还需要所有的不等式严格成立，即这种大小为 k 的主子式要有一个符号为 $(-1)^k$ 的行列式。

如果一个对称方阵 M 根据（10）式定义的二次型具有这一属性，则称它为负（半）定的。如果 $-M$ 为负（半）定的，则 M 为正（半）定的；读者可以运用上面所说的内容来推导这些分析。

凹函数

令 D 为 R^n 的一个凸子集，并且考虑函数 $f: D \to R$。如果由

$$S=\{(x,y) \mid x \in D, y \in R, y \leq f(x)\}$$

定义的 R^{n+1} 中的集合 S 是凸的，则 f 被称为凹函数。其思想是在凹函数形成的坐标图的下方围成一个凸集合，函数是递增还是递减都无所谓。图 A.6 展示了三个 D 为 R 的子集和一个 D 为 R^2 的子集的例子。

为验证 f 的凹性，我们在 S 中选取任意两点 (x',y')、(x'',y'')，并且选取满足 $0 \leq \lambda \leq 1$ 的任意 λ，然后来看点 $(\lambda x' + (1-\lambda)x'', \lambda y' + (1-\lambda)y'')$ 是否在 S 中。我们是在 D 中选取 (x', x'')，D 为凸集，因此 $\lambda x' + (1-\lambda)x''$ 在 D 中。那么现在还要看是否有

$$\lambda y' + (1-\lambda)y'' \leq f(\lambda x' + (1-\lambda)x'')$$

根据 S 的定义，我们有 $y' \leq f(x')$ 和 $y'' \leq f(x'')$。因此当 $y'=f(x')$ 并且 $y''=f(x'')$ 时，我们所寻求的那种最为严格的验证就出现了。这给了我们凹性的另一

个可替代的描述：如果对于 D 中的任意 x'、x''，以及满足 $0 \leqslant \lambda \leqslant 1$ 的任意 λ，我们有

$$\lambda f(x') + (1-\lambda) f(x'') \leqslant f(\lambda x' + (1-\lambda) x'') \tag{11}$$

则 f 是凹的。图 A.7 以 $D \subset R$ 展示了这一点。直观地说，其思想是连接该函数图像上的任意两点的割线都会位于其图像之下，或者最多也是正好在其图像上。

这暗示着一个更强的定义：如果对于 D 中的两个不同的点 x'、x''，以及 $0 \leqslant \lambda \leqslant 1$，

$$\lambda f(x') + (1-\lambda) f(x'') < f(\lambda x' + (1-\lambda) x'') \tag{12}$$

则称 f 为严格凹的。比如，在图 A.6 中，例子（a）中的函数是凹的，但是并非严格凹的；而例子（b）和（d）中的函数则是严格凹的。

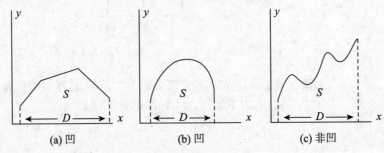

(a) 凹　　　　　　(b) 凹　　　　　　(c) 非凹

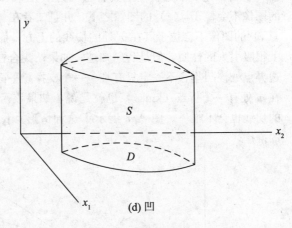

(d) 凹

图 A.6

通过观察到上面所定义的集合 S 为凸的，并且找出在边界点上它的一个支撑超平面，可以得到凹函数的又一个描述。令 $x' \in D$ 且 $y' = f(x')$，(x', y') 为 S 的一个边界点：对任意 $\varepsilon > 0$，$(x', y' - \varepsilon)$ 在 S 中，而 $(x', y' + \varepsilon)$ 不在 S 中。如果 f 为凹函数，那么 S 为凸集，因此在 (x', y') 有一个支撑超平面。请记住 S 是 $(n+1)$ 维的，用 $(p \cdot \delta) \cdot (x, y) = 0$ 来定义超平面，其中 $p \in R^n$ 且 $\delta \in R$，即 $p \cdot x + \delta \cdot y = c$。我们总能选择 $\delta \geqslant 0$，如果有必要则对方程两边同乘以 -1。于是，对 $(x, y) \in S$，有 $x + \delta y \leqslant c$，对于穿过 (x', y') 的超平面，有 $p \cdot x' + s y' = c$。特别地，对于 D 中的所有 x，有

$$\delta f(x) + p \cdot x \leqslant \delta f(x') + p \cdot x'$$

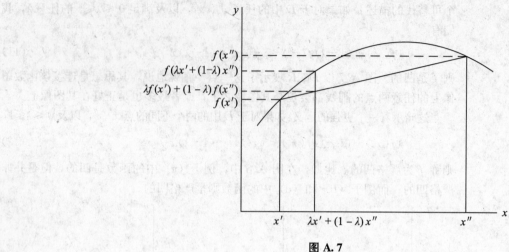

图 A.7

如果 x' 在 D 的内部，则它可表示为 $\delta > 0$。这样我们就可以不失一般性地设它等于 1，并且有以下结论：对于 D 中的所有 x，有

$$f(x) \leqslant f(x') + p(x - x') \tag{13}$$

让 x' 保持固定，如果我们把其右边视为函数 $g(x)$，则我们看到线性函数 $g(x)$ 的图像不会位于 $f(x)$ 的图像之下，并且二者在 $x = x'$ 处相等。这就很好地说明，$f(x)$ 的图像不会位于其在 x' 处的切线的上方，而且这事实上是凹性的一个直观上很吸引人的性质。但是我们知道，如果凸集合在一边界点处有一个角，则在该边界点处该凸集合不一定只有唯一一个支撑超平面。相应地，如果 $f(x)$ 的图像在 x' 处有一个折点（kink），也就是说，如果该函数不是可微的，那么它在该处的切线也会不唯一。图 A.8 展示了这种情形。我们可以说，支撑超平面是切线的推广。

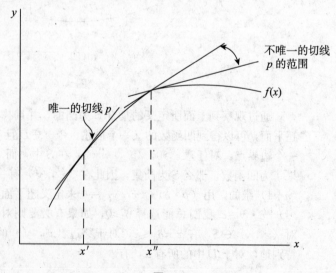

图 A.8

为了更准确地理解这一点，选择一个 x，它和 x' 的区别仅仅是第 j 个分量有所不同，$x_j = x_j' + h$。这样（13）式就变为

$$f(x) - f(x') \leqslant p_j h$$

除以 h，得到

$$(f(x) - f(x'))/h \leqslant p_j \quad （若 h > 0）$$
$$\geqslant p_j \quad （若 h < 0）$$

接下来让 h 趋向于 0 来取极限。随着 h 从正值趋向于 0，左边的分式的极限由 f 对第 j 个分量在 x' 处的右偏导来定义，写做 $f_{j+}(x')$。同理，从 h 的负值开始的极限则是 f 的左偏导 $f_{j-}(x')$。因此

$$f_{j-}(x') \geqslant p_j \geqslant f_{j+}(x') \tag{14}$$

相应地在图 A.8 中，图像上像 x'' 这样的折点的左边的斜率和右边的斜率给出了支撑线可能存在的值域。如果该函数是可微的，则两个单边偏导数（one-sided partial derivatives）会相等，都等于偏导数 $f_j(x')$，并且（14）式更紧凑地简化为 $f_j(x') = p_j$，或者按照 j 来汇总这一方程，我们有

$$p = f_x(x') \tag{15}$$

因此对一可微函数而言，我们得到另一个凹性的性质：f 是凹的，如果对于任意的 x、x'，我们有

$$f(x) \leqslant f(x') + f_x(x') \cdot (x - x') \tag{16}$$

即，任何一阶泰勒近似都是对该函数值相应变化的高估。对于严格凹函数而言，无论 x 和 x' 是否相同，这种高估都是严格的。一个凹的但非严格凹的函数，可能会有一个与其切线或者支撑超平面相符的图像，但不可能在其上方相交。图 A.9 描述了严格凹函数的例子。

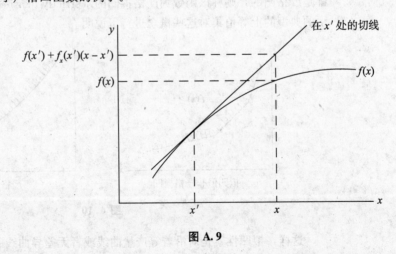

图 A.9

现在考虑一个二次可微的凹函数。比较其一阶和二阶泰勒近似（5）和（9）式。若前者是对原函数的高估，则后者的增加项是非正的，且在严格凹函数的情

形下为负。换句话说，对于所有的 x 和 x'，对于凹函数而言，我们必定有

$$(x-x')^T f_{xx}(x')(x-x') \leqslant 0 \tag{17}$$

而严格凹函数必定会有相同的表达式，而且当 x 和 x' 不同时为负。这意味着凹函数要求矩阵 $f_{xx}(x')$ 为负半定的。特别地，令 x 和 x' 仅有第 j 个分量不同，我们看到凹函数要求对于所有的 j 和所有的 x'，有 $f_{jj}(x') \leqslant 0$。对于一个关于一个（标量）变量的函数而言，则只是要求二阶导数的符号为非正，即一阶导数为非增。如果上述各条件在严格意义上成立，比如若 $f_{xx}(x')$ 处处都是负定的，或者，若在一个标量分量的情形下，$f''(x')$ 是负的，则该函数是严格凹的。

这给我们一个产生凹性特征的普通的经济学背景。若 x 为投入，而 $f(x)$ 为产出，则一阶导数的含义就是边际产出，以及凹性对应着边际产出非增，而严格凹性对应着边际产出递减。其图像中的折点的情形则表明，在该处有一交叉点，在那里边际产出突然下降；从而在该点处不能定义一个唯一的边际产出，但能够通过参考已有的最后一个边际产出和下一个边际产出来为其确定范围。

一个函数 $f: D \to R$ 被称为是凸的（相应地，严格凸的），如果由 $g(x) = -f(x)$ 定义的函数 $g: D \to R$ 对于 D 中的所有 x 都是凹的（相应地，严格凹的）。运用割线、切线和它们的一般化形式以及二阶导数的各种特性，都可以同样推导出来，这些工作留给读者完成。

一个关于复合函数的结论有时候会用得上：若 $f: D \to R$ 是凹的，且 $g: R \to R$ 递增并且是凹的，则由 $h(x) = g(f(x))$ 定义的复合函数 $h: D \to R$ 是凹的。

拟凹函数

再次令 D 为 R^n 中的凸集，并考虑 $f: D \to R$。对于 R 中的 y 而言，由 $\{x \mid f(x) \geqslant y\}$ 所定义的 R^n 中的集合成为 f 的上等值集（upper contour set）。换句话说，一个上等值集包括了一条等高线和所有高于它的部分。若一个函数所有的上等值集都是凸的，则称该函数为拟凹的（quasi-concave）；若其所有上等值集都是严格凸的，则称该函数为严格拟凹的（strictly quasi-concave）。图 A.10 中所示的典型的上等值集对这些概念进行了说明。

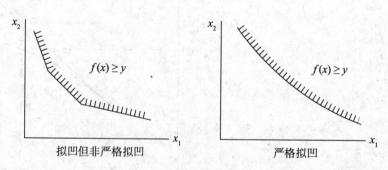

图 A. 10

这样，拟凹性就是对沿着等产量曲线或者无差异曲线的边际替代率递减这一经济学概念的严格表达。

要用代数语言表达一个上等值集的凸性，我们要求无论何时总有 $f(x') \geqslant y$

和 $f(x'') \geqslant y$，且 $0 \leqslant \lambda \leqslant 1$，我们有 $f(\lambda x' + (1-\lambda)x'') \geqslant y$。这等同于对于 D 中所有的 x'、x'' 和 $0 \leqslant \lambda \leqslant 1$，要求

$$f(\lambda x' + (1-\lambda)x'') \geqslant \min(f(x'), f(x'')) \tag{18}$$

而对于一个严格凹函数，若无论何时总有 x' 和 x'' 不同，并且 $0 < \lambda < 1$，则我们会有

$$f(\lambda x' + (1-\lambda)x'') > \min(f(x'), f(x'')) \tag{19}$$

可以直接看出，（11）式暗含着（18）式，也就是说凹函数也是拟凹函数。相似地，一个严格的凹函数也是严格的拟凹函数。反过来说就不成立了；考虑一下 $D \subset R^2$ 并且 $f(x) = x_1 x_2$，或者 $f(x) = (x_1 + x_2)^2$ 就可以得到答案。

经济解释是收益递减可以保证边际替代率递减，但是反过来不成立。这对效用函数来说很重要，对消费者选择模型来说，我们只需要边际替代率递减这一性质。

函数等高线下面的集合是用一种简明的方式来定义的，并且（严格）拟凸性指的是函数等高线下方的所有面积组成的集合的（严格）凸性。

复合函数的拟凹性是很容易定义的：如果 $f: D \to R$ 是拟凹的，并且 $g: R \to R$ 是递增的，那么复合函数 $h: D \to R$，$h(x) = g(f(x))$ 是拟凹的。对严格拟凹函数也会有类似的结论。在经济学中，对效用函数进行单调变换不会改变效用函数的拟凹性。

齐次函数

在这一部分我们取函数的定义域为非负的，且定义域包含于（orthant of）R^n，记做 N^n 并且定义为 $\{x \mid x \in R^n, x \geqslant 0\}$。我们可以在更一般的框架下获得与下面相似的讨论结果，但对于我们理解正文的内容来说，这是没有必要的。

函数 $f: N^n \to R$ 称做 k 次齐次函数，如果对所有在 N^n 中的 x 与所有非负的 λ，我们都有

$$f(\lambda x) = \lambda^k f(x) \tag{20}$$

我们主要关注齐次函数在两种情形下的经济意义。当 $k = 1$ 时，公式（20）变成了 $f(\lambda x) = \lambda f(x)$。如果我们把 x 理解为投入向量，$f(x)$ 理解为产出，上式就可以表述规模报酬不变这一含义：按相同的比例改变所有的要素投入量，产量也会有相同比例的改变量。当 $k = 0$ 时，公式（20）变成了 $f(\lambda x) = f(x)$。在这种情形下，函数值与向量 x 的倍数不相关，仅取决于向量 x 内部各元素的相对值。这与在决定产品需求时价格水平及货币收入的绝对值不相关的情况是类似的。顺带说一下，一次齐次函数也被称为线性齐次函数。

齐次函数一个非常重要的性质可以通过欧拉定理来表达：如果函数 f 是 k 次齐次函数，并且 $x \gg 0$，我们有

$$\sum_{j=1}^{n} f_j(x) \cdot x_j = f_x(x) \cdot x = k f(x) \tag{21}$$

为证明此式，我们固定 x，把公式（20）两边看做 λ 的函数，并且两边同时对 λ 求微分，然后对公式（20）左边使用链式法则。再取 $\lambda = 1$，即可得公式

(21)。

当 $k=1$ 时，欧拉定理可作为威克斯蒂德归责定理（wicksteed imputation theorem）的经济理解。把 x 理解为投入向量，$f(x)$ 理解为产出并假设其规模报酬不变。假设要素市场是竞争性的，则每种要素用产出来衡量的均衡价格等于该要素本身的边际产出。那么，总要素报酬为 $\sum f_j(x) x_j$，将准确地消耗所有的产出 $f(x)$。

了解对齐次函数求微分会得到什么结果对我们是很有用的。如果函数 f 是 k 次齐次的，那么它的每一个偏导数 f_j 是 $(k-1)$ 次齐次的。有时，一个函数对其自身一部分变量来说是齐次的。如果 $f(x, y)$ 对其前部分变量来说是 k 次齐次的，也就是说如果有 $f(\lambda x, y) = \lambda^k f(x, y)$，那么，$f(x, y)$ 对 x 的每一个分量 x_i 的偏导数 f_{x_i} 是 $(k-1)$ 次齐次的，但是每一个 f_{y_i} 是 k 次齐次的。

下一理论把齐次性和凸性联系起来了：如果函数 $f: N^n \to R$ 是拟凹的，非负的，并且对 $0 \leqslant k < 1$ 是 k 次齐次的，那么该函数是凹函数。

位似函数

函数 $f: N^n \to R$ 称为位似函数，如果对所有在 N^n 中的 x'、x'' 满足 $f(x') = f(x'')$，并且对所有非负的 λ，我们有 $f(\lambda x') = f(\lambda x'')$。图 A.11 说明了这样的函数。需要满足的条件是函数 f 的所有等高线都是沿着辐射线方向一个个移动复制而成的。

如果与等高线相对应的函数值按相同的比例增加，那么这个函数是一次齐次的。但是一次齐次对位似函数来说不是必要的条件。位似函数在经济学中与效用函数有关。一次齐次函数，即规模报酬不变对于序数效用函数不是一个很有用的性质。然而，如果两个消费束按相同的比例放大或缩小，那么必须使两消费束之间无差异，这一性质是有意义的。

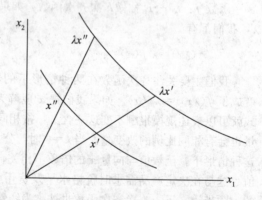

图 A.11

尽管如此，齐次函数与位似函数之间还是有着紧密的联系。如果函数 $f: N^n \to R$ 是位似的，并且在其定义域内是增函数，那么，我们可以找到一个一次齐次函数 $g: N^n \to R$，以及另一增函数 $h: R \to R$，满足函数 f 是函数 h 与函数 g 的复合，即：$f(x) = h(g(x))$。

为了说明这一关系，我们取 $\bar{x} \gg 0$，并且对函数 g 定义如下：对于任意的 x，

选择 λ 满足 $f(\lambda\overline{x})=f(x)$，并且 $g(x)=\lambda$。根据位似性，$f(\lambda\overline{x})=f(x)$ 意味着 $f(\mu\lambda\overline{x})=f(\mu x)$，因而有 $g(\mu x)=\mu g(x)$，即函数 g 是一次齐次的。进一步地，从定义函数 g 的方式看，当且仅当 $f(x')=f(x'')$ 即两者的等高线重合时，$g(x')=g(x'')$。既然它们都是增函数，两者中的任一函数一定都是另一函数的正交变换。

换句话说，给定一个位似效用函数，我们能找到另外一个一次齐次函数来表示相同的无差异图像。

3. 最优化

需要强调的是以下的内容只是最优化原理非常初步的论证，只给出了简单的论述或直觉的解释。一种称为规格约束的条件被我们完全忽略了，因为去掉它不会对我们理解正文中的内容造成困难。

拉格朗日法

假设函数 $f：R^n\rightarrow R$ 是一个标量值函数，函数 $g：R^n\rightarrow R^m$ 是一个向量值函数，构成函数 g 的子函数 $g^i：R^n\rightarrow R$，$m<n$，并且 $c\in R^m$。考虑以下带有等式约束的最大化问题：选择 x，其中 x 满足 $g(x)=c$，且 $x\in R^n$，来最大化 $f(x)$。在我们的理论框架下，这可以记做

$$\max_x\{f(x)\,|\,g(x)=c\}$$

拉格朗日方法如下所示。我们引入一个被称为拉格朗日乘子的辅助变量 $\lambda\in R^m$，并且定义一个被称为拉格朗日的函数 $L：R^{n+m}\rightarrow R$，记为

$$L(x,\lambda)=f(x)-\lambda^T(g(x)-c)$$

$$=f(x)-\sum_{i=1}^m\lambda_i(g^i(x)-c_i) \tag{22}$$

则解 x 及拉格朗日乘子 λ 满足如下条件

$$L_x(x,\lambda)\equiv f_x(x)-\lambda^Tg_x(x)=0 \tag{23}$$

$$L_\lambda(x,\lambda)\equiv c-g(x)=0 \tag{24}$$

上述条件被称为一阶必要条件：它们是对拉格朗日函数求一阶导得到的，且是最优解的必要条件。一共有 $(m+n)$ 个方程，粗看起来刚好满足包括 x 和 λ 在内的 $(m+n)$ 个未知数的求解。我们不会深究解的存在性问题，这不是在本书研究领域内使我们感兴趣的问题，但是稍后在更一般的背景下我们会考虑决定最优解的这些充分性条件。

最优解 x，相关的拉格朗日乘子 λ，以及最大值函数 $v=f(x)$ 都是 c 的函数。特别地，我们有以下供理解拉格朗日乘子的重要结论

$$\lambda_i=\partial v/\partial c_i \quad \text{或者} \quad \lambda=v_c(c) \tag{25}$$

因此，每个拉格朗日乘子告诉我们当右边相应的约束在边际上变动一个单位时，会对函数的极大值产生多大的影响。因此，λ 也可以理解为影子价格或者对约束的影子估价，即对目标函数值而言，问题的解决者为获得约束在边际上的变动而愿意放弃的最大数量。例如，对消费者面对预算约束来最大化效用这一问题而言，相对于预算约束的拉格朗日乘子告诉我们出现在等式右边的货币收入的外生变动对消费者获得的边际效用的影响有多大。对一个生产既定产出最小化成本的厂商来说，拉格朗日乘子即为（产出的）边际成本。

包络定理

更一般地，令 θ 为出现在目标函数以及约束函数中的参数向量。考虑满足约束条件 $g(x, \theta) = 0$ 时最大化 $f(x, \theta)$ 的问题。（注意，我们前面讨论过的问题可以通过把 c_i 从右边移到左边，以及把 c_i 重新标记为 θ_i，再重新定义函数 g^i 来变换成现在这种形式。）拉格朗日函数被定义为

$$L(x, \lambda, \theta) = f(x, \theta) - \lambda^T g(x, \theta) \tag{26}$$

一阶必要条件为

$$L_x(x, \lambda, \theta) \equiv f_x(x, \theta) - \lambda^T g_x(x, \theta) = 0 \tag{27}$$

$$L_\lambda(x, \lambda, \theta) \equiv -g(x, \theta) = 0 \tag{28}$$

把 $v(\theta)$ 记为当 x 取值为最优时函数 $f(x, \theta)$ 的值，我们有

$$v_\theta(\theta) = L_\theta(x, \lambda, \theta) \tag{29}$$

上式中的 x 与 λ 都是在最优解处取值。公式（29）被称为包络定理或包络性质，相应地，函数 v 有时被称为问题的包络函数。

我们应该明确上述结果的实际重要性。如果我们想直接对 $v(\theta) = f(x, \theta)$ 求微分，请注意最优的 x 值本身取决于 θ，那么我们利用链式法则，以及复杂的条件（27）与（28）式去决定 x 对 θ 的依赖关系。但是一般的结果告诉我们上述所做的一切的结果是简单的，并且我们能通过拉格朗日函数对 θ 求偏导，然后在 x 与 λ 的最优解处估计该偏导数来得到答案。

参数 θ 只影响目标函数是一种更简单的情形。现在 g_θ 恒等于零，（29）式简化为

$$v_\theta(\theta) = f_\theta(x, \theta) \tag{30}$$

换言之，我们只需要考虑参数对最大值函数的直接影响，可以忽略最优解 x 变化的间接影响。这很容易解释清楚。我们考虑单一参数的情形。令 $\bar{\theta}$ 为一个固定的参数，并且 $\bar{x}$ 是与变量相对应的最优取值。既然参数不影响约束函数，那么 $\bar{x}$ 仍然是一个对所有参数来说可行的解。对任意的 θ，通过选择 $\bar{x}$ 总可以获得目标函数值 $f(\bar{x}, \theta)$。但是这并不是根据 θ 来求解的最佳方式。如果我们作出了最优选择 x，为了最大化目标函数值，我们将有 $f(x, \theta) \geqslant f(\bar{x}, \theta)$。既然 $\bar{x}$ 是对 θ 来说最优的选择，只有当 $\theta = \bar{\theta}$ 时，两式才会相等。如果我们把不等式两边的函数看做 θ 的函数，两者之间的关系将如图 A.12 所示。假设函数在 $\bar{\theta}$ 处是可微的，

两个函数在该点的斜率得是相等的，这就是包络结果（30）。进一步，它们的曲线将保持一种确定的关系：$v(\theta) = f(x,\theta)$，当 x 取最优解时，它将比 $f(\bar{x},\theta)$ 在固定值处凸得更厉害或者更不凹一些。稍后我们将在一个更一般的背景下讨论它的二阶性质。

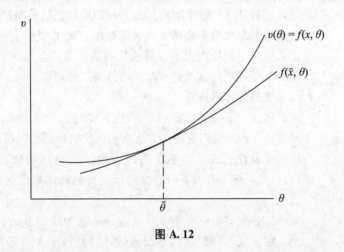

图 A.12

库恩-塔克定理

这里我们来考虑有不等式及符号约束的最大化问题。这在经济学应用中是非常重要的，因为有时候我们在求最优解时需要保持一些松的约束，并且有些变量的符号限制为非负也是很自然的。令 $f: N^n \rightarrow R$，$g: N^n \rightarrow R^m$，并且 $c \in R^m$；在这里，限制 m 与 n 的相对大小没有多大的必要。考虑在约束条件 $g(x) \leqslant c$ 的条件下选择 x 来最大化函数 $f(x)$ 的情形。注意我们已经把定义域限制在 N^n 内了，很自然地 $x \geqslant 0$。

像在（22）式中一样来定义拉格朗日乘子 λ 以及拉格朗日函数 L。一阶必要条件自然也是（23）与（24）式的修正。为了简明地标记它们，我们引入互补松弛这一概念。令 a 与 b 是有相同维度的向量，假设对每一个 i，下述两式都成立：$a_i \geqslant 0$，$b_i \geqslant 0$，且这两个不等式中至少有一个取等号。则向量不等式 $a \geqslant 0$，$b \geqslant 0$ 表现为互补松弛，并记做

$a \geqslant 0, b \geqslant 0$ （满足互补松弛条件）

有了这一标记法，一阶必要条件，在这里被称为库恩-塔克条件，如下所示

$$L_x(x,\lambda) \leqslant 0, x \geqslant 0 \quad \text{（满足互补松弛条件）} \tag{31}$$
$$L_\lambda(x,\lambda) \geqslant 0, \lambda \geqslant 0 \quad \text{（满足互补松弛条件）} \tag{32}$$

为解释上述条件，我们首先考虑（31）式。根据互补松弛的定义，对每个元素 j，我们有 $\partial L/\partial x_j \leqslant 0$，并且 $x_j \geqslant 0$，并且这两个不等式中至少有一个取等号。比方说，如果 $x_j > 0$，那么 $\partial L/\partial x_j$ 必须等于零，也就是说如果非负约束不起作用，我们会得到和没有符号约束时（23）式完全一样的条件。只有当非负约束起作用，也就是当 $x_j = 0$ 时，我们才需要对前面的一阶必要条件作出修正。这时，（31）式变为 $\partial L/\partial x_j \leqslant 0$，这是对目标函数在变量允许的边界上取最优值时理所当然应

该满足的条件，也就是说，目标函数必须从变量的边界值开始就是递减的。

对（32）式的理解，回忆一下前面我们把拉格朗日乘子理解为影子价格是有帮助的。把（32）式写成 $c_i - g^i(x) \geqslant 0$，$\lambda_i \geqslant 0$，这个不等式中至少有一个要取等号。那么，如果 $g^i(x) < c_i$，那么 λ_i 一定等于零。请记住，λ_i 是 c_i 边际上变动时，函数 $f(x)$ 的增加量。由于 c_i 的增加仍然使得原来的最优选择是可行的，因此函数的最大值不会减少；这反映在 λ_i 的非负性上。但是，如果约束是非紧的，那么进一步放松约束不会对函数的最大值产生影响，因此 λ_i 对这样松的约束一定是等于零的。这就是对互补松弛条件的理解。

充分性与唯一性

考虑一下在前面我们考虑过的，即在 $x \geqslant 0$，$g(x) \leqslant c$ 的约束条件下最大化函数 $f(x)$。我们有两种方法来确保我们找到了问题的解。

充分性定理：如果 f 是凹函数，g^i 是凸函数，并且 x 与 λ 满足（31）与（32）式，那么在没有可行的选择使得目标函数值更高这个意义上来讲，x 是最优的。

这是很容易解释的，并且这一论证为我们前面讨论过的概念做了有益的概括。在 f 是凹函数，g^i 是凸函数，并且每个 λ^i[①] 非负的条件下，考查（22）式后，我们知道 L 是 x 的凹函数。令 x' 为任一可行的选择，也就是说满足 $x' \geqslant 0$，$g(x') \leqslant c$。令 x 是可行的并且满足（31）和（32）式。我们下面证明 $f(x') \leqslant f(x)$。

考虑 L 在 x 处的一阶泰勒近似。根据凹函数的性质，交换（16）式中 x 和 x' 的位置，我们得到

$$L(x', x) \leqslant L(x, \lambda) + L_x(x, \lambda) \cdot (x' - x)$$

因为对每一个 i，有 $\lambda_i \geqslant 0$ 并且 $g^i(x') \leqslant c_i$，现在有

$$L(x', \lambda) = f(x') - \sum_{i=1}^{m} \lambda_i (g^i(x') - c_i) \geqslant f(x')$$

同时，因为对每一个 i，$\lambda_i \geqslant 0$ 与 $g^i(x') \leqslant c_i$ 两式中有一个必须取等号，因此有

$$L(x, \lambda) = f(x) - \sum_{i=1}^{m} \lambda_i (g^i(x) - c_i) = f(x)$$

接下来，因为 $L_x(x, \lambda) \leqslant 0$，同时 $x' \geqslant 0$，因此有 $L_x(x, \lambda) \cdot x' = 0$。最后，由于互补松弛条件保证了每一项的内积等于零，因而有 $L_x(x, \lambda) \cdot x = 0$。在泰勒近似中运用上述所有的结果，就得到了我们的结论。

上述结论就是我们本书第 2 章论证的基础。有时，比方说我们在最大化序数效用函数时，我们不能依靠凹函数的性质。然而，下面将要讲到的唯一性常常是有用的。当最优解唯一时，我们知道它必须满足最优的必要条件，所以当我们找到（31）与（32）式的解时，我们就找到了最优解。

唯一性定理：如果 f 是严格拟凹函数，并且 g^i 是凸函数，那么 x 的最大值

---

① λ^i 疑为 λ_i。——译者注

是唯一的。

为了说明这一定理，我们假设有两个不同的可行解 x' 与 x'' 产生相同的函数值 $f(x') = f(x'') = v$，并且它也是最大可行解。根据可行性，$x' \geqslant 0$，$x'' \geqslant 0$，并且对每一个 i，$g^i(x') \leqslant c_i$，$g^i(x'') \leqslant c_i$。那么 $\frac{1}{2}(x'+x'') \geqslant 0$，并且根据每个 g^i 函数的凸性，有

$$g^i(\frac{1}{2}(x'+x'')) \leqslant \frac{1}{2}g^i(x') + \frac{1}{2}g^i(x'') \leqslant \frac{1}{2}c_i + \frac{1}{2}c_i = c_i$$

因此 $\frac{1}{2}(x'+x'')$ 是可行的。但是根据函数 f 的严格拟凹性，有

$$f(\frac{1}{2}(x'+x'')) > \min(f(x'), f(x'')) = \min(v, v) = v$$

这同假设 v 是唯一的最大可行值矛盾。

拓扑解

因为根据互补松弛性质，每一组不等式都有一个等式方程，所以不等式约束的最大化条件（31）及（32）两式包含 $(m+n)$ 个等式方程。我们把一类特殊的从（31）及（32）两式中产生的不等式及等式叫做政体（regime）。与解有关的政体的决定理所当然也是最大化问题的一部分。因此，对（32）式的前一部分来说，我们需弄清楚到底是 $g^1(x) = 0$ 还是 $\lambda_1 = 0$（或者说，根据互补松弛条件，有可能两者都等于零）。如果我们通过修改一些参数来改变问题，那么问题的解可能从一个政体变换到另一个政体。比方说，c_1 从比较小的值开始增加，可能刚开始有一段时间约束是紧的，然后随着 c_1 的增大，约束开始变松了，这样影子价格也变为零了。在过渡的点，我们将得到 $g^1(x) = c_1$，并且 $\lambda_1 = 0$。

讨论关于政体的选择和从一个政体到另一个政体的过渡的一般理论对我们来说，不是很有成效的。在特殊的情况下，我们将有机会观察到一些重要的过渡以及它们的结果。

政体的选择实质上是要求我们决定哪些约束是紧的，并把它们看成等式约束；以及哪些约束是松的，并可以忽略它们。一旦我们完成了这些工作，不等式约束的最大化问题就完全和我们前面讨论过的等式约束最大化问题一样了。包络定理告诉我们在等式约束的情形下参数的变化对最优值的影响，这一定理的用途也可以扩展到不等式约束情形下的最大化问题，只要参数的变化没有导致政体从一个过渡到另一个。如果这样的过渡发生了，新的问题，包括在新的边界上函数不可微的问题就产生了。

包络函数的凹性

考虑含有参数的满足不等式约束的一般最大化问题。我们希望考察包络函数的曲率对参数的依赖性。在这方面有两种对我们的目的来说有用的结果，一种情形是参数只进入目标函数，另一种情形是参数只进入约束函数。

令 θ 为一般的参数向量，我们首先考虑满足约束 $g(x) \leqslant 0$ 的 $f(x, \theta)$ 的最大化问题。令 $v(\theta)$ 为包络函数。我们将证明，如果作为 θ 的函数 f 对每一个 x 来说都是凸函数的话，那么函数 v 是凸函数。

这实质上就是图 A.12 的结果，但是我们可以不对函数 g 施加任何约束来对不等式约束的情形作出简单的一般证明。令 θ' 与 θ'' 是参数向量的任意两个取值，并令 $0\leqslant\lambda\leqslant1$。当参数向量取 $\lambda\theta'+(1-\lambda)\theta''$ 时，令 $\overline{x}$ 为目标函数最大化的值。根据函数 f 对 θ 的凹性，有

$$
\begin{aligned}
v(\lambda\theta'+(1-\lambda)\theta'') &= f(\overline{x},\ \lambda\theta'+(1-\lambda)\theta'') \\
&\leqslant \lambda f(\overline{x},\theta')+(1-\lambda)f(\overline{x},\theta'')
\end{aligned}
$$

由于约束函数独立于参数，因而 $\overline{x}$ 对任意的参数值 θ' 与 θ'' 仍然是可行的。既然目标函数的最大值不可能比任意可行解所对应的目标函数值小，我们有 $f(\overline{x},\ \theta')\leqslant v(\theta')$，并且 $f(\overline{x},\ \theta'')\leqslant v(\theta'')$。又 λ 与 $(1-\lambda)$ 都是非负的，因而有 $\lambda f(\overline{x},\ \theta')+(1-\lambda)f(\overline{x},\ \theta'')\leqslant\lambda v(\theta')+(1-\lambda)v(\theta'')$。把这个不等式同前面的不等式联系起来，我们得到

$$
v(\lambda\theta'+(1-\lambda)\theta'')\leqslant\lambda v(\theta')+(1-\lambda)v(\theta'')
$$

这样就证明了函数 v 是凸函数。规范的证明步骤实质上只是图 A.12 非规范论证的改写：我们总是可以保持 x 不变，只变动 θ，得到已经是凸函数的 $f(x,\theta)$。如果选择对目标函数来说最优的 x，那么 $v(\theta)$ 不会比 $f(\overline{x},\theta)$ 更小。

一种特别重要的情形是 f 是 θ 的线性函数，比方说目标为成本或价值、参数为价格的情形。

接下来，我们考虑参数只影响约束的另一种情形。令目标函数为 $f(x)$。我们更一般地表述约束函数，联合向量 (x,θ) 位于包含于 R^{n+p} 的一个特定集合 S，在这里 n 是变量的个数，p 是参数的个数。一个特例是一个集合用不等式函数来定义的情形，$g：R^{n+p}\to R^m$，$S=\{(x,\theta)\mid g(x,\theta)\leqslant0\}$。

我们可以证明，如果集合 S 是凸集，f 是凹函数，在满足约束 $(x,\theta)\in S$ 时，由函数 $f(x)$ 的最大值组成的包络函数 $v(\theta)$ 是凹函数。对上述用不等式函数来定义的集合来说，要满足它的凸性，要求每个 g^i 函数是凸函数就足够了。

论证也是很简单的。令 θ' 与 θ'' 是任意的两个参数值，x' 与 x'' 是相应的最优解。那么 (x',θ') 与 (x'',θ'') 都在集合 S 中，并且 $v(\theta')=f(x')$，$v(\theta'')=f(x'')$。令 $0\leqslant\lambda\leqslant1$，既然 S 是凸集，那么 $(\lambda x'+(1-\lambda)x'')，(\lambda\theta'+(1-\lambda)\theta'')$ 也在集合 S 中，也就是说，$\lambda x'+(1-\lambda)x''$ 对参数值 $\lambda\theta'+(1-\lambda)\theta''$ 来说是可行的变量。既然目标函数的最大值不可能比任意可行解所对应的函数值要小，那么我们有

$$
\begin{aligned}
v(\lambda\theta'+(1-\lambda)\theta'') &\geqslant f(\lambda x'+(1-\lambda)x'') \\
&\geqslant \lambda f(x')+(1-\lambda)f(x'') \quad (\text{因为函数 } f \text{ 是凹函数}) \\
&= \lambda v(\theta')+(1-\lambda)v(\theta'')
\end{aligned}
$$

这样我们就完成了 $v(\theta)$ 是凸函数的证明。

最小化

既然函数 $f(x)$ 的最小化问题可以通过求 $-f(x)$ 的最大值来解决，再对最小化理论进行单独的论述就没有什么必要。感兴趣的读者可以重新思考前面讨论过的各种条件与结论来求解最小化问题。读者除了在把凹函数换成凸函数时要当

心以外，应该没有多大的其他困难。

4. 应用：成本和收入函数

在这一部分我们把前面讨论过的几个概念和结论用于实际中，并构造出两个在本书中被重复使用的函数。考虑到有些读者没有看数学附录，这些内容在本书的第 2 章中也有说明。但是对那些读过数学附录的读者来说，从理论到应用的连贯性是很重要的，当然，这些内容在正文第 2 章中再出现一次对他们来说也没有任何害处。

成本函数

基本的数学原理没有改变，但是为了和经济应用中的传统表述保持一致，我们对符号作了改变。令 v 为要素的投入向量，x 为产出的标量，要素投入和产出的关系通过一个函数 f 来表现。令 w 为要素投入的价格，我们考虑一下成本最小化问题

$$\min\{w \cdot v | f(v) = x\}$$

在这里，v 是选择变量，参数 w 是要素投入价格，参数 x 是目标产出水平。包络函数是以 w 与 x 为参数的成本最小化函数，记为 $c(w, x)$。这个函数与生产函数 f 对偶，称为成本函数。我们的目的是考察成本函数的属性。

成本函数一个最容易观察出来的性质是，对于固定的 x 值，它对 w 来说是一次齐次的。这可以从要素价格不影响生产某一既定产出的可行要素投入量这一事实中看出来。因此，令 v' 是相对 w' 来说最优的选择，并令 λ 是一个正数。既然当参数值为 $\lambda w'$ 时，v' 仍然是可行的，那么我们有 $c(\lambda w', x) \leqslant (\lambda w') \cdot v' = \lambda w' \cdot v' = \lambda \cdot c(w', x)$。当我们从对 $\lambda w'$ 来说最优的选择开始考虑的话，我们可以建立一个方向相反的不等式 $c(\lambda w', x) \geqslant \lambda \cdot c(w', x)$，因此有 $c(\lambda w', x) = \lambda \cdot c(w', x)$。既然 w' 的取值是任意的，那么上式是成立的。

这个等式背后的经济解释是：所有要素投入的价格按相同的比例变化，不会对在生产中用一种要素替代另一种要素产生激励。最优的要素投入组合仍然没有改变；改变的是成本按价格变化的比例变化。

为推导出从之前的一般理论中必然可以进一步推导出的性质，我们把成本最小化问题表述成下述的最大化问题

$$-c(w, x) = \max_v \{-w \cdot v | -f(v) + x \leqslant 0\} \tag{33}$$

引入拉格朗日乘子 λ，拉格朗日函数为

$$L = -w \cdot v - \lambda(-f(v) + x)$$

根据包络定理，在最优解处取值，我们有 $-c_x = L_x$。因此 $c_x = \lambda$，这证实了我们前面把拉格朗日乘子理解成影子价格的解释：它给出了我们当产出在边际上变动一个单位时，成本变动多少，这个成本的变动也就是边际成本。接下来，在最优

解处有$-c_w=L_w=-v$。换句话说，要素投入的最优选择v可以通过成本函数对要素价格求导数简单地得到。对给定的要素价格水平与产出水平的最优要素，选择理所当然地是对一种固定产出的条件要素需求函数，记做$v(w,x)$。因而我们有

$$v(w,x)=c_w(w,x) \tag{34}$$

既然成本函数c对w来说是一次齐次的，那么条件要素需求函数对w是零次齐次的，这也证实了我们前面的所有要素价格同比例变化不会改变最优要素投入组合这一论断。

继续固定x，把c看成w的函数。我们接下来考察它的凹性，请注意w不影响（33）式中问题的约束。对固定的v而言，目标函数是线性的，因而对（虽然仅仅对）w来说是凸函数。因此，包络函数$-c$对w来说是凸函数，也就是说c对w来说是凹函数。论证实质上类似图A.12，只不过我们把它修正后用于最小化问题。如果仅仅有一种投入组合v可以生产出固定目标产出x，也就是说如果固定生产系数，那么成本最小化问题没有选择余地，对固定的v，我们将得到一个线性成本函数$c(w,x)=w\cdot v$。如果要素投入的替代是可能的，并且这种替代被用来减少成本，那么成本函数上升的比例比要素价格上升的比例要小，也就是说，成本函数是凹函数。如果v'对一个特定的w'来说是最优的，那么，线性函数$w\cdot v'$为凹函数$c(w,x)$的支撑超平面：两个函数相切于点w'处，w'之外的$c(w,x)$比$w\cdot v'$有更小的值。如果c是可微的，那么超平面的系数向量v'就是在两函数相切时，c的导数向量，即$v'=c_w(w',x)$。这种一般的结论就是（34）式所表述的。

如果我们对（34）式中每种要素需求函数的要素价格求导数，根据凹函数的性质，我们有

$$\partial v_i/\partial w_i=\partial^2 c/\partial w_i^2 \leqslant 0。$$

因此，我们能确定要素价格变化对要素需求的替代效应的符号。

成本函数齐次性的其他一些结论在本书第2章进行了讨论。

迄今为止，我们没有对生产函数施加任何限制，不管它是齐次的、凹函数还是拟凹函数。如果生产函数是拟凹的，可以证明，从给定一个满足上述性质的成本函数，我们能从它推导出一个唯一的生产函数这个意义上来讲，成本函数与生产函数完全对偶。在实际应用中，我们经常希望刻画出竞争性均衡的特征，并将会选择凹的生产函数来确保求出竞争性利润最大化问题的解。这样，我们就可以合理地使用成本函数，将其作为刻画生产函数特征的完全替代物。

有时，我们会假设生产函数是规模报酬不变的，也就是假设它是一次齐次的。在这样的情况下，成本函数有着特别简单的形式。对任意的x，我们有

$$\begin{aligned}
c(w,x)&=\min_v\{w\cdot v\,|\,f(v)=x\}\\
&=x\min_y\{w\cdot(v/x)\,|\,f(v/x)=1\} \quad \text{（由一次齐次性得到）}\\
&=x\min_y\{w\cdot y\,|\,f(y)=1\} \quad \text{（由新变量}\,y=v/x\,\text{得到）}\\
&=x\bar{c}(w) \tag{35}
\end{aligned}$$

在这里，$\bar{c}(w)$ 就是当要素投入的价格为 w 时，生产一单位产出的最小成本，称它为单位成本函数。那么生产 x 单位产出的总成本就是 x 乘以它的单位成本，这在规模报酬不变的情形下也是很自然的结果。现在，平均成本和边际成本都等于单位成本。

支出函数

考虑一个消费者拥有货币收入量 m，面对的价格水平为 p 的情形。记 c 为消费者的消费量向量，$u = f(c)$ 为消费者的效用函数，f 是递增且严格拟凹的函数。这样的话，在预算约束 $p \cdot c \leqslant m$ 的条件下，选择 c 以最大化 $u = f(c)$ 的问题有唯一解。

对正的价格水平来说，我们可以等价地考虑这个问题，也就是在目标效用水平下实现支出的最小化，即在满足 $f(c) \geqslant u$ 的条件下，实现 $p \cdot c$ 的最小化。这里有一个包络函数，它告诉了我们当价格向量为 p 时，为达到既定的效用水平 u 需要的最小支出值。这个与效用函数对偶的包络函数，被称为支出函数，记为 $e(p, u)$。

对支出最小化问题的规范讨论和我们在前一节讨论过的要素投入成本最小化的问题是一样的。因此，我们可以通过类比写出支出函数的性质。1) 对固定的 u，支出函数对 p 是一次齐次的。2) 偏导数给出了为获得既定效用水平的最优消费选择，即希克斯补偿需求函数。3) 对固定的 u，支出函数是 p 的凹函数；这来源于沿着一条无差异曲线的替代，并推导出价格变化的自替代效应非负这一结论。一些其他的结论出现在第 2 章。

既然我们已经假设了严格拟凹的效用函数，那么从支出函数对消费者的偏好进行了等价的刻画这一意义上来讲，它与效用函数是完全对偶的。因为是序数效用函数，因此效用函数的齐次性不重要，但是对效用函数来说位似性是一个很重要的性质。如果 f 是位似函数，我们在前面已经说明过了，对它进行单调变化，比方说 $g(f)$，得到一个一次齐次函数，那么根据一个用于生产函数齐次性的论证，可得

$$
\begin{aligned}
e(p, u) &= \min_c \{ p \cdot c \mid f(c) \geqslant u \} \\
&= \min_c \{ p \cdot c \mid g(f(c)) \geqslant g(u) \} = g(u)\bar{e}(p) \tag{36}
\end{aligned}
$$

收入函数

现在我们来考虑一般的生产问题，在这里一个要素投入向量 v 生产一个产出向量 x，(x, v) 满足可行性要求，并落在 N^{n+m} 的一个子集 S 中，其中 x 在 N^n 中，v 在 N^m 中。令 p 为产出的价格向量，我们考虑一个竞争性厂商面对这种技术的问题：在满足可行性的条件下，选择 x 来最大化 $p \cdot x$。p 和 v 为参数，包络函数可以记做

$$
r(p, v) = \max_x \{ p \cdot x \mid (x, v) \in S \} \tag{37}
$$

上式被称为收入函数，它与生产技术是对偶的。我们来考察一下它的一些性质。

首先保持 v 固定以考察收入函数对 p 的依赖关系。这里重要的一点是参数 p 不影响约束条件。这会产生一些结论。1) 函数 r 是 p 的一次齐次函数。该论证

和我们前面对成本函数的论证是相同的。因而我们有这样的经济学原理：所有产出的价格按相同的比例变化，不会改变最优的产出组合，只会改变产出的价值。2）根据（30）式导出的包络定理可知，最优产出选择即供给函数由 $r_p=x$ 给定。这样，我们知道供给函数是 p 的零次齐次函数。3）r 对 p 的凸函数；这可以再一次从图 A.12 看出。如果 x' 是对产出价格水平 p' 来说最优的产量选择，那么线性函数 $p \cdot x'$ 是在 p' 点支撑 $r(p, v)$ 的超平面。4）根据凸函数的性质，有 $\partial x_i/\partial p_j=\partial^2 r/\partial p_j^2\geqslant 0$。其他性质在第 2 章中讨论。这包括一些由于 r 在某些重要的点不可微而产生的特殊问题。

接下来，我们固定 p 以考察 v 的函数 r。如果 S 是凸集，我们可以运用我们关于包络函数的凹性第二定理来推导出 r 是 v 的凹函数这一结论。偏导数 r_v 告诉我们投入量在边际上的变动对目标函数值的影响，因此 r_v 是投入的影子价格，如果投入要素在竞争性市场上进行交易，它也是派生需求价格。

如果生产函数是规模报酬不变的，我们可以改变可行的投入—产出组合的整个规模，也就是说如果 (x, v) 在集合 S 中，那么对任意的 $\lambda\geqslant 0$，$(\lambda x, \lambda v)$ 也在集合 S 中，那么 r 对 v 来说是一次齐次的。这一论证和前面关于齐次函数的论证是相似的，我们把它交给读者自己去推理。

参考书目

对经济学学生来说容易看懂的关于线性代数与微积分的详细讨论可参考 Chiang（1974）或者 Glaister（1978）。最优化问题可参考 Dixit（1976）。更加全面彻底的数学处理可参考 Apostol（1967－1969）Eggleston（1963）与 Panik（1978）。McFadden（1978）详细地分析了成本与收益函数。

参考文献[①]

Anderson, R. K. and Takayama, A. (1977) "Devaluation, the specie flow mechanism and the steady state". *Review of Economic Studies*, 44 (2), 347—361.

Apostol, T. M. (1967—1969) *Calculus*, Vols. I and II, second edition, Waltham, Mass.: Blaisdell.

Arrow, K. J. and Hahn, F. H. (1971) *General Competitive Analysis*, San Francisco: Holden-Day.

Barro, R. J. and Grossman, H. I. (1976) *Money, Employment and Inflation*, Cambridge University Press.

Batra, R. N (1973) *Studies in the Pure Theory of International Trade*, London: Macmillan.

Baumol, W. J. (1977) *Economic Theory and Operations Analysis*, fourth edition, Englewood Cliffs, N. J.: Prentice-Hall.

Bhagwati, J. N. (1958) "Immiserising growth: a geometric note", reprinted in Caves and Johnson (1968).

Bhagwati, J. N. (1964) "The pure theory of international trade: A survey", *Economic Journal*, 74 (1), 1—84.

---

① 杨光、王晓、孙晖、程诗、王小芽、马慕禹、张伟、李军、王建昌、王晓东、李一凡、曾景、钟红英、赵文荣、王博、刘伟琳、李君、徐志浩、马二排、罗宇、刘兴坤、蔡彤娟、付欢、王宝来、陈月兰校对了书稿，在此表示感谢。

Bhagwati, J. N (1968) "Distortions and immiserizing growth: A generalization", *Review of Economic Studies*, 35 (4), 481—485.

Bhagwati, J. N. (1971) "The generalised theory of distortions and welfare", in J. Bhagwati *et al.*, *Trade, Balance of Payments and Growth*, Amsterdam: North-Holland.

Bhagwati, J. N. and Johnson, H. G. (1961) "A generalized theory of the effects of tariffs on the terms of trade", *Oxford Economic Papers*, 13 (3), 225—253.

Bhagwati, J. N. and Ramaswami, V. K. (1963) "Domestic distortions, tariffs andd the theory of optimum subsidy", reprinted in Caves and Johnson (1968).

Bhagwati, J. N. and Rodriguez, C. (1975) "Welfare-theoretical analyses of the brain drain", *Journal of Development Economics*, 2 (3), 195—221.

Bliss, C. J. (1975) *Capital Theory and the Distribution of Income*, Amsterdam: North-Holland.

Caves, R. E. and Johnson, H. G. (eds.) (1968) *Readings in International Economics*, London: Allen and Unwin.

Caves, R. E. and Jones, R. W. (1977) *World Trade and Payments*, second edition, Boston: Little, Brown.

Chiang, A. C. (1974) *Fundamental Methods of Mathematical Economics*, second edition, New York: McGraw-Hill.

Chipman, J. S. (1965a) "A survey of the theory of international trade: Part 1, The classical theory", *Econometrica*, 33 (3), 477—519.

Chipman, J. S. (1965b) "A survey of the theory of international trade: Part 2, The neo-classical theory", *Econometrica*, 33 (4), 685—760.

Chipman, J. S. (1966) "A survey of the theory of international trade: Part 3, The modern theory", *Econometrica*, 34 (1), 18—76.

Chipman, J. S. (1972) "The theory of explitative trade and investment policies", in L. E. DiMarco (ed.), *International Economics and Development*, New York: Academic Press.

Chipman, J. S. (1974) "The transfer problem once again", in G. Horwich and P. Samuelson (eds.), *Trade, Stability and Macroeconomics*, New York: Academic Press.

Corden, W. M. (1957) "Tariffs, subsidies and the terms of trade", *Economica*, 24 (3), 235—242.

Corden, W. M. (1971) *The Theory of Protection*, Oxford University Press.

Corden, W. M. and Gruen, F. H. (1970) "A tariff that worsens the terms of trade", in I. A. McDougall and R. H. Snape (eds.), *Studies in International Economics*, Amsterdam: North-Holland.

Diamond, P. A. and Mirrless, J. A. (1971) "Optimal taxation and public production", *American Economic Review*, 61 (1) and (3), 8—27 and 261—278.

Diewert, W. E. (1974) "Applications of duality theory", in M. Intriligator and

D. Kendrick (eds.), *Frontiers of Quantitative Economics*, Vol. II, Amsterdam: North-Holland.

Diewert, W. E. (1978) "Duality approaches to microeconomic theory", in K. Arrow and M. Intriligator (eds.), *Handbook of Mathematical Economics*, Amsterdam: North-Holland, forthcoming.

Dixit, A. K. (1975) "Welfare effects of tax and price changes", *Journal of Public Economics*, 4 (2), 103—123.

Dixit, A. K. (1976), *Optimization in Economic Theory*, Oxford University Press.

Dixit A. K. (1978), "The balance of trade in a model of temporary equilibrium with rationing", *Review of Economic Studies*, 45 (3), 393—404.

Dixit, A. K. (1979) "Price changes and optimum taxation in a many-consumer economy", *Journal of Public Economics*, 11 (2), 143—157.

Dixit, A. K. and Norman, V. (1979) "Comparative advantage and factor prices in the Ricardo – Viner model", in preparation.

Dixit, A. K. and Stiglitz, J. E. (1977) "Monopolistic competition and optimum product diversity", *American Economic Review*, 67 (3), 297—308.

Dixit, A. K. and Stiglitz, J. E. (1979) "Product selection and the size of an economy", in preparation.

Dornbusch, R. (1973) "Devaluation, money and non-traded goods", reprinted in Frenkel and Johnson (1976).

Eggleston, H. G. (1963) *Convexity*, Cambridge University Press.

Frenkel, J. A. and Johnson, H. G. (eds.) (1976) *The Monetary Approach to the Balance of Payments*, London: Allen and Unwin.

Gale, D. (1960) *The Theory of Linear Economic Models*, New York: McGraw-Hill.

Gale, D. and Nikaido, H. (1965) "The Jacobian matrix and the global univalence of mappings", *Mathematische Annalen*, 159, 81—93.

Glaister, S. (1978) *Mathematical Methods for Econmists*, second edition, Oxford: Blackwells.

Gorman, W. M. (1959) "Are social indifference curves convex?", *Quarterly Journal of Economics*, 73 (3), 485—498.

Grubel, H. G. and Johnson, H. G. (eds.) (1971) *Effective Tariff Protection*, Geneva: GATT.

Grubel, H. G. and Lloyd, P. J. (1975) *Intra-Industry Trade*, London: Macmillan.

Guesnerie, R. (1975) "Production of the public sector and taxation in a simple second best model", *Journal of Economic Theory*, 10 (2), 127—156.

Haberler, G. (1950) "Some problems in the pure theory of international trade", reprinted in Caves and Johnson (1968).

Hahn, F. H. (1959) "The balance of payments in a monetary economy", *Review of Economic Studies*, 26 (2), 110—125.

Hahn, F. H. (1977) "The monetary approach to the balance of payments", *Journal of International Economics*, 7 (3), 231—250.

Hatta, T. (1977) "A theory of piecemeal policy recommendations", *Review of Economic Studies*, 44 (1), 1—21.

Hirsch, F. (1976) *Social Limits to Growth*, Cambridge, Mass.: Harvard University Press.

Johnson, H. G. (1957) "Factor endowments, international trade and factor prices", reprinted in Caves and Johnson (1968).

Johnson, H. G. (1959) "Economic development and international trade", reprinted in Caves and Johnson (1968).

Johnson, H. G. (1967a) "The possibility of income losses from increased efficiency or factor accumulation in the presence of tariffs", *Economic Journal*, 77 (1), 151—154.

Johnson, H. G. (1967b) "The possibility of factor-price equalisation when commodities outnumber factors", *Economica*, 34 (3), 282—288.

Johnson, H. G. (1971) *The Two-sector Model of General Equilibrium*, London: Allen and Unwin.

Johnson, H. G. (1972) "The monetary approach to balance-of-payments theory", reprinted in Frenkel and Johnson (1976).

Jones, R. W. (1965) "The structure of simple general equilibrium models", *Journal of Political Economy*, 73 (4), 557—572.

Jones, R. W. (1967) "International capital movements and the theory of tariffs and trade", *Quarterly Journal of Economics*, 81 (1), 1—38.

Jones, R. W. (1971a) "Effective protection and substitution", *Journal of International Economics*, 1 (1), 59—81.

Jones, R. W. (1971b) "Distortions in factor markets and the general equilibrium model of production", *Journal of Political Economy*, 79 (3), 437—459.

Jones, R. W. (1975a) "Income distribution and effective protection in a multicommodity trade model", *Journal of Economic Theory*, 11 (1), 1—15.

Jones, R. W. (1975b) "Presumption and the transfer problem", *Journal of International Economics*, 5, 263—274.

Jones, R. W. and Scheinkman, J. A. (1977) "The relevance of the two-sector production model in trade theory", *Journal of Political Economy*, 85 (5), 909—935.

Kemp, M. C. (1966) "The gain from international trade and investment: A neo-Heckscher-Ohlin approach", *American Economic Review*, 56 (4), 788—809.

Kemp, M. C. (1969) *The Pure Theory of International Trade and Investment*, Englewood Cliffs, N. J.: Prentice-Hall.

Kemp, M. C. (1970) "The balance of payments and the terms of trade in relation to financial controls", *Review of Economic Studies*, 37 (1), 25—31.

Krugman, p. (1978a) "Increasing returns, monopolistic competition, and international trade", mimeo. , Yale University.

Krugman, P. (1978b) "Scale economies, product differentiation, and the pattern of trade", mimeo. , Yale University.

Kuhn, H. W. (1968) "Lectures on mathematical economics", in G. Dantzig and A. Veinott (eds.), *Mathematics of the Decision Sciences*, Part 2, Providence, R. I. : American Mathematical Society. .

Kyle, J. F. (1978) "Financial assets, non-traded goods and devaluation", *Review of Economic Studies*, 45 (1), 155—163.

Land, A. H. (1959) "Factor endowments and factor prices", *Economica*, 26 (2), 137—142.

Lerner, A. P. (1936) "The symmetry between import and export taxes", reprinted in Caves and Johnson (1968) .

Lerner, A. P. (1952) "Factor prices and international trade", *Economica*, 19 (1), 1—15.

Linder, S. B. (1961) *An Essay on Trade and Transformation*, New York: Wiley.

Lipsey, R. G. (1970) *The Theory of Customs Unions*, London: Weidenfeld and Nicholson.

McFadden, D. L. (1978) "Cost, revenue and profit functions", in M. Fuss and D. McFadden (eds.), *Production Economics: A Duel Approach in Theory and Applications*, Amsterdam: North-Holland.

McKenzie, L. W. (1995) "Equality of factor prices in world trade", *Econometrica*, 23 (3), 239—257.

Magee, S. P. (1973) "Factor market distortions, production, and trade: A Survey", *Oxford Economic Papers*, 25 (1), 1—43.

Malinvaud, E. (1977) *The Theory of Unemployment Reconsidered*, Oxford: Blackwells.

Markusen, J. R. and Melvin, J. R. (1979) "Tariffs, capital mobility, and foreign ownership", *Journal of International Economics*, 9 (3), 395—409.

Meade, J. E. (1952) *A Geometry of International Trade*, London: Allen and Unwin.

Meade, J. E. (1955) *Trade and Welfare: Mathematical Supplement*, Oxford University Press.

Melvin, J. R. (1968) "Production and trade with two factors and three goods", *American Economic Review*, 58 (5), 1249—1268.

Melvin, J. R. and Warne, R. D. (1973) "Monopoly and the theory of international trade", *Journal of International Economics*, 3, 117—134.

Metzler, L. A. (1949) "Tariffs, terms of trade, and the distribution of national income", reprinted in Caves and Johnson (1968).

Mirrless, J. A. (1969) "The dynamic non-substitution theorem", *Review of Economic Studies*, 36 (1), 67—76.

Mundell, R. A. (1968) *International Economics*, New York: Macmillan.

Mussa, M. (1974) "Tariffs and the distribution of income: The importance of factor specificity, substitutability and intensity in the short and long run", *Journal of Political Economy*, 82 (6), 1191—1203.

Neary, J. P. (1978) "Non-traded goods and the balance of trade in a neo-Keynesian temporary equilibrium", *Quarterly Journal of Economics*, forthcoming.

Norman, V. (1976) "Product differentiation and international trade", paper presented at the Summer Research Workshop, Warwick University.

Ohyama, M. (1972) "Trade and welfare in general equilibrium", *Keio Economic Studies*, 9 (2), 37—73.

Panik, M. J. (1978) *Classical Optimisation: Foundations and Extensions*, Amsterdam: North-Holland.

Pearce, I. F. (1970) *International Trade*, London: Macmillan.

Robinson, R. (1956), "Factor proportions and comparative advantage", reprinted in Caves and Johnson (1968).

Rybczynski, T. M. (1955) "Factor endowments and relative commodity prices", reprinted in Caves and Johnson (1968).

Samuelson, P. A. (1947) *Foundations of Economic Analysis*, Cambridge, Mass.: Harvard University Press.

Samuelson, P. A. (1949) "International factor-price equalisation once again", reprinted in Caves and Johnson (1968).

Samuelson, P. A. (1952) "The transfer problem and transport costs", reprinted in Caves and Johnson (1968).

Samuelson, P. A. (1953) "Prices of factors and goods in general equilibrium", *Review of Economic Studies*, 21 (1), 1—20.

Samuelson, P. A. (1971) "Ohlin was right", *Swedish Journal of Economics*, 73 (4), 365—384.

Samuelson, P. A. (1976) *Economics*, tenth edition, New York: McGraw-Hill.

Sandmo, A. (1975) "Optimal taxation in the presence of externalities", *Swedish Journal of Economics*, 77 (1), 86—98.

Sandmo, A (1976) "Optimal taxation: An introduction to the literature", *Journal of Public Economics*, 6 (1), 37—54.

Sandmo, A. (1977) "Portfolio theory asset demand and taxation: Comparative statics with many assets", *Review of Economic Studies*, 44 (2), 369—379.

Schweinberger, A. G. (1979) "The theory of factor price differentials: the case of constant absolute differentials", *Journal of International Economics*, 9 (1),

95—115.

Scitovsky, T. (1976) *The Joyless Economy*, Oxford University Press.

Seade, J. K. (1979) "The stability of Cournot revisited", Warwick Economic Research Paper No. 121.

Smith, M. A. M. (1979) "Optimal tariffs, optimal taxes and shadow prices", mimeo., London School of Economics.

Sødersten, B. (1971) *International Economics*, London: Macmillan.

Spence, A. M. (1976) "Product selection, fixed costs and monopolistic competition", *Review of Economic Studies*, 43 (2), 217—235.

Steigum, E. (1978) "Keynesian and classical unemployment in an open economy", manuscript, Norwegian School of Economics and Business Administration.

Stolper, W. and Samuelson, P. A. (1941) "Protection and real wages", *Review of Economic Studies*, 9 (1), 58—73.

Suzuki, K. (1976) "The deterioration of the terms of trade by a tariff", *Journal of International Economics*, 6, 173—182.

Takayama, A. (1972) *International Trade*, New York: Holt, Rinehart and Winston.

Turnovsky, S. J. (1977) "Macroeconomic Analysis and Stabilization Policy", Cambridge: Cambridge University Press.

Uzawa, H. (1959) "Prices of the factors of production in international trade", *Econometrica*, 27 (3), 448—468.

Uzawa, H. (1964) "Duality principles in the theory of cost and production", *International Economic Review*, 5 (2), 216—220.

Varian, H. R. (1978) *Microeconomic Analysis*, New York: Norton.

Vernon, R. (1966) "International investment and international trade in the product cycle", *Quarterly Journal of Economics*, 80 (2), 190—207.

Woodland, A. D. (1977a) "A dual approach to equilibrium in the production sector in international trade theory", *Canadian Journal of Economics*, 10 (1), 50—68.

Woodland, A. D. (1977b) "Joint outputs, intermediate inputs and international trade theory", *International Economic Review*, 18 (3), 517—533.

译后记

这是一本小而引人入胜的好书：主题明确，思路清晰，语言清澈纯净，不仅使读者能系统地理解书中内容，而且能引起读者深入的思考。

本书的作者之一阿维纳什·迪克西特教授，是一位才华横溢的经济学大师。他的所有作品都有着令人着迷的风格：体大思精，逻辑严谨，行文简洁明快。这种风格在本书中得到了充分的体现。本书的另一位作者诺曼教授，是挪威著名经济学家。他是挪威经济与工商管理学院的经济学教授，担任过挪威经济与工商管理学院的院长，同时诺曼教授也是一位有影响的政治家，曾经担任过劳工行政大臣。现在摆在读者面前的这本 30 年前由两位教授合作写成的《国际贸易理论》，至今仍是国际贸易理论研究者必读的经典。在每一份高级国际贸易课程的教学大纲中，这本书都会出现在必读书目的位置。

最近这 30 年，对经济学的发展来说，不算一个太短的时期。能够历经这么长的时间还在国际贸易领域牢牢地占据着如此重要的地位，就足以说明这本书的价值。本书最突出的特点，也就是其最重要的价值，是它首尾一致地采取了一般均衡分析框架。一般均衡分析对于贸易理论的重要性，至少体现在以下两个方面。第一，要在纯理论层面准确地理解国际贸易，不能离开一般均衡的视角。因为国际贸易涉及不同国家之间商品市场、要素市场上复杂的供求变化和价格调整，影响到各贸易参与国国内的生产结构、消费结构和收入分配结构。离开一般均衡分析，至今经济学中还找不出另一个合适的框架来处理这样的问题。采用局部均衡分析方法的诸多创新之所以难以得到深入拓展，根本原因就在于局部均衡先天地、不能很好地承担这样的任务。第二，离开一般均衡分析框架，无法系统地考虑贸易和贸易政策的福利效应问题。30年来国际贸易领域的很多重要创新，包括采用博弈论和信息经济学方法开展分析的新贸易理论的一部分成果在内，本质上都采用局部均衡分析，聚焦于单个产业或者单个企业的情形，而且的确为我们理解现代国际贸易和分工提供了新的视角和有洞察力的"透镜"，但是却因为难以考虑单个产业发展对整体经济的福利影响，而使研究结论尤其是政策含义的稳健性大受影响。

本书的讨论在一个简单的一般均衡分析框架下优美地展开。用到的数学工具并不难，而且都是一些非常简洁、优美的方法，比如对偶或者说"间接"函数。当看到这样精致的工具在逻辑谨严的一般均衡框架下得以恰当运用时，我们更加深刻地体会到了经济学中理性思维的魅力。或许你亲眼看一看才会相信：即使是数学附录，读起来也是一种享受。

本书的翻译由李辉文和韩燕共同主持。李辉文主译了序言、第1到第5章和数学附录，韩燕主译了第6到第9章。李辉文统校了全部译稿。在翻译过程中，尹燕飞和刘杨翻译了第3章、第4章、第5章的初稿，熊瑞祥协助翻译了部分数学附录的初稿。林佳、戴严科和熊瑞祥、杨光、胡安荣、李朝气、冯丽君、顾晓波认真阅读了译稿并提出了修改意见。陈畅在校译过程中做了大量细致的工作。我们的翻译力求准确，并期望能够再现原文的风貌。但是限于学识，错漏在所难免，不尽人意处一定颇多。我们真诚地欢迎读者的批评指正。

中国人民大学出版社马学亮老师为促成本书的翻译付出了劳动，王素克编辑为本书做了大量细致认真的编辑工作。他们的敬业精神尤其令人感动，我们在此特别表示深深的敬意。

李辉文

2010年9月

教学支持说明

中国人民大学出版社经济分社与人大经济论坛（www. pinggu. org）于 2007 年结成战略合作伙伴后，一直以来都以种种方式服务、回馈广大读者。

为了更好地服务于教学一线的任课教师与广大学子，现中国人民大学出版社经济分社与人大经济论坛做出决定，凡使用中国人民大学出版社经济分社教材的读者，填写以下信息调查表后，发送电子邮件或者邮寄或者传真给我们，经过认证后，我们将会给教师读者赠送人大经济论坛论坛币 200 个，学生读者赠送人大经济论坛论坛币 50 个。

教师信息表	学生信息表
姓名：	姓名：
所在院校：	所读院校：
所在院系：	所读院系：
教授课程：	所读专业：
联系电话：	入学年份：
Email：	QQ 等联系方式：
论坛 id：	Email：
使用教材：	论坛 id：
论坛识别码（请抄本页末尾的识别码）：	使用教材：
	论坛识别码（请抄本页末尾的识别码）：

我们的联系方式：

Email：gaoxiaofei11111@sina. com

邮寄地址：北京市中关村大街甲 59 号文化大厦 1508 经济分社，100872

传真：010—62514775

附：人大经济论坛（www. pinggu. org）简介

人大经济论坛依托中国人民大学经济学院，于 2003 年成立，致力于推动经济学科的进步，传播优秀教育资源。目前已经发展成为国内最大的经济、管理、金融、统计类的在线教育和咨询网站，也是国内最活跃和最具影响力的经济类网站：

·拥有国内经济类教育网站最多的关注人数，注册用户以百万计，日均数十万经济相关人士访问本站；

·是国内最丰富的经管类教育资源共享数据库和发布平台；

·提供学术交流与讨论的平台、经管类在线辞典、数据定制和数据处理分析服务、免费的经济金融数据库、完善的经管统计类培训和教学相关软件。

论坛识别码：pinggu _ com _ 1545967 _ 4210768

Theory of International Trade: A Dual, General Equilibrium Approach by Avinash Dixit
ISBN: 0-521-23481-6
Published by the Press Syndicate of the University of Cambridge.

图书在版编目（CIP）数据

国际贸易理论：对偶和一般均衡方法/迪克西特等著；李辉文等译.—北京：中国人民大学出版社，2011.1

（经济科学译库）

ISBN 978-7-300-13098-9

Ⅰ.①国… Ⅱ.①迪…②李… Ⅲ.①国际贸易-经济理论 Ⅳ.①F740

中国版本图书馆 CIP 数据核字（2010）第 248127 号

经济科学译库

国际贸易理论：对偶和一般均衡方法
阿维纳什·迪克西特
维克多·诺曼　　　　著
李辉文　韩燕　译
李辉文　校
Guoji Maoyi Lilun：Duiou he Yiban Junheng Fangfa

出版发行	中国人民大学出版社	
社　　址	北京中关村大街 31 号	**邮政编码**　100080
电　　话	010－62511242（总编室）	010－62511398（质管部）
	010－82501766（邮购部）	010－62514148（门市部）
	010－62515195（发行公司）	010－62515275（盗版举报）
网　　址	http://www.crup.com.cn	
	http://www.ttrnet.com（人大教研网）	
经　　销	新华书店	
印　　刷	涿州星河印刷有限公司	
规　　格	185mm×260mm　16 开本	**版　　次**　2011 年 1 月第 1 版
印　　张	15.75 插页 2	**印　　次**　2011 年 1 月第 1 次印刷
字　　数	335 000	**定　　价**　45.00 元